教學視導——

觀念、知能與實務

吳培源　著

✎ 作者簡介 ✎

吳培源

學歷：國立台灣師範大學教育研究所博士
英國倫敦大學教育研究院博士後研究

經歷：台中市立西苑國中教師
高雄市政府教育局股長、專員、督學
台灣省政府教育廳秘書、督學
教育部中部辦公室督學
國立嘉義大學、彰化師大、台南女子技術學院兼任副教授

現職：南華大學幼教系暨師資培育中心副教授

✎ 序　言 ✎

　　余前曾從事教育視導工作十有餘年，深感教育視導工作是監控及評鑑各級學校教育績效，提升教育品質不可或缺的一環。唯有健全的教育視導制度，教育改革的理想與目標才能落實。然而，在我國的教育行政體系中，教育視導工作可說是最弱的一環，長期以來偏重行政視導，教學視導所受到的重視程度相對地也最少，因此改進教學視導工作，提昇教學品質已成為當前學校教育改革最重要的議題之一。

　　筆者有幸於 1994 年就讀台灣師大教育研究所期間，選修毛教授連塭博士開授之「教育視導專題研究」，精研 Glickman 所著 *Supervision of Instruction* 一書，又於 1997 年 7 月承蒙教育部公費獎助赴英國倫敦大學教育研究院（Institute of Education, University of London）作為期一年的博士後研究，探討英國「教育標準局」之視導制度及鑽研教育視導的理論。返國後毛教授數度鼓勵撰寫一本「教學視導」專書，昔因瑣務羈絆，未能專心撰寫，2002 年退休後再奮力蒐集資料，充實內容，終底以成。

　　本書計分四篇十一章，第一章觀念篇：介紹教學視導的基本概念；第二章至第五章知能篇：說明有效能的教學視導人員應具備正確的視導理念及豐富的專門知識，知己知彼的技能，良好的人際技能及精熟的視導技能；第六章至第九章任務篇：說明視導任務包括教學改進，課程發展，教師發展及行動研究。第十章至第十一章實務篇：介紹視導行為及英國教育標準局的視導制度。

　　本書能夠順利出版，要感謝的人實在太多了。首要感謝毛故教授連塭博士及英國倫敦大學教育研究院羅頓教授（Professor Lawton D.）及柯文博士（Dr. Cowen R.）的指導與教誨，更要感謝林故部長清江博士在培源求學過程中的關懷與勗勉，鼓勵不斷追求新知，持續成長。再者，應感謝汪教授榮才博士平日熱心的指導；博士班同學陳教授慧芬學姊惠允使用課堂報告「教師發展」及「領導原理」之大部分資料；好友王校長瑞輝兄提供部分該校課程發展之實例及表格；吳清山教授同意引用其論文問卷；廖英昭主任同意引用其碩士論文之部分文獻；李秀英小姐協助打字；心理出版社

林敬堯先生慨允出版。最後特別要感謝內人侯淑婉老師肩負家人生活起居，使我得以專心完成歷經十年未竟之作。

　　作者才疏學淺，雖勉力完成本書，然因教學視導內容範疇甚廣，且又倉促付梓，疏漏在所難免，敬祈方家不吝指正。

吳培源 謹識

二〇〇五年十二月

於 南 華 大 學

✏ 目　　錄 ✏

第四篇　實務篇

✐ 表　次 ✐

✏ 圖　　次 ✏

第一篇

觀念篇

教學視導的
概念及其架構

第一章

教學視導的基本概念

本章分四節,第一節分別釐清教育行政、教育視導、教學視導、教育評鑑的概念。第二節說明視導人員及其角色,與視導的過程。第三節說明教育視導與教學效能的關係,第四節說明本書之架構茲分述之:

第一節　教育行政、教育視導、教學視導及教育評鑑的概念

壹、教育行政的意義

欲了解教育行政(educational administration)的意義,宜先認識「行政」二字的意義。教育部所編的《重編國語辭典》將行政界定為:公務機關為推行業務完成使命,對其所需的人、財、事、物所做的管理(教育部重編的國語辭典編輯委員會,1981,頁 3299)。《牛津高級現代英漢雙解辭典》(*Oxford Advanced Learner's Dictionary of Current English*)將行政界定為:事務的管理,尤其是指公共行政事務及政府政策等管理(張芳杰,1984,頁 17)。而教育行政的意義,謝文全(1989)將其界定為:教育行政是政府主管機關及教育機構對教育事務的管理,以求經濟而有效達成教育目標的一種歷程。

貳、教育視導的意義

欲了解教育視導(Educational supervision)的意義,宜先認識「視導」二字的意義,視導顧名思義,即為視察、指導。根據《教育大辭書》(唐越等,1967,頁 1025)之解釋,視察係根據法定之標準,視察實施之程度。指導則於視察之外加以詳密之診斷,予以指導使當事者有所改進。視察偏重事情,指導兼顧事與人。茲就國內外學者對教育視導的定義,分述如下:

一、國內學者

✿孫邦正(1954)

教育視導是根據一定的標準,對於教育事業的實施情形,作精密的觀

察，將教育事業的實況，認識清楚；再根據視察的結果，加以正確的判斷；然後予被視導者以積極建設的指示和輔導，使教育事業得以進步。

❀黃昆輝（1972）

教育視導係教育視導人員運用領導溝通的技巧，糾合組織成員的意志，利用團體的智慧，視導人員的經歷，以實現提高教學效率的目的。

❀謝文全（1989）

教育視導是教育行政的一環，係視導人員基於服務的觀點，有計畫的運用團體合作的歷程，藉視察與輔導來協助被視導者改進其行為，以提高其工作效能，進而增進教育者的學習效果，達成國家的教育目標與理想。

❀毛連塭（1994）

教育視導係視導人員在了解學校在執行教育政策或措施的過程中，其達成目標的程度，以及反應待解決的教育問題，以提升學校效能的過程。

二、國外學者

❀Briggs 和 Justman（1952）

教育視導是協調、激發並引導教師能力的成長，以促進學生的進步。其任務在於協助教師專業成長，進而提高教學效果。

❀Good（1973）

Good在其主編的教育辭典中將教育視導界定為：透過評量或考核正在進行中的教育活動以控制或確保所有工作能依預定計畫及指示而實行。故基本上，Good認為教育視導是一種監控的行為，其目的在確保教育品質。

❀Wiles 和 Bondi（1991）

教育視導綜合的定義如下：

(1)教育視導重點是行政的視導。

(2)教育視導重點是課程的視導。

(3)教育視導重點是教學的視導。

(4)教育視導重點是人際關係的視導。

(5)教育視導重點是管理的視導。

(6)教育視導重點是領導的視導。

然而上述定義有其時代的社會經濟背景因素，偏向靜態的層面。時至

今日，教育視導則側重動態的層面，其重點在協調及監控有關學生學習活動的正常運作。筆者以為，教育視導係教育行政機關為了解其揭櫫的教育政策及措施達成目標的程度，指派視導人員到學校或相關機構實地視察其執行的情形，以作為評估政策及擬定後續計畫的依據，並就所發現的問題或學校的困難及建議事項向機關首長反應，並提供人力、物力、財力，協助解決問題。

參、教學視導的意義

教育視導的範圍較廣，包括行政視導、課程視導及教學視導。三者都在追求教育目標的實現，然而其性質、目的有所不同，茲就國內外學者對教學視導（instructional supervision）的看法分述如下：

一、國內學者

❀邱錦昌（1991）

教學視導係各有關的教學視導人員以系統客觀的方法，並藉各種的途徑來協助改善並建立較佳的教學與學習情境的歷程。

❀楊百世（1989）

教學視導以改進教學為目標的教學領導，經由視導人員以民主方式，透過各協調服務及與教師行為產生系統的交互作用，促使課程、教學與學習的改進，增進學生與學習效果的歷程。

❀張德銳（1991）

廣義：包括輔導老師進行課程發展與課程計畫、視導老師的教師教學、安排老師在職進修活動、評鑑老師教學成效等所有有關改進教師教學的工作。

狹義：教學視導人員以視察教師教學為手段，以輔導教師改進教學方法為目的的服務性工作。

二、國外學者

❀Oliva（1976）

教學視導是為個別的與群體的教師所提供的一種服務，其目的乃在協

助教師改進教學。

❀ Glatthorn（1984）

教學視導是一種促進教師專業成長的歷程。在此一歷程中，視導人員提供教師其教室師生互動的觀察回饋，並協助教師充分利用這項觀察回饋，以提升教師的教學效率。

❀ Harris（1985）

教學視導乃學校內的人員充分運用人與事的資源，致力於維持或改變學校的運作方式，直接影響改善教師的教學歷程，進而增進學生的學習效果。

❀ Beach 和 Reinhartz（1989）

教學視導係視導人員與教師一同工作，改進教室教學的過程。

筆者以為，教學視導是視導人員與教師共同合作，針對教學的內容、技巧、班級管理及教學中所發現的問題，共同討論，協助解決，其目的在提升教室教學品質及學生學習效果的一種過程及活動。

肆、教育評鑑的意義

教育評鑑（educational evaluation）係對於正式和非正式教育現象所做的價值判斷。教育評鑑的定義，各學者看法不一。美國「教育評鑑標準聯合委員會」（The Joint Committee on Standard for Educational Evaluation, 1994），將教育評鑑定義為：「有系統的評估某一對象的價值或優點。」Nevo（1995）歸納學者對評鑑的定義，認為教育評鑑是：「蒐集有關教育目標其本質與品質方面系統化的資訊之行動。」

依教育評鑑標準聯合委員會界定為：評鑑乃有系統的評估某一現象的價值或優點。其本質上為上對下所做的判斷，茲舉數位國內外學者的觀點說明如下：

一、國內學者

❀ 黃政傑（1987）

教育評鑑是評鑑者對於學校運作有關的各層面，以及對學生在這些層

面影響下的學習過程和結果,所做的整體或部分層面的價值判斷。

❀李緒武(1993)

教育評鑑是對教育事業的價值作嚴正的品評。評估的範圍甚廣,教師教學情況,教學計畫,教學成果,考試制度,課程教材,教育計畫,教育目標以及所有指導學生的學習活動,都可加以品評,鑑定其成效。

❀秦夢群(2000)

對於教育現象或活動,透過收集、組織、分析資料,加以描述與價值判斷的歷程。

❀林天祐和蔡菁芝(2001)

教育評鑑為系統化地蒐集資訊,以作為促進、達成教育目標的評價過程。

❀陳玉琨(2004)

教育評鑑是對教育活動滿足社會與個體需要的程度做出判斷的活動,是對教育活動現實的(已經取得的)或潛在的(還未取得,但有可能取得的)價值做出判斷,以期達到教育價值增值的過程。

❀蘇錦麗(2004)

教育評鑑係有系統地採用各種有效方法,蒐集質與量的資料,對照評鑑準則(指標或標準),以判斷任一教育對象之價值或優缺點的過程,並將其結果做為決策之參考。

❀吳清山和王湘栗(2004)

對於教育現象或活動,就其人員、方案、運作結果,對照評鑑標準,透過質與量的方法,採系統而客觀地蒐集、分析資訊,進行價值判斷,以了解教育成效、改進教育缺失和達成教育目標的歷程。

二、國外學者

❀Tyler(1950)

決定教育目標實際上被了解的程度之過程(引自 Nevo, 1995)。

❀Popham(1975)

教育評鑑是教育現象價值的正式評估。通常是教育方案或目標的評鑑。

✿ Worthen 和 Sanders（1987）

對一個方案、結果、計畫、過程、目標或課程之品質、效能或價值，做出正式的決定。

伍、教育行政、教育視導、教學視導及教育評鑑的關係與同異

一、關係部分

綜合上述，筆者以為教育行政係政府教育主管機關或教育執行單位針對教育事務所作的行政行為，而為了經濟且有效的管理，以達成教育目標，則需要教育視導的執行。一方面在教育活動中，藉觀察、評鑑和輔導的過程來協助教育行政的落實，一方面則藉以了解教育事務執行的程度，評鑑出執行之過程是否經濟和有效。在此種關係情況之下，為了能確保教育行政的功能，健全的教育視導制度和教育評鑑是不可或缺之舉。

二、相同部分

1. 四者均在追求教育目標的實現。
2. 四者均由專業人員來執行。

三、相異部分

表 1-1　教育行政、教育視導、教學視導及教育評鑑之相異部分

項目\比較點	教育行政	教育視導	教學視導	教育評鑑
關　　係	上對下，主從關係	上對下或平行關係	平等友善合作關係	上對下，主從關係
角　　色	行政支援的角色	領導的角色	協助、諮詢的角色	判斷的角色
範　　圍	教務、訓導、輔導、總務、人事、公關行政等，範圍最廣	行政、課程及教學視導	教學情形及影響教學之一切因素	課程及教學評鑑
目的及引發結果	人力、物力、財力支援，改善教學環境，以達成教育目標	發現問題，協助解決，作為回饋依據	激勵士氣，改進教學品質，增加對視導人員的信任	作優、劣的價值判斷。有可能因評鑑而改進，但也有可能導致士氣低落並感到挫折和存疑

資料來源：作者綜合上述學者觀點後，自己整理。

第二節　視導人員的角色

本節分就視導人員的定義及其角色與以說明。

壹、視導人員的定義

視導人員的界定，中外學者觀點不一，有廣狹二義之分，廣義者指：能促進教師專業智能成長改進教學情境及增進教學效果者均稱之為視導人員。狹義者將視導人員界定教育行政體系上，具有法定視導權責之督學或行政人員，茲列舉數位學者定義說明如下：

國內學者李祖壽於 1979 年在其編著之《教育視導與教育輔導》一書中，主張視導人員宜採廣義的解釋，因此，教育輔導人員包括教育行政機關之視導人員及師資訓練機關中之輔導人員，包含：(1)師範大學（學院）之校院長，中等教育輔導委員會之主任委員、全體委員。(2)地方教育輔導委員及師院教師。(3)中心國民學校或重點輔導國民學校之校長、教導主任及全體老師等。

國外學者對視導人員的定義，傾向採廣義觀點者居多，諸如：

1. Good（1973）在其主編之教育大辭典第三版中，將視導人員界定為，所謂視導人員概指在學科領域上負有提升發展維繫以及改進教學職責的專業人員。

2. Oliva（1976）認為所謂視導人員乃指在學校體系下，能協助達成學校教育目標之人員。

3. Dull（1981）認為視導人員乃指提供視導服務之有關人員，包括學校主任、負輔導教學職責助理局長校長、專科的視導員（special supervisors）專家顧問等。

4. Harris（1985）認為所謂視導人員乃屬主動參與從事有關教學改進之領導工作的所有專業人員，包括教育局長、校長、教學小組領導人、科主任（department chairmen）。

貳、視導人員的角色

視導人員的角色是多面向的，國內外學者看法不一，國內學者孫邦正（1954，頁 7）認為教育視導人員乃是教師的教師，國外學者 Dull（1981）認為視導人員是教學的領導者，Cooper（1982）認為處在今日民主多元開放的社會中，視導人員宜兼具多重的角色，茲列舉數位學者看法，簡要說明之：

1. Oliva（1976）認為視導人員應扮演十四種角色：(1)是課程的專家；(2)是教學的專家；(3)是好的溝通者；(4)是好的組織者；(5)是精熟的教師；(6)是團體中的領袖；(7)是好的評鑑者；(8)是好的激勵者；(9)是好的協調者；(10)是好的引導者；(11)是好的顧問；(12)是好的公關人員；(13)是好的研究者；(14)是變革的代理人。

2.美國視導與課程發展協會（The Association for Supervision and Cur-
　riculum Development, ASCD, 1976）界定視導人員應具有以下五種角
　色：(1)評鑑者之角色；(2)課程專家之角色；(3)教學專家之角色；(4)
　協調者之角色；(5)變革的倡導者。

3.Wiles 和 Bondi（1991）認為視導人員具有以下八種角色：(1)人力資
　源的開發者；(2)課程的發展者；(3)教學的專家；(4)人際關係的協調
　工作者；(5)教職員專業成長之協助者；(6)是教育行政人員；(7)是變
　革的管理者；(8)是客觀的評鑑者。

4.我國學者張清濱（1991）認為視導人員至少應扮演五種角色：(1)協
　調的角色；(2)諮詢的角色；(3)領導的角色；(4)評鑑的角色；(5)協助
　的角色。

5.筆者綜合上述國內外學者的觀點，認為視導人員主要扮演下列六種
　角色：

　(1)計畫的角色：蒐集學校統計資料，並加以彙整、分析，俾作為擬
　　　定教育改革計畫的參考。

　(2)監控的角色：監控教育政策、措施，提供首長有關協助、回饋的
　　　依據及個別教學問題的改進。

　(3)研發的角色：透過視導或研究，協助學校組織的革新，主持或協
　　　助教師從事學校本位課程發展，協助教師改進教學，參與教師在
　　　職進修，促進教師專業成長，此外，督學亦負有協助學校解決行
　　　政上難題之責。

　(4)評鑑的角色：評鑑學校辦學成效，及協助解決教育上的問題。

　(5)溝通的角色：學校與教育行政機關之間的溝通與聯繫，有賴駐區
　　　督學的協調，不論上情下達或下情上達的溝通，都需要督學去促
　　　成，尤其是儘速提供教育系統所發生的資訊給決策當局，作為政
　　　策決定的依據。

　(6)協助的角色：根據學校發展的需要，協助提供資源、分配資源，
　　　以增進學校效率與效能。（吳培源，1999）

參、視導及輔導的過程

一、視導的過程（the inspection process）包括：建立指標，其次為評鑑，
　　再次為做決定，最後判斷被視導之學校或對象是否符合指標，決定是
　　否中止視導或繼續追蹤視導。其過程如圖 1-1：

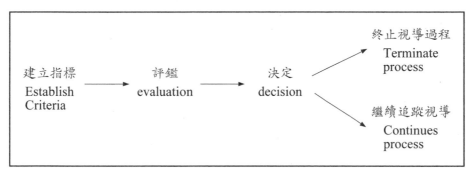

圖 1-1　視導的過程圖

資料來源：英國倫敦大學教育研究院 Dr. Gardner, R. 於 1997 年講授教育視導
　　　　　所提供之資料。

二、輔導的過程（the advisory process）是種連續性的過程，包括監控（moni-
　　tor）、評鑑（evaluation）、分析（analysis）、建議（advice）、回顧進
　　步狀況（progress review），其過程如下圖 1-2：

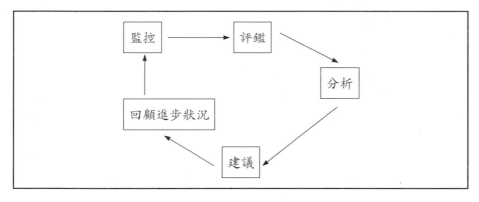

圖 1-2　輔導的過程圖

資料來源：英國倫敦大學教育研究院 Dr. Gardner, R. 於 1997 年講授教育視導
　　　　　所提供之資料。

視導及輔導端視被視導對象成熟度，有時輔導多，有時視導多，而基本上視導及輔導是一種連續性的階段，其連續圖如下圖 1-3：

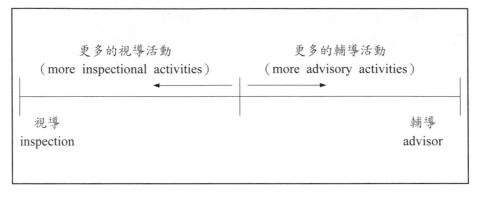

圖 1-3　視導及輔導的連續性圖

資料來源：英國倫敦大學教育研究院 Dr. Gardner, R. 於 1997 年講授教育視導
　　　　　所提供之資料。

第三節　教學視導與教學效能的關係

有效能的視導產生有效能的教學，建立有效能的學校（毛連塭，1994），茲就視導、教學與效能的三者之關係，說明如下：

壹、視導與教學的關係

視導和教學的關係密不可分，教學需要視導工作的支持和協助，而視導所提供的支持和協助的內容必須從教學的實際過程去發現和思考，進而提供正確的支持、協助內容。茲舉 Harris（1985）的說法為例，加以說明視導與教學的關係：

一、Harris（1985）在其《教育中的視導行為》（*Supervisory Behavior in Education*）一書中指出學校運作具有五大功能：

　　㈠教學的功能：教學為學校的核心，透過教學使學生達成預期的教學目標。

㈡特殊服務的功能包括學生生理、心理及生活方面的服務，如營養午
餐、校車接送、衛生保健、心理輔導等。

㈢事務管理功能：此為支持其他功能的各種服務，如總務單位之採購
設備、維修整潔等工作。

㈣視導功能：指對教學有關工作提供支持性的服務，如觀察教學。

㈤一般行政功能：此與視導、教學、管理及特殊服務等功能均有關。
如校內行事曆安排、協調溝通等。

有關學校運作五大功能如下圖 1-4：

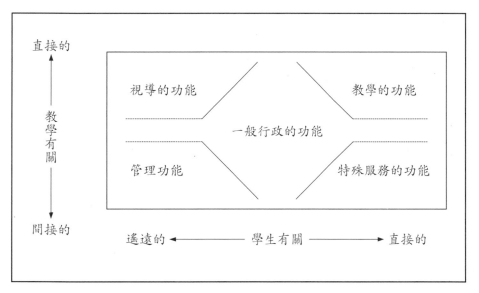

圖 1-4　學校運作五大功能圖

資料來源：轉引自邱錦昌（1991），教育視導之理論與實務。

二、以上五種功能，可歸為三項：

㈠直接生產性的功能：教學工作。

㈡直接支持教學功能：視導工作、行政工作、特殊服務工作。

㈢間接支持教學工作：事務性管理。

　　Harris 認為此五種功能重點在教師的「教學」和學生的「學習」，其關
係如下圖 1-5：

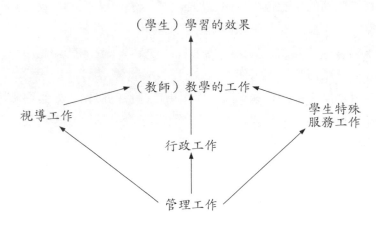

圖 1-5　學校教育運作上五種功能的關係圖

資料來源：轉引自邱錦昌（1991），教育視導之理論與實務。

　　由上圖可知透過教師教學，學生才有好的學習效果。而視導工作、行政工作與學生特殊服務工作，對教學的支持與教學工作較有關係，其中與教學最有關係就是視導功能。尤其當教學上必須在課程、教師在職進修及學校評鑑方面有所改革時，教學視導的功能更顯得重要（Harris, 1985）。

三、從 Harris（1985）所著《教育中的視導行為》對學校運作的五大功能之敘述，吾人發現幾個值得深究的議題：

㈠視導工作是教育事務管理的一環，視導和管理是雙向互動的關係：

　　1. 透過視導可以監控組織目標是否實現。

　　2. 視導可以發現組織應提供何種協助，以滿足成員之需求及達成組織之目標。

㈡視導是促使教育活動導向學習效果之重要因素，二者互為影響：

　　1. 視導工作可以發現教學過程的問題，視導人員伺機提供支持和建議。

　　2. 教學者因視導人員的支持和建議，建構出互動的品質和接受的程度。

㈢為避免負面的影響，視導和教學、視導和管理之雙向互動應注意：

　　1. 視導工作應適度尊重教學者之專業自主權，勿使視導成為威權的

化身。

2.以專業知能進行視導，建立視導的專業形象。

3.視導工作應即時性的支援、協助教學。

4.和教學人員營造夥伴關係，同時也要擔任教學反思者、檢核者和諍友（critical friend）的角色。

5.非經嚴謹的教育評鑑結果，視導人員不妄下教學優劣的評語，以免誤導教學者之教學理念。原因概述如下：

(1)為應付視導的形式化教學，往往流於應付和表面化，難以觀察到教師教學的真相。

(2)視導人員無法長期在教室中審視教學流程，一般所見僅是管中窺豹，部分之所呈現，難以代表整體教學之成果。

(3)一個班級教學成果應以該班教學前後評估之進步情形為真實的教學成果，視導人員不能以一次所見即宣稱教學之優劣。

(4)學生學習效果良窳的影響因素頗為複雜，而教師本身之教學只是其中因素之一，視導人員不能以單一因素作為評斷的依據。

貳、教學效能與學校效能的關係

根據國內外學者研究結果，有效能的學校要素中，教學效能是其中重要的一項指標，茲列舉數位學者觀點說明之：

一、國外學者

Davis與Thomas（1989）曾將Lipsitz（1983）、Ubben與Hughes（1987）及 U.S. Department of Education（1987）等有關學校效能研究結果，歸納為五項特徵：(1)良好的班級經營；(2)高度的學術參與；(3)督視學生的進步；(4)教學的改進；(5)明確的目標。

Levine 與 Lezotte（1990）亦曾進行有效能學校研究之探討與分析結果，歸納出有效能學校之特徵有九大項：(1)生產性的學校氣氛和文化；(2)重視學生重要學習技巧的獲得；(3)適切的督導學生進步；(4)實用取向的教職員發展；(5)傑出的領導；(6)家長積極參與；(7)有效教學的安排和實施；(8)學生高度的期望；(9)其他學生的人格發展等。

　　Baldwin、Coney與Thomas（1993）發展出「學校效能問卷」，包括十一個層面：有效的教學領導、清晰的任務、安全有序的環境、積極的學校氣氛、高度的期望、經常評鑑學生的成就、重視基本技能的學習、提供學習的最大機會、家長參與社區、專業的發展、教師參與做決定。

二、國內學者

　　吳清山（1989）研究發現國小學校效能指標有十項：(1)學校環境規劃；(2)教師教學品質；(3)學生紀律表現；(4)行政溝通與協調；(5)學生學業表現；(6)教師工作滿足；(7)學校課程安排；(8)學校與家長關係；(9)師生關係；(10)校長領導能力。

　　吳培源（1995）建立台灣省高級中學學校效能指標，包括十項：(1)計畫與目標；(2)課程安排與評量；(3)教師教學方法與品質；(4)環境規劃與設備；(5)家長與學校間之關係；(6)教師工作滿足；(7)學生行為表現；(8)學生學習表現；(9)師生關係；(10)行政溝通與協調。

　　蔡進雄（2000）建立國中學校效能指標包括七層面：(1)環境規劃；(2)行政溝通；(3)教師工作滿意；(4)教師教學品質；(5)學生行為表現；(6)學生學習表現；(7)家長與學校關係。

　　吾人綜合國內外學者研究結果，可以發現「教學」效能是有效能學校的指標之一，教師教學效能與學校效能關係密切，欲提升學校效能必先提升教師教學校能。而欲提升教師教學效能必須提升視導人員的教學視導效能。近年來教育行政主管機關和教育學者呼籲：「一切的行政是為教學服務的」，益見教學和學校任務關係之密切。而自「九年一貫課程綱要」公佈之後，印證課程教學和行政之不可分割的關係。茲略舉如下：

　　㈠教學結果是學校運作投入行政、師資、經費等變項之後的教育產出物：

　　　依投入（input）和產出觀點，教育之龐大機器不斷接受外在投入因素，包括人員經費課程等具體和非具體的變因，經過行政運作，意圖透過教學，使學生得到較佳之教育品質，潛能得以發揮、身心得以健全發展和享有快樂的學生生活。可見學校的教育投入莫不是以學習結果為最終的目標，從學校中學習結果的良窳，可窺見學校效

能之一般。

㈡正向的教學結果是親、師、生、社會及國家對學校運作之共同期望：
學校是引導學生建構有意義學習的地方，意圖學生的學習在諸多期
望之下，學校的教育內容、課程內涵、行政領導、師資、校園文化
不斷地創新與變革，而聚焦（focus）於教學之正向結果，以實現教
育的目標。

㈢教育行政運作之視導項目，是落實正向教學結果的催化劑：
視導工作一般區分為：教學視導和行政視導，斯二者均居於協助和
輔導的立場，係催化教學過程導向正向結果的重要機制，教育品質
因而得到保障，教育人員適時得到協助和輔導，教學之後勤得到奧
援。可見視導是學校效能導向的重要機制，其重要性不言可喻。

第四節　本書之架構

　　視導人員欲提升教師教學效能，進而促進學生學習，必須具備下列四
種專業知能：(1)正確的教育理念和豐富的專門知識；(2)知己知彼的技能；
(3)具有良好人際的技能；(4)精熟的視導技能；方能協助教師改進教學，促
進教師發展、課程發展及重視行動研究，以達成組織之目標及滿足教師之
需求，其最終目的在促進學生的學習。其架構如圖1-6：

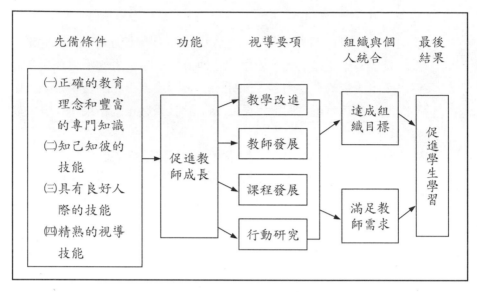

圖 1-6　教學視導架構圖

資料來源：修改自 Glickman, C.D., Gordon, S.P., & Ross-Gordon, J. M. （1998）. *Supervision of instruction*（4th ed.）. p. 9.

　　基於以上架構，全書分為觀念篇計一章；知能篇計四章；任務篇計四章；實務篇計二章，合計十一章。

第二篇

知能篇

有效能的教學視導
需具備的知能

第二章

正確視導理念及豐富的專門知識

　　學校效能與教育視導關係相當密切，Glickman（1990, p.4）曾提出：「視導可視為一所成功學校的黏劑（glue）」；換言之，一所有效能的學校，良好的視導工作是不可或缺的條件之一，因為視導是促使學校成為具有生產性單位的一股動力。

　　從各種學校效能研究中，可以了解到要建立一所有效能的學校，其中有效能的教師和有效能的校長是扮演著非常重要的角色。因此，在教育視導過程中，對於教師和校長的協助，則顯得格外重要。所以，視導人員應具有正確視導理念和豐富的專門知識。

第一節　建立正確的視導理念

　　提升教師效能要使學校更成功，必須把視導視為一種發展性的過程，它不僅僅在反映教師的表現（teacher performance），而且更要激勵教師參與、自主性思考和共同性活動，進而培養出團隊精神。因此，為了增進學校教學效能，視導人員必須具有正確的視導（proposition about supervision）理念，Glickman（1990, p.22）曾提出五種看法，正可提供視導人員之參考：

一、視導人員需具備正確之視導理念

　　㈠視導能增強教師超越個人的信念：教師不僅僅是教室內獨立的個體，而且更可視為與他人互補，彼此強化的主體；換言之，教師不能只固守於教室的教學，他（她）必須與其他教職員產生互動關係，彼此相互協助與提攜，視導人員應協助教師此種信念。

　　㈡視導能提升教師效能感：不管學校外在的影響如何，教師們應相信有能力教好學生。在學校內，教師們深信能夠有效地控制各種教學活動，進行有效班級經營，幫助學生達成目標。教師有了此種效能感，才能提高學生學習的成就和表現，進而實現教育目標，故視導人員應利用各種方式，提升教師效能感。

　　㈢視導能促使教師們相互協助追求共同目標：教師們觀察彼此之間的工作，分享各種材料，彼此討論選取各種技術、學習如何相互扶持與協助，以追求共同的目標。視導人員應發展教師們相互學習，相

互協助的態度。

㈣視導能激勵教師們規劃共同的目的和行動：賦予教師各種責任，如引導和協助他人、進行全校性教學的決定、規劃教師進修活動、發展課程及從事行動研究等。有了這些參與，才能顯示對教師的尊敬與信任，以及增強合作性的活動，視導人員正可發展教師們規劃的能力，協助教師們專業成長。

㈤視導能激起教師們對其工作進行抽象性思考：給予教師們回饋質疑、讚譽、反應，和調適目前的實務到未來的教學上，才能產生更多的實務和理論。所以，視導人員應多給予教師們回饋，激起教師們對其教學工作進行抽象性思考，俾改進其教學工作。

二、上述五種視導理念之啟示

㈠透過視導工作，可以讓教師跳脫「教室中的山大王」單獨和封閉的思考，和學校的教育同仁產生「夥伴關係」（partnership），開放自己的思考心智模式，接受新知和檢核自己既有知識的正確性，從原來主體性的知識再融入新客體性的知識，提升較高層次的專業智能，因而提供學生學習較高品質的教育內容。因此，如果沒有視導工作，則教師可能流於孤軍奮戰、封閉沉積而無法展開更專業的教育實務工作。

㈡舉世聞名的美國霍桑研究（Hawthorne Works Studies）意外的發現：促使生產線上工作效率提高的自變項，並非是廠房中燈光亮度之增加，而是這些生產線上的工人當被告知他們是被關心和觀察的一群，激發了他們工作的奮發意志。這是人性的一般反應，就如同視導者的視導行為對教師教學之良性互動，雖然會造成教師的壓力和防衛，但是正面的功能促使教師在工作線上有更積極的表現，能提升教師工作的勤奮意志，所以視導是提升教學品質，促進教學目標達成的利器。

㈢視導工作是教育專業人員為教師教學服務和協助的工作。透過視導之實施，可以發現教育實務中的問題或困境，教師面對這些教育問題或困境，急需視導者協助解決，不論在教學資源、教育經費、課

程之編制、行政之支援、教育政策之變革等等都可以由視導人員伺機進行溝通和建議，使教師獲取最大可能之支援和協助，提高教師教學的效能感（efficacy），增加教學成就的自信心。

㈣善用視導工作之正面效應，可以促進學校教育社區文化的重建。在尊重、專業和服務理念的視導取向下，教師的校園生活是專業同僚互享的教育平台以及教育專業社群的生活。視導人員與教師互相學習和互相貢獻隱性或顯性的知識，進而與教育夥伴共同追求教育目標，都是視導工作不可忽視的正面效應。

㈤視導工作可以及時帶給教師立即性的回饋之機制，透過回饋和校正，教師可以讓理論和實務結合。教師不但是教學實務的工作者，同時也可以成為教育實務的專家，印證實務中的教育理論，也體會教育理論在實務教學中的應用，達到自我實現的境界，樂於教學和行動研究，不但會教、願意教也樂於教。這是視導工作即時回饋不可忽略之功能之一。

第二節　豐富的專門知識

筆者參考美國視導與課程發展協會於 1978 年對其協會一千位校長、視導人員及講授教育視導的教授所作的研究發現（Sturges, 1978, p. 28），及 Glickman（2002）的觀點，綜合歸納有效能的教學視導人員需具備下列專門知識（professional knowledge）：

一、視導的基本知識

包括視導的基本概念（詳見第一章）、觀察及評鑑技能（詳見第五章第三、四節）、班級教學改進的知識（詳見第六章）與教師發展的知識（詳見第八章）。

二、教育行政理論的知識

包括了解領導理論、動機理論及溝通原理。茲分述之：

㈠領導理論

　　視導人員的工作有一大部分是與教師在一起，或訪談、或引導、或在旁協助，這與教師互動的過程，牽涉到視導人員的領導行為，而視導人員的領導行為是否恰當，也往往影響視導的效果，所以視導人員應了解領導理論（呂木琳，1998），有關領導理論請參閱第四章第三節。

㈡動機理論

　　每個人都有不斷追求完美的潛在力量，視導人員應將教師視同為個別成人的學習者，需充實知識，運用各種方法，以激發教師的潛力，增強其教學專業能力。這些的知識包括 Maslow 需求動機及 Herzberg 激勵保健等理論（詳見第四章第二節）。有效的視導工作，宜設法提供 Maslow 理論中高階層的滿足與 Herzberg 理論中之激勵因素，逐漸增強教師追求自我實現的理想，此為教學視導的真正目的。

㈢溝通原理

　　教育視導人員主要的工作項目之一，就是協助教師改進教學，因此，如了解溝通原理（principle of communication），具備良好的溝通技巧，可以讓教師樂於接受他的觀念及做法，使工作順利進行。這些的知識包括了解溝通的步驟、了解溝通原則，善用溝通媒介，並排除溝通的障礙。茲分述之：

1. 了解溝通的步驟

Shannon 和 Weaver 認為溝通包括六個基本的步驟（轉引自呂木琳，1998，頁 88），分別為：
　　⑴思想（thinking）：發訊者（sender）心中的觀念或訊息。
　　⑵表達（encoding）：將思想轉變成語言、臉部表情、肢體動作。
　　⑶傳送訊息（transmitting the signal）：發訊者如用語言表達，則可透過口語或文字來傳送訊息。
　　⑷知覺（perceving）：收訊者使用視覺、聽覺、觸覺等接收訊息。

(5)接收（decoding）：收訊者將收到的訊息轉換成可以了解的形式。

(6)了解（understanding）：收訊者了解發訊者想要收訊者了解的訊息。

2. 了解溝通原則

美國管理學會（American Management Association）曾提出「良好溝通的十原則」：

(1)溝通之前應先澄清觀念：良好的溝通應考慮到溝通的目的、受訊者或被影響者的態度。

(2)檢驗每次溝通的真正目的：溝通前必先確定最主要的目標，每次溝通不可期望完成太多的目標。

(3)溝通時應考慮整個物質和人的因素：溝通不僅靠言詞表達訊息，要不斷注意溝通時的整個環境，隨時隨地適應其環境。

(4)適當的時候先諮詢他人的意見：策劃溝通時，如先諮詢他人的意見，自易獲得他的支持。

(5)溝通時應注意語調和訊息內容：溝通時語調、表情等會給對方極大的影響。同時，說話的含義與情感，每每決定了聽者大部分的反應。

(6)對於受訊者有幫助或有價值的事，應把握機會，瞬即表達。

(7)追蹤溝通的效果：任何一項重要的溝通，都應具有回饋的作用。

(8)溝通不僅著重現在，亦應著眼於未來：進行意見溝通應顧及長遠的利益和目的。

(9)以實際行動支持溝通：最具說服力的溝通方式，不是你說了什麼，而是你做了什麼，如一個人的言語與行為相悖時，將使其言語大打折扣。

(10)不僅要使他人了解，亦應了解他人：我們說話時，應注意他人沒說話的反應和態度，傾聽是最重要卻也是最易忽視的一種技巧。傾聽時不僅應注意他人表達於外的意思，也要注意其內在的意思。（吳挽瀾，1982，頁244）

3.善用溝通媒介

溝通時可使用的方式很多，主要可分為口述溝通與書面溝通。口述溝通如電話、會議、演講等；書面溝通如備忘錄、正式報告、簡訊及 E-Mail等。口述溝通與書面溝通各有其優缺點，口述溝通使講者更能適應和配合聽眾，適合作為改變聽眾的態度；書面溝通對較複雜的內容，可較精確地傳達。視導人員宜依時間、人員、設備及場所採用適當的媒介，在很多的情況下可配合相互使用，有時也可加上適當的視聽器材，以增加溝通效果。

4.排除溝通障礙

視導人員與教師溝通時，不論視導前或視導中所使用的符號，應以教師能理解的經驗為前提，敘述要精確清楚，不可模糊。綜合國內學者（王銳添，1992，頁 130；呂木琳，1998，頁 90）觀點，下列五項為容易產生溝通障礙的情況：(1)從主觀的角度去理解：對於接受到的訊息，有時候因個人的主觀判斷，很容易有一種「先入為主」的看法，以致產生誤解。(2)對訊息來源的評估：一般而言，老師認為視導人員並不是與他們同一陣線取得信任，因此，視導人員經常要與教師溝通，應與教師建立關係，使其對視導人員所傳播的訊息覺得可靠。(3)防禦行為：一般而言，受訊者感覺他在接受觀察、考核或面對上級時，易有防禦行為，因此視導人員要讓被視導者感覺您是在幫助他，不是在評鑑他，溝通才容易達到效果。(4)知覺的不同：溝通時表面上語言雖相同，然因個人過去的經驗影響，可能有不同的看法和理解。(5)個人情緒的影響：人是感情的動物，個人對訊息的感受和理解，很容易受個人的情緒、信念、興趣等方面的影響。

三、課程與教學的知識

視導人員為協助教師及學校發展，必須了解：(1)課程發展的知識（見第七章）；(2)有效教學的知識（見第三章第三節）；及(3)有效能學校的知識，包括學校效能的特徵、評量指標及評量工具等方面的知識（詳見第三章第二節）。

四、了解教師發展特色的知識

Glickman（2002）認為就視導人員而言，欲領導老師改進教學，了解有關老師發展需求的兩因素的最適層級是很重要的。第一個因素是老師對自己的教學和對學生學習的承諾有多高，第二個因素是老師在教師抽象思考能力的層級。茲分述如下：

㈠老師承諾的層級

所謂承諾（commitment），係指個人理智思考所欲抉擇的職業或生涯，做出負責的決定後，不但伴聯積極的情感，並傾其所有心力，貫徹始終，尋求維持穩定，一貫的生涯獻身；它涵括認同、涉入、忠誠等的心理過程。簡單地說，是指個人決意實現某種行為標的活動或事務的一種心理作用力（林瑞欽，1989）。

老師的承諾係指老師願額外花費時間、精力，來關懷學生及工作的程度。Glickman（2002）認為低承諾的老師只關心保住工作，不願意為了改進教學而花費較多的時間和精力；中承諾的老師偶爾會很認真地教導他所分配的某個特定領域，卻忽略了其他的學科領域，有時會關懷特定的學生，卻幾乎不願用心和其他學生相處；具有高承諾感的老師，總是願意為他們的學生或其他老師教導的學生做更多事，也願意在上班以外時間協助其他的同事。茲就老師承諾的層級列如表 2-1：

表 2-1　老師承諾的層級

低	中	高
幾乎不關懷學生	有點關懷學生	高度關懷學生和其他老師
幾乎不想浪費時間和精力	精力分散或只及於某些方面	花費額外的時間和精力
關心的重點是保住工作	關心的重點會依情況改變	關心的重點是為別人多做點事

資料來源：譯自 Glickman（2002）. *Leadership for learning*. p. 85.

(二)教師的抽象思考能力的層級

Glickman（1981, p.46）認為教師的「抽象思考能力」（abstract think-ing）的層級可分三類：其一為低抽象思考能力；其二為中抽象思考能力；其三為高抽象思考能力。Sergiovanni（1987, p.213）亦將教師的「認知複雜程度」，分成、高、中、低三個程度，並把教師的「關切階段」分成「關切自我」、「關切學生」、「關切學業」等三階段。茲綜述其特徵如下：

1. 低抽象思考能力及低認知複雜程度：此類老師可能無法知道自己的教學已經有問題，即使知道問題的存在，也不知道如何解決問題，通常只有習慣性反應。這類教師只為了謀生而從事教職，甚少關心學生及思考自己專業成長的問題。

2. 中抽象思考能力及中認知複雜程度：此類老師雖關心學生，但其專業知能不夠。他們可以為教學上的問題下定義，也可以想出一到兩個行動方案，但對綜合性計畫和統整能力有困難。

3. 高抽象思考能力及高認知複雜程度：此類老師關切專業問題，通常可以從不同角度思考問題，他們願為自我改進，自我評鑑承擔責任，也願為同仁專業成長，提供服務。他們可以由自己的觀點、學生、行政人員及家長的觀點分析問題，產生很多變通的計畫，考慮其優、缺點，然後從中挑選出一個折衷方案的重點和方式。例如：可依 Beach 和 Reinhartz（1989）的觀點，配合教師抽象思考能力的程度（abstract thinking），如表 2-2 所示，採取不同的視導行為（詳見第十章）。

表 2-2　教師抽象思考能力的層級表

抽象思考能力的層級		
低	中	高
1 對問題感到困惑	1 能界定問題	1 能從不同角度思考問題
2 不知道應該做什麼	2 針對問題有反應	2 能產生很多變通的計畫
3 對問題只有一兩種習慣性反應	3 對綜合性計畫有困難	3 能選擇一種計畫並思考每一步驟

資料來源：引自呂木琳（1998）。教學視導。頁 156。

(三)老師承諾層級與抽象思考層級構成的四象限

老師承諾層級與抽象思考層級這兩個變因,可依高、低交織成四層面:高承諾高抽象思考,高承諾低抽象思考,低承諾高抽象思考,低承諾低抽象思考。Glickman(2002)稱高承諾高抽象思考為專家(professionals),高承諾低抽象思考為沒有焦點的老師(unfocused workers),低承諾高抽象思考為分析型觀察者(analytical observers),低承諾低抽象思考為該離職的老師(teacher dropouts)。

茲列如圖 2-1:

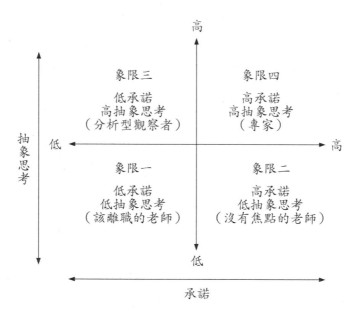

圖 2-1　四種類型的教師

資料來源:Glickman, C. D.(2002). *Leadership for learning.* p. 88.

茲就這四象限老師的特徵說明如下:

1. 第一象限:該離職的老師

此類老師沒有教學動機及熱誠,得過且過,只想保住飯碗,推委卸責,

既不屬於思考者也不是行動者，即所謂的不適任老師。

2.第二象限：沒有焦點的老師

此類老師有教學動機及熱誠，但教學沒有方法及重點，是行動者而不是思考者。他們很少能同時從事幾項的教學改進工作。

3.第三象限：分析型觀察者

此類老師有智慧、口語表達能力佳，對改進教學有好的想法，但不願意對實現自己的想法投入時間、精力及付出必要的關懷，是思考者，不是行動者。

4.第四象限：專家

此類老師有教學動機及熱誠，教學也有方法及重點，既是思考者也是行動者。

㈣視導人員對四類教師的領導風格

為了有效地進行視導工作，對於不同類別的老師，應採行不同的視導風格（Glickman, 1981, p.50）。一般而言，對低承諾及低抽象思考能力的教師採取指導控制式視導行為，對高承諾低抽象思考能力的教師採取指導資訊式視導行為，對低承諾高抽象思考能力的教師採取合作式視導行為，對高承諾高抽象思考能力的教師採取非指導式視導行為或合作式視導行為。有關視導人員的視導行為詳見第八章。

五、了解成人學習的特徵的知識

教師的學習與青少年不同，Knowles（1978）指出成人學習的特徵如下：

㈠自我概念

成人有自我管理的期望與能力，因此在學習過程中不期望依賴老師、受老師支配。成人期望在開放和尊重的氣氛中尋找學習需求，並自我規劃、

執行學習經驗，在學習過程中，視導人員只是協助者，不是支配者。

㈡經驗

　　成人累積豐富的經驗，有足夠的能力選擇學習目標和方式，其豐富的經驗應被尊重，並多加以利用在學習過程中。因此，教導成人應少用傳統灌輸知識的方式，而多用自我導向的學習。教師的進修及發展的課程，應多採用經驗學習、雙向溝通、團體討論和角色扮演。

㈢學習成熟度

　　成人心智成熟度較兒童高，能辨別所要學習的事物和先後次序，其發展任務也由兒童期的身體、體能發展轉變為社交、職務角色的勝任能力上。成人需要有機會辨認社交、職務角色所要求的能力。因此，當教師進修發展課程能配合老師的需求時，老師的可塑性、可教性最高。

㈣問題為中心的時間觀念

　　兒童學習是為了未來，但是成人學習是為了解決眼前的問題。成人教育是以問題為中心，而非以理論為中心。因此老師的進修及課程發展應先評估老師的需求是什麼？例如：是需要班級經營或教學法的知識、技能？抑或課程發展、教學媒體的知識？而後設計課程，提供機會讓老師學習。

第二章

知己知彼的技能

有效能的教學視導需了解自己和受視導者的教育哲學、了解有效能學校的特徵及了解有效教學的特質，茲分述之：

第一節　了解自己和受視導者的教育哲學並善加運用

視導的目的旨在促進學校的發展及改進教室中的教學。視導人員在協助老師改進教學的過程中，其所使用視導行為是否允當，與其背後的視導信念與教育哲學息息相關，因此，作為一個成功的教學視導人員必須就老師專業發展的能力，思考應採用何種的視導哲學及信念，以其協助專業成長。本節分就：壹、教育哲學、視導信念的概念，貳、視導人員的教育哲學，參、檢測視導人員的信念，肆、視導人員的哲學、信念與對教師控制的關係加以探討。

壹、教育哲學、視導信念的概念

教育哲學的活動，基本上係進行於學者本身的意識之中，它是內省性很高的一種精神過程。教育哲學本身是一種方法，故教育哲學亦可視為一種方法學或方法論（methodology）。然而，我們亦可視其為一種態度，一種心理活動的習慣和趨向。由於這個緣故，教育哲學既能改變一個人的信念，而它本身也往往是源自於或至少是與一個人的人生信念有密切的關係（陳迺臣，1990）。

教學視導是視導人員與教師在同一工作情境中，為改進或為提升教室教學目的或品質的過程（Beach & Reinhartz, 1989），因此，成功的視導人員必須就老師專業發展的能力，思考應採用何種的教育哲學及信念，以期協助教師的專業成長。茲分就教育哲學的概念及視導信念的概念等二部分加以說明。

一、教育哲學的概念

教育與哲學關係密切，彼此相需，互相輔助。Dewey（1916）曾說：「哲學是教育的普通原理，教育是哲學的實驗室，教育須根據普通原理而實施，而普通原理則根據教育實施之結果來考核。」；陳迺臣（1990）認

為，教育哲學是應用哲學的方法：(1)對教育的語言和基本概念加以澄清，(2)對教育的現象、問題作全面而深入的探索、反省及描述，並(3)形成教育的一般性理論，如教育的基本原理、教育的本質論、教育的規範和理想等。

教育概念之所以需要澄清，一方面固因由於教育語言使用上所衍生的各種困難問題，另一方面亦由於教育存有本身即為一繁複的複合體的緣故。分析是有效達到澄清的方法。澄清的結果，可以使教育存有的面貌完整而清楚地呈現出來。例如：何謂灌輸（indoctrination）？民主（democracy）？等概念的澄清。

描述教育之現實是為了了解，使知行合一，是解決問題之基礎，避免教育工作者的眼光集注於局部或片面的考慮，犯了「見樹不見林」的一偏之蔽。它能使教育者看見某一事項或某一決定所可能產生的關聯及其連鎖反應，所以在做考慮的時候，能夠注意到某一事務的每一相關聯的後果。（陳迺臣，1990，頁20）例如：「升學主義」的問題，涉及許多的層面，像社會取才的標準，家長價值觀念，文憑主義等。

然而若僅對教育現象做完整的描述是不夠的。教育在本質上象徵人類對未來之可能性的希望和設想。它包含了教育的「應然」（ought）在內，與上所述之描述性的「實然」（is）相對應並互為補充。因此，對應然之教育的規劃設想，是合乎人類的需求的。而哲學本就具有批判與綜合的特性。對於教育理想與規劃的建構工作，需教育哲學予以指引。對於教育的意義、價值與本質需教育哲學加以解釋。

簡之，教育哲學之功用可歸納為二：

㈠分析、澄清及描述教育現實，使其本質如實呈現，教育為一有機之整體，一方面固了解此一複合體的構成基本成分，另一方面亦了解這些成分之間的關係。更重要者，能夠了解此有機體運作的基本原理。亦即，教育的理論與實施都是由哲學而獲得南針，有那一種哲學，就有那一種教育目的，不同的哲學觀也會影響課程的選擇及教學方法、訓導方法的抉擇。

㈡應用批判與綜合之法，以建構教育的應然，成立規準以評鑑教育之現實的得失，並於教育理想的設定中，提出對現實教育改進之道，因此，哲學家在建立他的哲學系統後，往往論及教育，以建立其教

育系統；而從教育實施之結果，來判明其哲學理想之價值。例如杜威實驗主義的哲學，認為所有觀念都是經驗的產物，能夠解決實際生活問題的思想，才有價值。因此，重視知識的實踐與實際效用，主張教育就是生長，教育就是經驗的繼續改造。（陳迺臣，1990，頁 21-22）

二、視導信念的概念

人們陳述意見（opinion），可以根據他們的信念（belief）及態度（attitude）加以自我推論。意見與行為受到個人內在的信念及態度所指引，因此一個人對外在事物的看法，或其表現的行為，都與其個人的信念、價值、態度等有關。在教育研究領域中，教師教育信念的研究近年來在國內外頗受重視，其探討的重點約可分為「教師制控信念」（locus control），「關於學習的信念」、「關於學習者的信念」、「關於學科的信念」、「關於教師專業發展的信念」等次系統。黃淑苓（1997）認為教師對學生及其學習，對教師自我效能，對任教學科，對教育及對教師角色都持有自己的內穩信念或理論。這些信念互相牽連而形成教師教育信念系統，個人信念就像一個人知覺濾鏡，影響教師對其所遭遇的人事物加以特定闡釋，進而影響教師行為。很多研究發現教師信念和其教學行為有密切關聯。

至於視導信念的涵義，則指視導人員對教學視導所秉持的信念，其信念與視導行為有密切的關係。Glickman（1998）在其所著《教學視導》一書中所指出，視導與教學主要的問題是有關控制、知識與哲學的關係。教育目標及課程背後的主要問題是知識的來源問題。知識從何處來？知識是什麼？誰擁有知識？視導人員的教育信念可以問卷的方式由視導人員自己來表示。也可由老師感受到的視導行為，加以推測視導人員的信念及哲學（詳見本節參、檢測視導人員的信念）。

貳、視導人員的教育哲學

視導人員的哲學觀將影響他的知識觀、價值觀，依 Ornstein 和 Hunkins（1993）的觀點，影響視導人員的教育哲學主要有理想主義、實在主義、實用主義及存在主義等四種哲學派別，以及永恆主義、精粹主義、進步主

義及重建主義等四種教育哲學。而依Glickman等人（1998）的分類，則可分為精粹主義哲學、實驗主義哲學及存在主義哲學三種，茲就 Glickman（1998）的觀點分述如下：

一、精粹主義（Essentialism）哲學

精粹主義為1938年 William L. Bagely 首創，他取知識觀念的永恆性，和存在於人群之外，而形成其教育學說。茲分就精粹主義的思想淵源、精粹主義的教育主張、精粹主義在教學視導的應用及精粹主義的評析等四方面說明之：

㈠精粹主義的思想淵源

精粹主義的哲學思想起源主要是基於教育運動，其哲學思想淵源自包括理想主義（idealism）和實在主義（realism）的思想，茲分述之：

1. 理想主義

理想主義又稱為觀念主義或唯心主義，其思想可追溯至希臘哲學家Plato。Plato 認為世界有兩種：一為實在世界，也是物質世界，是靠感官感覺得來的經驗，這個世界是會變的；二為觀念世界，也是精神世界，是理性思維的結果，這個是不變的。前者是後者的影子，後者是前者的原本，真正知識來自觀念世界，只有靠先天理性的思維、內在觀念，才能獲得真正知識（葉學志，1993，頁64）。而後經中古世紀的 S. Augustin，至近代的 Descartes，再由 B. Spinoza、G. W. Lebniz、G. Berkeley 等人的努力，至 Kant 集其大成，然後到 Hegel 創造了歷史世界的整體觀，而登峰造極。

理想主義主張絕對的信念，認為我們生存的世界是一單純的實體（reality）反射（reflection）。而實體是非物質的，是由觀念、思想、精神組成的，需透過心靈訓練，才能一窺物之根本，但光靠心靈訓練仍有不足，開啟、洞識和信仰在理解基本知識是必要的，簡言之，理想主義強調「觀念世界」，主張「天賦觀念」，後來發展為理性主義。

在教育方面，理想主義追求的是絕對的真理與價值，教育的目的是啟發理性，教育的功能是尋求人潛在的良知，將其意識化。福祿貝爾（Froebel）是理想主義的支持者，也是第一所幼稚園的創建者。茲就理想主義的教育主張，其對教師的角色、學習的重點、課程的重點等三方面的看法說明之：

(1)教師的角色是教導學生發現潛在的知識和意念，教師自己則是道德和精神的領袖。

(2)學習的重點應該是文雅教育而非實用教育，要啟發學生抽象的思考。

(3)課程的重點應該要注重知識為主的人文學科、理論學科及傳統學科，例如：文理學科、哲學、神學、數學等。

2.實在主義

實在主義（realism）係亞里斯多得（Aristotle）所發起，亞氏為柏拉圖（Plato）的學生，受柏氏思想的影響相當大，兩人都強調先天理性的重要，觀念是真正的知識（葉學志，1984，頁69）。實在主義，強調人是經由感官與理性來了解世界的，萬事萬物均有其規律，所有的存在都依科學的因果論運作，這宛如一座時鐘的存在，它需要依據機械原理，去運作槓桿、齒輪、刻度計等。

實在主義認為人性是環境的一部分，真理是科學的指導法則，自然法則之外，無物可以存在。機械的實體是世界先前給予注定的獨立存在，他們是先前決定鐘的機械，如果人們離棄這個機械運作，那麼鐘就無法存在了，而知識就是在學習機械如何運作，簡言之，實在主義強調「經驗世界」，後來發展為經驗主義。

實在主義認為教育的目的在制約心靈，需要用自然、邏輯的方法去思考。茲就實在主義有關教師的角色、學習的重點、課程的重點及教學方法等四方面加以說明：

(1)教師的角色是培育學生理性思考的大師，也是學生精神和道德的領袖，更是權威的來源。

(2)學習的重點是訓練學生的心靈、邏輯，和培養學生科學抽象思考能力。

(3)課程的內容重視以知識為主的自然學科、基本學科，如：藝術與科學，重視學科的體系，人文科學和科學。

(4)教學方法以教師為中心，鼓勵科學思考教學法、重視有組織與系統
　　教學法，及重視使用視聽教具。

㈡精粹主義的教育主張

　　精粹主義以理想主義與實在主義為基礎，堅信吾人所處的宇宙是一個
定局，雖有變動，但此種變動僅是一種變相，而非本相。換言之，變是用，
不變是體；而且就是變，亦是變得有始有終，萬變不離其宗。教育所依據
者，應該是以不易之本相為主，變相為輔（楊國賜，1979，頁1037）。精
粹主義在教育上的主張如下：

　　1. 強調課程的重要，有受教育的人必須知道一些基本知識，此與進步
　　　主義強調學習方法不盡相同。
　　2. 區別課程中精華與非精華部分，強調學生應熟習精華的知識，例如
　　　藝術與科學、文理學科、哲學、神學、數學等。
　　3. 重建教師在教學上的地位，強調教師在教學中的重要性，與進步主
　　　義者認為學生在教學中的重要性不同。

㈢精粹主義在教學視導的應用

　　精粹主義者相信理性思考能提升心靈，以發現絕對知識的本體，在教
育上主張一種永恆的知識，這種知識需兼具歷史和現代生活的價值。精粹
主義的視導強調，督學如同教老師運作真理的一個人，視導者就是在散發
絕對標準的知識，而教師也隨之給予學生一些機械性、系統性的學習真理
的內容。

㈣精粹主義的評析

　　筆者以為以視導者為中心的形式，在教育實體系中好久以來產生了一
些雜音。就如同校園流行「官大學問大」的教育隱喻是一樣的道理。不過，
當今的視導實務中，宜留意下列數項議題：(1)視導者和教師的彼此關係是
否就如同精粹主義者所主張的上下關係？(2)督學或校長就是掌握教師教學
知識的巨臂嗎？(3)知識的獲得的過程是傳遞或是教師在實務情境中去行動
而體會的呢？(4)如果教師的教學運作是靠視導者先前決定而散發給老師，

那麼教師是否變成「視導者的影子」？(5)視導者的知識是否真的是完美無瑕、不容懷疑的嗎？(6)是否這個教育實體沒有必要讓教師在教學情境脈絡中去頓悟更多、更有用的原則和邏輯嗎？諸如上述筆者有關精粹主義對教育假設的質疑，確有值得我們三思之處。

二、實驗主義（Experimentalism）哲學

茲分從實驗主義的起源、哲學觀、實驗主義在教育的主張、實驗主義在教學視導的應用及實驗主義的評析等五方面說明之：

㈠實驗主義的起源

實驗主義是從實用主義（instrumentalism），乃是由英國的經驗主義和美國的實用主義變而來。實驗主義受到美國皮爾斯（Pierce, C. S）和詹姆斯（James, W.）所發展的實用主義（Pragmatism）哲學影響至為深遠，他們兩位均認為知識為實用而有，世界上沒有永久的真理存在，真理存在於不斷地運動狀態中（葉學志，1984，頁 78）。實用主義哲學強調人影響自然，更甚於自然影響人；到了杜威（Dewey, J.）始改用實驗主義名稱，杜氏進一步發展詹姆士的著作，主張進步主義的哲學，以生物學的觀點來談心靈，把人看做一個生物，把人的經驗看做是生物適環境的行動，強調心靈必然受環境的影響，而心靈卻也主動影響環境的變化，形成交互作用，產生動態的經驗、改造的經驗。他將個人投入社會的脈絡之中，認為人有其內在的能力，人能改革社會，也能被社會再改革；而後考恩斯（Counts, G. S.）在 1932 年所撰：〈學校能夠建立社會的新秩序〉一文中呼籲學校應領導社會趨向更平等的社會，進一步提出極端的主張：認為學校和學生是社會的改革者，發展所謂的重建主義（Reconstructionism）。

㈡實驗主義的哲學觀

杜威認為不論理想主義或實在主義的知識論，擺脫不了「觀念」與「物自體」的二元論，提倡述讀一元論，折衷了理想主義與實在主義。他批評理想主義所謂貫通說，以為凡一判斷與其他判斷相容，一切判斷全部可以成為貫通之系統者，是真知識。杜氏認為貫通純屬於心理的，如未經試驗

證明，只屬臆說的範圍；杜氏認為觀念須與事實相符合，但符合的不是認知作用發生以前的事實，而是根據觀念而行動以後所發生的事實。（葉學志，1984，頁79）。

實驗主義哲學認為人的潛能是多元的，人能從事一些創作發明，諸如創造法理、原則、機械等，所謂的實體就是人能從一個假設上加以證驗而獲得一種暫時的真理，一個人重複實驗得到相同的結果，它即是一種實在（real）。實驗主義不主張有絕對的真理，人的環境是變化的，人的行為也無時無刻在變化，世界是變動的，知識是人和環境交互作用之成果，它不是絕對的及永恆的，它是一種過程，隨著變動而改變。學習是一種解決問題的結果，知識是具有相關性的。例如，在過去牛頓的定理被視為是真理，但今日已被愛因斯坦相對論取代。在人類社會中道德的觀點也應是相對的，所謂的賢能（wise）就是指環境如何影響人自己，人如何影響環境等相互關係的了解。茲就實驗主義對教育的主張、在教學視導的應用及評析，扼要說明如下：

㈢實驗主義在教育的主張

杜威從「教育即生長」（education as growth）的觀點主論，主張教育是新舊經驗不斷融合，產生去蕪存菁的淘汰作用，不能用的舊經驗逐漸被丟棄，能用的舊經驗則繼續加以保存，使之和剛吸收的新經驗相互融合，是一種持續改造的過程，這種作用，稱之為經驗的改造（reconstruction of experience）。茲就實驗主義在教師的角色、學習的重點、課程的目的等三方面主張扼要述之：

(1)教師的角色是培育學生的批判性的思考能力和科學的能力。

(2)學習的重點則是學習應付變動環境的處理能力和科學的解釋，重視會學科及活動課程。社會學科內容特重人與社會的關係，活動課程強調做中學（learning by doing），以學生興趣需要為主。倡導問題教學法及重視學生為中心的教學法。

(3)課程的目的即所謂「教育即生活」、「教育即生長」，是以傳承文化和培養個人適應變動與解決問題的能力。

㈣實驗主義在教學視導的應用

實驗主義思想應用在視導上，從杜威的著作上得見一斑，例如在這幾方面的應用：(1)教師應學習當代的真理，但不應停留在包裹知識（the parcel of knowledge）的層次上；(2)視導者應以實驗室的觀點看學校，和老師一起驗證假設，嘗試新真理；(3)視導者應民主的和老師共同達成合作協議的目標，並協助每個人。視導者不必是傳統文化的傳遞者，他們傳送當代初步知識並引導嘗試錯誤，探究學習。

㈤實驗主義的評析

1. 筆者以為依照實驗主義的觀點而言：若是在教育的實務中，每一項之事都由教師本身或視導者和教師一起去探索和嘗試錯誤，那麼在「學海無涯」的前提之下，要獲得、嘗試新的真理，豈不費時費力，造成知識過程中龐大的浪費。依此而言，精粹主義的教育哲學所倡導的「傳遞絕對標準的知識」似乎有其不可忽視的道理。

2. 筆者以為以實驗室的觀點看待學校，來突顯學習者應嘗試在情境中形成假設和探究新知，獲取短暫性的真理，其立論與現代教育心理學之理論趨勢相符，唯視導者在進行教學視導時，宜留意下類的問題：(1)學校的老師或學生的知識探索能力足夠嗎？(2)情境中的探索氣氛能公平民主化嗎？(3)某些的權威是否會干預知識的準確性嗎？

三、存在主義（Existentialism）哲學

茲分從存在主義的哲學觀、存在主義在教育的主張、存在主義在教學視導的應用及存在主義的評析等四方面說明之：

㈠存在主義的哲學觀

1. 起源

存在主義主要崛起慘受第一、二次大戰後的歐洲大陸，是對傳統理性主義派的反動（歐陽教，1973）。它發端於一切都制度化的丹麥的 Kierkegarrd，齊氏深感個人在制度與系統化的洪流之中已漸失去存在的意義，而後 Jasper 在德國就 Kierkegarrd 的思想加以發展，其口號為存在先於本質強調人類軀體的存在先於本質的存在。

2.思想

存在主義重視個人主義與個人的滿足。人有選擇的能力，選擇的結果導致個人對自我的定義。存在主義哲學的基本教義在於個人才是實體的來源，世界所有的存在是代表著個人將之收入自己的經驗之中因而存在，宇宙中無絕對的本體或機械的運作，也無先前制定的法則。超出個體的存在僅是一片紊亂，唯一的實體存在於個人自己的存在中。

存在主義來自於對精粹主義及實驗主義反制，認為知識來源是內在體驗，與理想主義、實在主義、精粹主義及實驗主義均不相同。理想主義認為知識來源主要是理性的，是內在的，而存在主義者認為知識來源除理性外，尚有非理性，包括情感、感覺都在體驗內；實在主義者為知識來源為外在經驗，而存在主義者認為知識來源是內在體驗（葉學志，1984，頁90）。存在主義輕視以理性、實驗、系統的思想來獲得知識，如前述精粹主義者相信理性思考能提升心靈，以發現絕對知識的本體；同時它們也輕視實驗主義者相信以理性、科學思考來探究、建構當代知識；存在主義者相信理性思考會限制發現人「存在」的事實。

㈡存在主義在教育的主張

1. 教師的角色是教導學生做個人的選擇，對自我的定義。
2. 學習的重點是人類的現狀的知識與原則，以及個人抉擇的過程。
3. 課程的重點是選修學科的多樣化，重視選修有關感情、美學和哲學的科目。

㈢存在主義在教學視導的應用

在教學視導上，校長宜尊重教師的專業及人格、尊嚴，教師宜尊重學生的主體性及各別差異，視導人員宜多培養人文素養，充實輔導諮商技巧，尊重老師及學生多元價值，重視獨立思考判斷的陶冶，以培養富有創意的

老師及學生。

㈣存在主義的評析

　　存在主義哲學興起於工業時代失去自我、不安和苦悶之際，加上宗教思想的傳播，把人的存在價值視為高於環境；將心靈視為高於環境中的物質。在教育的過程中旨在培養獨立自我發展的學生，因此，在視導時宜留意者為：教師或學生之獨特性如過度受到重視，形成自以為是、缺乏群性陶冶的學校文化，是否將個人存在的價值凌駕於團體存在之上？如此，團體進步的願景和卓越品質之提升勢將蕩然無存。此為視導人員宜善加思索的問題。

參、檢測視導人員的信念

　　視導人員的信念可由視導人員自我檢測及由教師對視導人員視導行為的知覺等二方面加以描述，茲分述如下：

一、視導人員自我檢測

　　Glickman（1990, pp. 13-15）曾發展如表 3-1 的問卷，旨在測試視導人員的視導信念，視導人員的信念向度與其教育哲學的關係。問卷旨在評量視導人員對於教師的視導及教師發展所擁有的信念，其前提為假定視導人員已經知道視導的三種取向。問卷可用來做自我施測及自我評分，視導人員被要求從二個敘述句中選擇一個，也許視導人員不完全同意任何一個敘述句，但可選擇一個最接近你的感覺。

表 3-1　檢測視導人員的視導信念

1.(1)視導人員應給予老師較多的自主性及創新。

　　(2)視導人員應給予老師有關教學方法的指導，以改進其教學。

2.(1)對老師而言，為自己設定目標及目的以促進專業的成長是一件重要的事情。

　　(2)對視導人員而言，幫助老師使其人格與教學風格配合學校的方向及教學是一件重要的事情。

3.(1)老師可能感到不安,假使視導人員為清楚地界定評鑑老師的目的。

(2)評鑑老師是沒有意義的,假使老師不能夠與視導人員共同界定評鑑的目的。

4.(1)視導人員對老師從事教學視導時,與他們建立開放、信任、溫暖的關係是最重要的。

(2)視導人員如與老師太過親密,其與老師保持適度的專業距離相比較,將較不受尊重及欠缺效能。

5.(1)在視導會議中,視導人員的角色是使得與老師的互動顯得積極、分享資訊、幫助老師計畫和解決自己的問題。

(2)在視導會議中,對老師所使用的方法及策略要針對未來改進的需要。

6.(1)初次與老師工作時,我為每位老師發展教育目的,以幫助老師達成學校目標。

(2)初次與老師工作時,我嘗試找出每位老師的專長,使其能為自己的進步而努力。

7.當一些老師有相同的教室問題時,我較喜歡:

(1)讓老師們形成親密的團體並幫助他們一起努力去解決問題。

(2)以個別的老師為基礎,幫助他們發現本身的長處、能力及資源,俾使每位老師找出解決問題的方式。

8.實施在職教育研討會最重要的線索是:

(1)當視導人員察覺到一些老師在某一特殊領域缺乏知識或技能,結果產生士氣低落、不安及教學缺乏效能。

(2)當一些老師察覺到在相同教學領域需要加強他們的能力時,這些老師顯出高度意願和努力。

9.(1)因為視導人員廣泛地了解老師的能力及學校的需要,可以自己決定在職研討會的目的。

(2)在舉行在職研討會前,視導人員及老師應該彼此就其舉行的目的加以溝通,以達成一致的共識。

10.(1)老師感覺到個人持續地成長,比起那些未感覺到個人成長的人,在教學時更有效能。

(2)教學策略及方法的知識及能力,應該多年來已經被所有老師證實能有效地在教室中實施。

11. 當我察覺到老師可能非必要地責罵學生時：

　(1)我會在與老師所舉行的會議中，解釋為什麼責罵是過度的

　(2)我會問老師事情的原委，但不會表達我的判斷。

12. (1)改進老師表現的一種有效的方式就是形成清晰的行為目標，並提供達成目標的激勵措施。

　(2)行為目標對某些老師具有酬賞及幫助，但對其他老師則無效，某些老師在某些情境中從行為目標中受益，但在其他情境中則反之。

13. 在觀察前的會議中：

　(1)我建議老師能自己觀察事物，但是我讓老師就觀察的目的及方法自己做最後的決定。

　(2)老師與我就觀察的目的及方法共同做決定。

14. (1)假使老師自行其是，則改進教學的效果是很慢的。但是當一群老師共同就某一特殊的問題研究時，他們學習得很快，士氣高昂。

　(2)團體活動可能是有趣的，可是我發現與老師就某一問題及其解決個別的，公開的討論將產生更實質的結果。

15. 當老師在職訓練或研討會預定要舉行時：

　(1)參與做決定，如同舉辦研討會的所有老師，應該被其引導上來共同參與研討會。

　(2)不管老師在研討會中的角色如何，假使研討會與他們有關係時，他們應該能夠自己去做決定。

計分方法：步驟一：將各題的答案置入適當的欄位中，如下表

欄位一	欄位二	欄位三
1（2）------------------------------	1（1）	
	2（2）------------------------------	2（1）
3（1）------------------------------	3（2）	
4（2）------------------------------		4（1）
	5（2）------------------------------	5（1）
6（1）------------------------------		6（2）
	7（1）------------------------------	7（2）

8（1）-- 8（2）
9（1）------------------------------------- 9（2）
10（2）-- 10（1）
11（1）--- 11（2）
12（1）----------------------- 12（2）
　　　　　　　　　　　　　　13（2）------------------------ 13（1）
14（2）----------------------- 14（1）
　　　　　　　　　　　　　　15（1）----------------------- 15（2）

步驟二：將各欄位的總數乘以 6.7，即為該欄位的得分

步驟二之一　　　　　欄位一的總數 ----------------------- × 6.7 =
步驟二之二　　　　　欄位二的總數 ----------------------- × 6.7 =
步驟二之三　　　　　欄位三的總數 ----------------------- × 6.7 =

步驟三：解釋

1 步驟二之一之得分即為指導式取向視導的百分比。
2 步驟二之二之得分即為合作式取向視導的百分比。
3 步驟二之三之得分即為非指導式取向視導的百分比。

資料來源：Glickman（1990）. *Supervision of instruction.* pp. 88-91.

二、教師對視導人員視導行為的知覺

　　視導人員視導學校時所表現的視導行為，經由老師對視導人員的描述，可以測知視導人員的教育哲學，以下為四位老師對視導人員的描述：

　　第一則：平時老師感覺與視導人員沒有什麼關聯，因為老師認為視導人員很少關心他們在教學領域中每天所發生的問題，視導人員到校視導主要關心的是老師是否達成教學目標，只要目標達成且沒有任何一位老師發生個別問題，多數老師很少會聽到視導人員的訊息。

　　第二則：在老師們的心中，視導人員被認為是一個能力特別強的人，他之所以能夠促使老師追求卓越，是因為老師認為視導人員

049

把他們視為具有專業能力的人且願意竭盡所能，追求盡善盡美。視導人員尋求老師的支持並重視他們的意見和觀念。

第三則：典型的視導人員是一位充滿活力，有趣的人且定期視察我的教學的人，他給予積極的回饋。在學校會議後，他主動將所有體育老師組織起來，彼此共同討論問題及解決問題的觀念。他雖然在體育學領域的知識有限，但給我們相當多的自由空間。

第四則：視導人員擅長政治辭令及公關的語言的人。他知道如何說得體的話及向誰示好。

以上四位老師對視導人員的描述，可以猜測視導人員所秉持的教育哲學。在第一則中，視導人員可被視為具有精粹主義的教育哲學觀，關心監控的結果。在第二則中，視導人員可被視為具有實驗主義的教育哲學觀，關心彼此共同的參與。在第三則中，視導人員可被視為具有存在主義的教育哲學觀，關心人類的自由。在第四則中，視導人員可能沒有哲學觀點，其權宜之計就是目標。

肆、視導人員的哲學、信念與對教師控制的關係

視導的信念及教育哲學可以從對教師控制的角度加以詮釋。精粹主義哲學的前提，乃是基於視導人員是教學領域的專家，因此，對老師的教學具有控制之責。由於老師對教學過程的自主性較無掌控的能力，因此，需要視導人員的協助，經由指導式的視導傳授老師教學知識及技能。至於實驗主義哲學的前提，乃是視導人員與老師在教學的改進方面，是基於平等的地位，夥伴的關係，故名為合作式的視導。存在主義哲學的前提，認為老師具備教學專業及技能，有能力改進教學，因此教學的過程是盡量由老師來主導教學，視導人員很少提供意見。

在教學視導過程中，視導人員的教育哲學如係偏重精粹主義，但或許也有實驗主義哲學或存在主義哲學的成分，只是其成分的多寡而已，故其視導信念依視導哲學的不同，而有不同的組合。表 3-2 為視導人員教育哲學，控制與視導信念的關係。

表 3-2　視導人員教育哲學、控制與視導信念的關係

教育哲學	控　　制	視導信念
精粹主義	視導人員：高 老　　師：低	指導式
實驗主義	視導人員與 老師是平等的	合作式
存在主義	視導人員：低 老　師　：高	非指導式

資料來源：Glickman（1990）. *Supervision of instruction.* p.92

　　以上三種取向的哲學觀點，在早期視導人員大多偏向採取指導式的視導，控制度較高，唯自 1998 年 9 月 30 日教育部公佈「國民教育階段九年一貫課程總綱綱要」後，從形式上、內涵上和精神方面來看，突顯出各校強調「學校本位課程發展」（S.B.C.D.）的重要性，不但賦予教師許多專業自主的空間，而且可自編教材和評選教材，並由學校組織「課程發展委員會」進行課程發展的運作，達成課程發展之理想。其中課程發展的理念之一是「教師是課程的設計者」之角色（王瑞輝，2003）。教師被期望能夠在民主開放的情境中進行行動研究、反思和檢證自己或他人課程與教學的實務問題，而視導人員個人的信念、目標控制或教育哲學之影響層次也不及過去之頻繁和深遠。各國中小學學校的文化氣氛和學校願景（vision）成為教師教學的動力。

　　筆者以為精粹主義、實驗主義和存在主義的三種取向的哲學觀念適當的融合和彈性選擇折衷做法，應成為教育視導人員的信念和實際做法的依歸，質變和解放也讓課程和教學視導的重責由教育行政機關的督學轉而讓校長、教務主任、教學組長和教師群等成為光鮮亮麗的視導者角色。

第二節　了解有效能學校的特徵並協助發展

　　組織是一群人為求達成共同的目標，經由人力分工及職能的分化，運

用不同層次的權力與職責，合理地協調這一群人的活動，以便達成共同的目標（李長貴，1975）。學校是一種正式的組織，提升教育品質一直是學校教育努力的目標。

近三十年來世界各國為提升其學校教育品質，紛從各層面從事教育改革，其中有關學校效能的研究係一漸受重視的研究領域，成功的學校具備哪些指標？如何建立有效能的學校，以落實教育革新？學校效能研究對視導工作有何啟示？均為視導人員應了解的重要課題，本節首先探討學校效能的意義、特徵，其次分析學校效能的理論模式及其指標，最後再就學校效能研究對視導工作的啟示，分別加以整理歸納如下。

壹、效能的涵義

效能（effectiveness）為一「構念」，其意義及評量是模糊的，可謂人言言殊，無法取得一致的看法。以下列舉幾位學者專家對效能的看法，分述如下：

Etzioni（1964）認為：效能指依組織達成其目標的程度。

Morris（1970）認為：將效能視為達成目標而產生預定或預期的效果，而效率則指投入和產出兩者之比率，也就是運用最少時間、能量或物質，巧妙地管理運用資源和技術。

Barnard（1971）認為：效能乃是組織目標的達成，效率（efficiency）則指組織成員的需求滿足，組織若要生存發展，就必須兼顧效能與效率。

Mott（1972）認為：效能是動員其資源以產生各種產品的能力。

Simon（1976）認為：效率只是效能的一部分，效能應包含效率。

Steers（1977）認為：效能是組織運作的一個過程，使各種障礙降到最低，就可以增加組織的效能。

Hit、Middlemist 和 Mathis（1986）認為：效能是組織在一定時間內，有效達成目標的程度。

Robbins（1998）認為：效能是目標的達成，而效率是未達到目標的投入與實際產出的比值。

陳明璋（1982）認為：效能是「果」，應考慮產生效能的整個過程。

張潤書（1990）認為：效能是達成目標的程度，指資源運用以後所產

生的結果，凡是完全達成目標者即為效能。效率則指運用資源的程度與能力，凡是能將人力、物力、財力及時間作最妥善的分配者即是效率。

至於效能（effectiveness）和效率（efficiency）的概念並不相同。就字義來看，依據《韋氏新世界字典》的解釋，「效能」意指有效的品質（quality）而言，它指一種明確的或可欲的（desired）。

結果，此等結果是經運作而產生的。「效率」則意指投入（input）和產出（output）的比率而言，它指涉一種能力，亦即用最少的努力或花費以產生可欲成果的一種能力（引自黃政傑，1993）。

而效能與效率的關係如何？陳明璋（1979）認為其二者間之關係如下：

1. 有效率不一定有效能，效率僅是效能的必需而非充分條件。

2. 效能較效率重要，組織很少完全追求效率，因為短期的成功（有效率）可能意指長期失敗（無效能）。故效能是成功的基礎，效率則為組織成功之後，其生存所需之最低條件，效率是辦好事，效能則為做正確的事。

3. 效率只考慮投入與產出的比率，效能則考慮投入─過程─產出的整個循環，著重組織與整個生存環境的互動關係。因此，效率只考慮到內部的狀況，效能則包括了外在標準。

4. 效率與效能尚有以下的對比：解決問題對尋求有創意的方案、降低成本對增加利潤、保護資源對資源之最佳利用、盡責任對尋求績效等。

5. 就長期而言，效能不僅借重經濟、技術手段（效率），且求政治手腕獲取最大利益，此即內外並重，並考率環境（社會）、組織及個人之間的最佳均衡。

綜合上述國內外學者的觀點，效能可以歸納為「達成組織目標的方法、步驟或程度」，效率則是「資源的有效利用」。簡而言之，效率就是把事情做好（doing the things right），而效能就是做對事情（doing the right things），兩者皆為學校或企業組織成功的關鍵要素。

貳、學校效能的基本概念

一、學校效能的意義

　　學校為一複雜的社會系統，其所訂的目標比一般工商界的目標更籠統、抽象，很難具體化和量化。學校效能是一複雜的概念，其涉及的因素或特徵頗多，並具有多方面建構的特質（邱錦昌，2003）。一所特定學校在界定效能時，往往要在相互競爭的價值中做一選擇，並且效標（criteria）也經常成為政治性爭論的主題（Sammons, Hillman, & Mortimore, 1995），因此學校效能的定義迄今尚無一致的觀點。茲列舉數位國內外學者對學校效能的定義說明如下：

㈠國內部分

　　吳清山（1989）認為學校效能是指一所學校在各方面均有良好的績效，它包括學生學業成就、校長的領導、學校的氣氛、學習技巧和策略、學校文化和價值化以及教職員發展等，因而能夠達成學校所預定的目標。

　　李佳霓（1999）認為「學校效能」是學校為達成其教育目標所進行的方法、過程、手段及結果。且它的涵蓋範圍相當廣泛，舉凡涉及校園運作的內外部因素，可測或不可測的學校表現，均是學校效能討論的範圍。

　　戴振浩（2001）認為學校效能是：校長、教師有良好的專業知能，有前瞻性的校務發展計畫，充足的學校設備，有效率的績效管理，適切的課程安排，靈活的教學方法，良好的師生關係，和諧的人際關係，注重學生學習效果並能與家長和社區建立共識，以達成教育目標為依歸。

　　葉天賞（2001）認為學校效能包括質的（學校組織氣氛、教師教學品質、學校領導的效能、高度的期望或理想目標）和量的（學生學習效果和成就測驗）等兩個層面。所以學校各方面的表現均是界定學校效能的要素。

　　鄭友超（2002）則認為學校效能係指學校在各方面均有良好的績效，包括在教學輸入、教學過程及教學輸出上都有良好特質，使學校能達成預定或期望的教育目標。

㈡國外部分

Purkey 和 Smith（1983）研究發現有效能的學校不單是有較高的智育成績（通常以閱讀和數學二科的成績為準）之單一特徵，而是具有普遍而共同的多元特性。所以學校效能應是由很多因素形成，如校長的領導、學笑氣氛、課程與教學等方面。

Madaus、Airasian 和 Kellaghan（1980）認為學校效能是指學校目標與其實際成效符合的程度。亦即衡量學校效能的途徑是比較學校的目標與其績效是否一致。

Stoll 與 Fink（1992）指出，學校效能是指在平常性任務、助長學習氣氛與強調學習等三個層面都能達到預期的目標。

Glickman（1998）則重人群關係理論的觀點切入，他認為一所成功的學校是屬於同僚學校（collegial school），教師間以坦率公正原則對專業尊重，包容不同意見，致力於改進全校教學與學習成效，並以關心照顧所有學生之原則完成教育決策的實現。

綜合上述國內外學者的觀點，學校效能的涵義可以歸納為「學校效能是指學校為達成教育目標所進行的方法、步驟或程度，亦即學校目標與其實際成效符合的程度，它是由很多因素所形成」。

二、學校效能的特性

學校組織之目的與企業組織有所不同，企業以營利為目的，效能、效率均很明確。而學校為非營利組織，最明顯的特徵即為學校無明確的利潤標準以供決策或績效評估之用，因此探討學校效能時考量重點與企業組織之效能亦有所差異

學校效能的特徵，指的是學者進行有效能學校研究時，所發現並將其歸納成為共同的特色，不過學者研究方法常有所差異，研究結果對於學校效能的特徵雖各有其看法，但其具有一定之相關程度，以下就國內外相關文獻敘述其特徵。

㈠國外部分

國外學校效能研究，自 Weber（1971）研究學校效能特徵以來，陸續有許多學者致力於學校效能特徵的研究，其中英國倫敦大學教育研究院更成立學校效能研究中心，故國外學校效能研究可說蓬勃發展，茲歸納十餘篇較具代表性的研究說明如下：

Weber（1971）研究洛杉磯、堪薩斯及紐約的地區四所成功的國民小學，發現學校效能具有五項特徵，分別為：強有力的行政領導、學校氣氛、強調基本技巧、對學生高度期望及不斷評估學生的學習表現。

而後 Austin（1979）在〈好的學校及其效能之探索〉一文中歸納有效能的學校具有八項特徵：第一項為強勢的領導；第二項為校長是教學領導者；第三項為安全有秩序的氣氛；第四項為老師對學生給予高度的期待；第五項為經常留意學生進步的情形；第六項為對於學校的目的及目標有共識；第七項為重視有效的教學；第八項為經常使用鼓勵代替懲罰。

Edmonds（1979）綜合學校效能三十八篇文獻及其對部分貧窮地區的有效學校（effective school for urban poor）研究成果，歸納出五項學校效能的因素。分別是：校長強而有力的領導、對學生具有高度期望、強調基本技能、良好的氣氛及持續不斷地評鑑學生進步情形。

Lightfoot（1983）在《好的高級中學》研究中提出六項有效能學校的特徵：其一為承認學校非十全十美並且努力改進；其二為有發展的潛力並且展現制度上的控制；其三為領導者具有男女兩性的特質，實施有效的領導；其四為老師擁有履行其成人角色的自主及自由；其五為與學生建立積極、相互體諒的關係；其六為提供安全、有秩序的環境。

接著，Frymier、Cornbleth、Donmoyer、Gansneder、Jeter、Klein、Schwab 和 Alexander（1984）在《一百所好的學校》歸納十二項學校效能的特徵，第一項為學校是社區的一部分；第二項為學校目標明確，可以理解並且納入學校的活動中；第三項為課程計畫是學校教師的主要責任；第四項為學校在挑戰性及酬賞性的工作方面反映出積極的氣氛；第五項為教學資源及教材多樣性；第六項為經常注意學校的進步並且與學校目標有關的進步，是令人滿意的；第七項為學生參與活動；第八項為家長及社會大眾熱心參

與校務；第九項為圖書館及其他的學習資源充分的使用；第十項為幫助學生成為獨立的學者；第十一項為校長維持好的人際關係並且容許教職員共同做決定；第十二項為老師持續的成長與創新。

McCormack-Larkin 和 Kritek（1983）研究認為學校效能的要素有六大類：其一為學校氣氛，包括強烈的學術任務感、對學生具有高度的期望、強烈的學生親密關係感、高度的教職員間同心協力、肯定個人／學術的卓越表現。其二為課程，包括閱讀、數學及語言的標準和年級期望水準及整個學習內容的計畫和督導。其三為教學，包括透過結構性學習環境的有效班級管理、增加大量時間分配在學術的優先次序、主要的教學行為（複習及考查家庭作業、發展性單元、歷程／結果考查、主動地督視和座位安排）、採用直接式教學方法、最大的學術參與時間、採用累進式學習策略（計畫一年比一年成長）及在幼稚園階段即開始進行閱讀、數學和語言教學。其四為支持性服務的協調，包括教學計畫、課程內容和輔助性教學服務內容能與班級相協調及採用到資源班上課方式（Pull-out approach），不影響班級教學內容，不會對某些學生有較低期望，不干擾到最大的學習時間。其五為評鑑，包括平時不斷地評估學生進步情形、精確地和有助學生獲得基本能力之成績報告單、重視測驗的態度，並將它視為一種個別成就的肯定及使用測驗的準備和技巧。其六為家長和社區支持，包括經常和不斷地與家長溝通、清楚地向學生和家長說明家庭作業策略、重視學生出席的重要性、明確地與家長溝通有關學校對學生行為標準的期望及加強社區服務的意識，用來增進和延伸學生學習。

Davis 和 Thomas（1989）研究認為學校效能至少應包括五項因素，分別為：良好的班級經營、高度的學術參與、督視學生的進步、教學改進及明確的目標。

Levine 和 Lezotte（1990）將學校效能包括九項特徵：其一為生產性學校氣氛和文化，包括和諧的環境、教職員的奉獻精神和重視成就的明確任務、問題解決取向、教職員的凝聚力、合作精神、共識、溝通和同心協力、教職員的參與決定及學校重視、認可師生優良表現；其二為重視學生重要學習技巧的獲得，包括最大且有效的利用時間及重視重要學習能力的精熟；其三為適切地督視學生的進步；其四為實用取向的教職員發展；其五為傑

出的領導，包括有效的選擇和安置教師、經常督視學校各項活動、為學校改進活動付出高度的時間和精力、教師的支持、資源的取得、卓越的教學領導及教學人力的獲得及有效利用；其六為家長積極的參與；其七為有效的教學安排和實施，包括：成功的分組和有關組織的安排、適當的安排、主動的／充實的學習、有效的教學、在評估教學結果時重視較高層次的學習、課程與教學的協調及易於取得豐富、適當的教學材料、班級適應及增加閱讀、語言和數學時間；其八為對學生有高度的期望和要求；其九為其他可能的相關，包括：學生的效率感／無用感、多元文化教學和敏感性、學生的個人發展及嚴格和公平的學生升級度。

　　Chance（1991）在一項個案研究中發現有效能的學校具有五項特徵，包括：強勢的教學領導、對學生高度的期待、積極有秩序的學習環境、重視教學活動及定期評量學生學習成果。

　　Schmoker（1999）指出，有效能的學校應有下列的特徵：(1)強而有力的教育視導；(2)家長熱烈的參與；(3)校長、教師與家長共同治校；(4)充實均衡的課程；(5)教師能發揮專長，重視教師在職進修；(6)顧及每一位學生的需求；(7)教師參與校園日常的工作活動；(8)具有寬容、溫暖的環境。

㈡國內部分

　　國內學者研究有效能學校的特徵，自方德隆（1986）研究國民中學組織結構與組織效能關係之研究以來，有逐漸增加的趨勢，蔡進雄歸納截至1999年止計有三十二篇，近年來又不斷增加，可謂蓬勃發展，茲列舉數篇研究結果說明如下：

　　黃振球（1992）認為有效能學校的特性計有三項：其一為學生學習，包括德育、智育、體育、群育、美育；其二為家長滿意；其三為行政效率作為評鑑學校績效之主要項目。

　　張德銳（1991）認為有效能的學校應有如下之特性，分別為：重視學校環境的維護，包括整齊、潔淨、美化、綠化之「境化」功能。學生紀律良好，老師有效控制教室秩序。教師及行政人員都能體認學生學習的重要性並予適度的期望。學校行政措施是以支援教學、服務教學為目的。學生在各方面學習的成就，及教師教學之評論受肯定。行政人員及教師享有高

度之自主權。創造並維持和諧的組織氣氛。學校提供學生自治，參與校務及服務的機會及學校提供德、智、體、群、美五育均衡發展之學習經驗。

卓秀冬（1995）綜合數篇國外之實證研究結果，歸納出學校效能有十項特徵，分別為：(1)校長的強勢領導；(2)學校的組織氣氛溫馨和諧；(3)經常追蹤評量學生進步之情形；(4)與家長及社區建立良好的關係；(5)有清晰的任務及使命感；(6)全體成員共同參與校務計畫與決定；(7)建立視導歷程制度；(8)教師有效的教學；(9)學生健康成長；(10)行政歷程民主化與制度化。

張明輝（2001）引述 Gray 對於英國學校效能與學校革新的研究，認為建構學校效能的主要因素有：(1)專業領導：重視學校教育目標、分享專業領導地位、強調領導的專業特性；校長參與並了解教室進行的教學活動、課程、教學策略以及督促學生的進步。(2)分享遠景和目標。(3)師生學習的環境。(4)教學的品質。(5)高度的期待。(6)積極增強。(7)導引學生進步。(8)學生的權力和責任。(9)有目標的教學活動安排。

張錫輝（2003）研究我國高級職業學校學校效能指標，歸納十一項有效能學校特徵：(1)卓越的行政領導；(2)和諧的學校氣氛和良好的學校文化；(3)重視學生基本能力的習得；(4)對學生有高度的期望；(5)教師有效的教學技巧；(6)經常督促學生的進步；(7)重視教職員的在職進修；(8)妥善的規劃學校環境；(9)家長的參與和支持；(10)民主化之決策歷程；(11)全體成員參與校務運作。

綜上所述，國內外學者對學校效能特徵之研究，自五項特徵以迄十餘項特徵，不一而足，唯均相信學校效能特徵之研究有助於學校教育改革與進步。

三、影響學校效能的因素

學校是一種正式的組織，它與政治、社會、經濟、文化等的發展，息息相關。因此，影響學校效能的因素可以說是相當的複雜，除了內部環境因素外，深受外部社會環境因素的影響（吳培源，1995）。內在因素包含領導和決定、學校的文化和氣氛、教師的行為、學生的行為等；外部因素則包含不同團體的要求、對學校教育的批評、家長的支持和參與、政治的介入、多元價值觀、教育資源、與學校的環境等等（Coleman & Collinge, 1991）。

　　Scheerens（1990）則從背景、輸入、歷程、產出的整合模式（CIPP模式）來分析影響學校效能的因素，他認為學校的背景、投入與過程等因素都會直接或間接影響學校的產出。其中背景因素包括學校的規模、學校的所在地區、學校的設備等；投入因素包括教師的素質、經費的支援、社區與家長的支持等；過程因素則包括學校層次和班級層次兩種，其中學校層次包含校長的領導、學校的措施、學校氣氛、課程的內容和架構等；班級層次則包含學習的機會、作業的時間、有組織的教學、有效的增強、教師對學生課業的監督和評量、教師對學生進步的期待等。

　　Creemers和Scheerens（1994）則認為影響學校效能的因素包含學校層級和廣泛的教育層級兩項，學校層級包含：⑴課程方面：如教材的限制、內容的結構、評量和回饋等；⑵學校組織方面：如公平有秩序的氣氛、良好的團隊合作、教育的領導等；⑶教育董事會方面：依據學校政策雇用教師和校長。至於廣泛的教育層級包含：⑴家長方面：支持學校與學校的政策。⑵國家層級方面：如教師的職前與在職訓練、教育政策能支持和指導學校的教育等。

　　Sammons、Hillman與Mortimore（1995）研究發現，影響學校是否能成為有效能的學校之關鍵因素包括：專家的領導、具有分享的願景與目標、學習的環境、重視教學與學習活動、有目的的教學、有高的期望、積極正面的增強作法、具有督導進步的措施、學生的權利與責任、家庭與學校的夥伴關係、屬於學習型的組織等十一項，每項之下又各有若干細項，如表3-3所示。

表3-3　影響有效能學校的關鍵特質因素

影響有效能學校的因素	因素細目
專家的領導	堅強穩固且有共同一致目的願景。 參與式的領導方式。 具前瞻性引導的專業。

（接下頁）

（承上頁）

具有分享的願景與目標	目標的統一。 實際措施的穩定、一致性。 充分展現同儕情誼與協同合作。
學習的環境	井然有序的氣氛。 具吸引力的學習環境。
重視教學與學習活動	學習時間能安排到最大的極限。 重視並強調學術性學科的學習。 聚焦在學生學習的成就上。
有目的的教學	具有效率的組織。 具有清晰的目的。 具有結構的學習單元。 具彈性調適的措施。
有高的期望	對所有方面具有高的期望。 能將此一期望溝通傳達出。 能提出具明智的挑戰。
積極正面的增強作法	具清楚並公正的紀律。 有回饋的措施。
具有督導進步的措施	有督導學生學習表現的措施。 有評鑑學校實際表現的機制。
學生的權利與責任	提升學生的自尊。 學校應有的責任地位。 工作的管控。
家庭與學校的夥伴關係	鼓勵家長都能投入關心其子弟的學習狀況。
屬於學習型的組織	營造學校本位的教職同儕專業發展模式。

資料來源：Sammons, Hillman & Mortimore（1995）. *Key characteristics of effective schools: A review of school effectiveness research.* London: Office for Standards in Education and Institute of Education.

Scheerens 與 Bosker（1997）歸納學校效能相關因素研究並仔細分析後，彙整出十三項促進學校效能的因素，及其構成之要素，如表 3-4 所示：

表 3-4 促進學校效能因素及其構成之要素

因　素	構成之要素
成就、方向、高度期待	明確重視基本事物的精熟──高度期待（學校層次） 高度期待（教師層次）──學生成就的紀錄
教育領導	一般領導技巧──學校領導者為資訊提供者 協調參與決定──領導者為協調人 變換教室處理的控制者──分別為教育／行政領導 指導並良善管理教師──成員專業的指導與促進者
成員間的凝聚力	會議型態及頻率──合作的內容 合作的滿意度──重要性歸因於合作 成功合作的指標
課程品質／學習機會	設定課程優先方式──選擇教學法與教科書 學習的機會 課程的滿意度
學校氣候	和諧的氣候──給予和諧氣候重要性 常規與規章──懲罰與獎勵 曠課與退學──對於和諧氣候的滿意度 效能方向之氣候與良好的內部關係──促進效能條件上的規則 學生間的關係──師生關係 成員間關係──教師領導者之角色 學生的保證──角色與工作的估量 工作的估量──在能力、工作情況、任務執行、整體滿意度、能力與發展
評鑑的潛能	強調評鑑──監測學生的進步 學生監測系統的使用──學校進程評鑑 評鑑結果的使用──保持學生表現的紀錄 評鑑活動的滿意度

（接下頁）

（承上頁）

家長的影響力	學校政策強調家長影響力——與家長聯繫 家長影響力的滿意度
教室氣候	教室內部間的關係——規則 工作態度——滿意度
有效學習時間	有效學習的重要性——時間 監控曠課——在校內時間 在教室的時間——教室管理 家庭作業
結構化教學	結構化教學的重要性——課程結構 課程準備——直接指導 監測
獨立學習	（沒有要素）
差異性	普遍的方向 特別注意處於危險中的學生
增強與回饋	（沒有要素）

資料來源：Scheerens, J. & Bosker, R. J.（1997）. *The foundations of educational effec-tiveness*. Printed and bound in Great Britian by Redwood Books Ltd.

參、學校效能的理論模式

　　學校效能是發展中的觀念，其理論模式迄今尚無定論。

　　Rowan（1985）將學校效能模式分為目標中心模式（goal-centered app-roach）和自然系統模式（natural systems approach）。

　　Seashore（1983）認為學校效能應有目標模式、自然系統模式和決定歷程模式（decision-process model）三種。

　　Steers（1977）認為目標模式和系統資源模式是互補的，可以加以融合成為整合模式。

　　Hoy 與 Miskel（2001）綜合多位學者的觀點及研究提出目標模式、系

統一資源模式與統整模式。

國內陳明璋（1982）將組織效能綜合歸納為目標模式、系統模式、參與者滿足模式、制度－結構模式和評估研究模式。

游進年（1990）將學校效能分為目標模式、系統模式、決定歷程模式、統整模式。

吳清山（1989）則將學校效能分為目標中心模式、自然系統模式、參與滿足模式三種。

筆者綜合國內外文獻，將學校效能理論模式歸納為目標模式、系統資源模式、參與滿意模式及統整模式四種，茲分別加以說明：

一、目標模式

㈠定義

組織效能即指目標達成的程度，假使組織活動的結果符合或超過組織目標，則是有效能的組織。目標模式雖然有一些缺點，不過部分學者如Steers等，仍認為以目標及其達成的程度來界定組織效能，還是有其可取之處，目標能提供組織成員方向，減少盲目摸索的時間，並可作為評量組織的標準。

㈡基本假定

依 Campbell（1977）與 Scott（1992）的看法目標模式之假定有：

1. 組織目標是由理性的決策團體所訂定。
2. 組織目標的數量是合理的，並可付諸執行。
3. 組織的目標能具體的被界定，成員能清楚的了解並依循執行。
4. 目標提供了評鑑效能的規準，以有效的評量效能。

㈢效能規準

學校是教育行政組織的一環，而教育行政組織為一層級體制，因不同行政層級任務的需要，不同層級所界定的目標也不同。一般而言，學校目標可分為二種：

1. 官方目標（official goals）：教育行政機關針對學校任務本質及目的的正式宣示。這些宣示通常頒佈登載於組織法規文書中，例如我國國民小學課程標準總綱，規定國民小學的教育目標為：「培育活活潑潑的兒童、堂堂正正的國民為目的，應注重國民道德之培養，身心健康的鍛鍊，並增進生活必需之基本知識。」它是含糊抽象的、期望性質的、無時間性的，對實地參與執行者而言，宣示意義大於實質引導功能，其目的在尋求社會大眾的支持與認可。又如：高級中學法中，規定高級中學的教育目標為：「高級中學教育，以發展青年身心並為研究高深學術及學習專門知能之預備為宗旨。」

2. 操作目標（operation goals）：作業目標反映出組織真正的意向，代表組織中所做的實際工作和活動。官方目標是否即是作業目標，必須視官方目標反應真正教育實務的程度而定。作業目標具有被認可的標準和評鑑程序，明確地敘述組織目標被達成的程度。作業目標的例子如：為提升教師專業知能，實施以學校為中心的教師在職進修措施。又如：本校高一學生在這次國語文能力抽測中，及格的比例達百分之七十以上。

㈣目標中心模式的評述

目標模式提供組織發展方向並減少參與者的不確定性，且是評量組織的基準。此種模式雖然可定出評量的標準有其價值，但也招致部分學者的質疑與批評（吳清山，2002；張慶勳，2000；Hoy & Miskel, 2001）。

1. 組織目標是多元的，所以組織通常是同時並存多個目標，甚至目標之間可能是相互矛盾衝突的。目標模式傾向於邏輯和內在的一致性，忽略目標的多樣化及其相互矛盾性質。

2. 偏重官方與行政人員的目標，忽略教師、學生、家長及社會其他人員的目標。

3. 組織目標是動態的，隨著情境和行為的變化而改變。但目標模式中供評鑑的目標則是靜態不變的。

4. 忽略潛在、隱而不顯的非正式目標和程序。

5. 組織目標是回溯性的，它是用來確認學校和教育行政人員行動後的

正當性，卻不能用來引導行動。

6. 由於組織目標的官方目標經常不是它的作業目標，所以要將它做實際運作的分析是相當困難且複雜的程序，甚至可能產生誤導的現象。

7. 要為目標模式設計一套非常明確的效標以測量效能相當困難。因為結果的評量不是單純的指標可以測量，它們受到其他因素的影響。由於目標模式遭到以上的批評，遂有其他的理論模式出現，以彌補其缺點。

基於上述七點強烈的批評和質疑。Yuchtman 與 Seashore（1967）便認為組織效能的目標模式有所不足，而以系統資源模式取而代之。

二、系統資源模式

㈠意義

系統資源模式（System Resource Model）對組織的基本觀點是：組織是一開放系統，它與環境經由資訊及能源的交換而相互依存。因此，組織的效能即代表組織在環境中的有利的地位，並利用此一有利的地位獲得稀有及有價值資源。此種組織效能的概念排除以某一特定目標作為組織效能的最高準則的觀點，而注重繼續的、永不止息的行為互動過程，以爭取環境的資源和支持（Hoy & Miskel, 1987）。

㈡基本假設

組織是一個具有制度、團體、個別成員等三層面的社會系統。它利用外在環境資源，並透過回饋路線，藉以了解外在環境的需求和反應，作為評量組織效能的基礎。任何組織不管其規模大小，它所面對的需求都非常複雜。因此，不可能用少數幾個組織目標來界定組織效能。根據這兩個基本假定，我們可以發現：愈有效能的組織，將組織的期待，非正式團體及個人的需求，緊密的結合，愈重視資源的取得，並避免外界不當的壓力。同時，組織領導者必須注重個別成員與組織整體的和諧性，以確保個別成員能夠團結一致地爭取外界稀有資源。是故，系統資源模式用以評量組織效能的另一個不可或缺的效標，即是組織內部的和諧一致性。

　　但是如果組織領導者想要確保個別成員和組織整體維持和諧一致的關係，則組織領導者必須努力滿足個別成員的需求。惟有適度地滿足個別成員的需求，個別成員才肯繼續留在組織，為組織奉獻心力。是故，依系統資源模式的觀點，要評鑑組織的效能，除了要看組織獲取資源的能力和組織內部的一致性之外，還要視成員需求的滿足程度而定。

(三)效能規準

　　系統資源模式將組織效能界定為組織在環境中得到有利的談判地位，藉此有利地位以獲得必要的資源。因此，評估組織效能，必須衡量組織是否有效利用各種資源、彈性運用各種機制，以及爭取各種資源，尤其是稀有資源的能力。Hoy 和 Miskel（1987）認為依據系統資源模式，研究者用來評估組織效能的最後標準是內部和諧一致，因為有效能的組織會審慎地將資源分配給競爭和控制的機構。因此，士氣、共識、革新、適應力等均是評量組織效能的重要指標。

(四)系統資源模式的評述

　　系統資源模式將組織視為開放的系統，注意足夠的資源流動、開放流暢的溝通、成員的士氣與參與式的問題解決。然而系統資源模式也有其受批評的地方：

　　*1.*由於過度強調投入，很可能會影響到組織的產生。也就是說，如果學校組織只注重資源的取得，很可能就會影響學校其他功能的運作，例如在許多大學為了增加學費收入而大量超收學生，結果便危及了該等大學的學生素質和課程品質。

　　*2.*無論增加投入或獲得資源，事實上都可以說是組織的一種運作目標，因此系統資源模式不但不會和目標模式產生矛盾，而且也可以歸類為目標模式之一種（Hoy & Ferguson, 1989）。

三、參與滿意模式

㈠意義

本模式以組織成員的利益與滿足來衡量組織效能。組織是人的集合體，任何組織的目標應該以人為目的。組織的活動必須能使成員獲得滿足，組織所追求的目標才有意義。

㈡基本假設

參與者滿足模式（participation satisfactory model）主張組織靜態結構的改善，並不能使組織發揮其最高成效，必須同時對「人」方面的問題有所改善，因為組織是人的集合體，所以是人、而非組織在做決策，組織的目標只有在幫助成員滿足其需求時才有意義，人性面遂成為研究的重心。

㈢效能規準

參與滿意模式的效能高低以組織能否滿足個體需求而定，效能的標準由客觀的組織目標，改為組織成員或參與者的主觀評量。但參與者有不同層次，其需求亦有差異，參與者可分下面三種層次（陳明璋，1982）：

1. 個人層次：Barnard認為個人替組織工作，乃為換取報酬，只有個人的動機獲得滿足，組織才得以生存。故組織效能的判斷標準不是目標的達成，而是誘因系統的考驗。組織效能端看它是否能提供足夠的獎賞，誘使參與者努力奉獻。

2. 成員層次：組織與成員為一體，組織提供支持的環境，成員因得到激勵而作最大的奉獻，雙方相得益彰，獲得最佳的整合。組織達成目標，成員獲得成長與滿足，因此是以成員和組織間達成融合一體來衡量效能。

3. 社會層次：組織有各種成員，例如校長、主任、教師、學生、父母、社區、供應商等，他們與組織往來，關係極為密切。組織效能是以滿足各種成員的相對程度來評估。由於這些成員都是社會的一份子，故有時也以組織對社會的貢獻來衡量其效能。

(四)參與滿意模式的評述

參與滿意模式著重各層面人員的滿足，不僅合乎人際關係的管理模式且順應民主、人本的世界潮流，對學校效能深具指導作用。但參與滿意模式也有其受批評的地方如：

1. 參與者的利益和滿足常常互相衝突矛盾，因此難以了解是由教師、社區家長或社會大眾來決定學校政策與效能的指標。
2. 參與者滿意模式牽涉利益滿足的分配，究竟應重質或者重量，採最大利益或最小傷害原則，取絕對或相對的標準等問題，均有爭議。
3. 在魅力型領袖領導的組織中，則使組織無法滿足甚或損害參與者個人的需求，參與者仍可能主觀地評定組織是有效能的，而產生矛盾、不易解釋的狀況（吳璧如，1990）。

四、統整模式

(一)意義

組織效能為一多層面的構念，上述四種理論模式著重的層面雖各有不同，但彼此並非無法相容調和，若能形成一個統整的模式（integration model），則更能符合組織效能的特性。Steer（1977）認為目標和系統資源兩模式是互補的，透過這兩種觀點的結合而確定組織效能的構念是理想可行的。探究其原因主要有以下二點：(1)這三種模式的基本假設內容或有些許的出入，三者卻都同意必須使用目標，因為組織行為無可避免的會具有目標導向。(2)依資源系統模式結構，組織目標是動態的、多元的，但隨時都會改變，因此，短期目標的達成可成為下一個目標的新資源，這種循環的本質有助於目標模式的達成。

(二)基本假設

組織為一開放系統，但亦具有目標導向的特性，因此目標並非靜態的，而是隨著時間改變而改變。組織需要不同的組成份子，所以組織的目標需同時考慮其各種參與者的需要。有效能的組織能同時達成組織與個人的需

求。

㈢效能規準

綜合性模式採取的效能規準須兼顧多重過程與結果，依 Hoy 和 Miskel（2001）的看法，尚須從三個附加的特徵上予以考慮：

1. 時間層面：評估效能規準產生差異的一個因素是時間。以學校為例，短期效能的代表性指標有學生成就、士氣、工作滿足感和忠誠；中期效能的規準包括學校的適應和發展、教育人員的工作進展和畢業學生的成就。根據系統資源模式的假設，最終的長期規準是組織的生存。

2. 組成份子：效能規準通常反映某些個人和團體所持有的價值和偏見。由於學校或其他組織包含許多組成份子或利益團體，所以效能規準的界定需考慮校內外不同組成份子的觀點。如學者、教師、家長、行政人員等對組織效能之不同觀點和要求。

3. 多樣化規準：組織效能是多層面的構念，因此沒有單一、永久的規準。對於規準層面的選擇，Parsons（1960）提供了一個很好的架構，他假定社會系統的生存仰賴四個功能的作用，這些功能是獲得資源的基本要項，並且顧及組織與個人的目標。這四個功能是：

   (1)適應（adaptation）：指成功地調適內外在的影響力，不斷革新與成長。

   (2)目標達成（goal achievement）：組織決定其目標，流通其資源以達成這些目標，即組織的生產力。亦即不斷提高師生的工作能力和素質，爭取更佳的成績及資源。

   (3)統整（integration）：指組織內的社會團結，即組織的凝聚力。亦即校內維持開放的氣氛，師生感到滿足愉快，工作士氣高昂。

   (4)潛力（latency）：指維持價值體系的完整。亦即學校形成良好的校風和規範，師生對學校向心力強，並以學校為榮。

綜合上述統整模式對組織效能的層面與指標的觀點，可以表 3-5 表示之。

表 3-5　組織效能的層面、指標與附加觀點

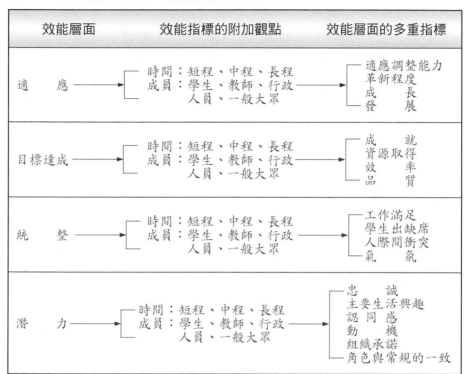

效能層面	效能指標的附加觀點	效能層面的多重指標
適　　應	時間：短程、中程、長程 成員：學生、教師、行政 　　　人員、一般大眾	適應調整能力 革新程度 成　　長 發　　展
目標達成	時間：短程、中程、長程 成員：學生、教師、行政 　　　人員、一般大眾	成　　就 資源取得 效　　率 品　　質
統　　整	時間：短程、中程、長程 成員：學生、教師、行政 　　　人員、一般大眾	工作滿足 學生出缺席 人際間衝突 氣　　氛
潛　　力	時間：短程、中程、長程 成員：學生、教師、行政 　　　人員、一般大眾	忠　　誠 主要生活興趣 認　同　感 動　　機 組織承諾 角色與常規的一致

資料來源：Hoy, W. K. & Miskel, C. G.（2001）. *Educational administration: Theory, research, and practice*. p. 383

　　綜上所述，不同的學校效能模式，各有其著重的層面，目標模式以組織產能為重要指標，重視學校計畫及方案計畫所列出的目標類型；資源系統模式為著重組織資源的獲得與運用；參與滿意模式著重組織成員的滿足感，其成員包括學校行政人員、學生與家長，其對學校各層面的效能，有著不同的看法；統整模式則重視效能的提升能兼顧組織與個人的需求。筆者以為學校效能雖有不同的研究模式，每一種模式或有其限制，但彼此間有其關聯性，單一模式是無法解釋學校的全貌，所以欲了解學校效能，宜就統整的多層面來評量之，才不至於偏頗。

肆、學校組織效能的評量

組織效能的評量，涉及效能指標及研究工具的問題，不同的研究者採納不同的效能指標與研究工具，所得到的結果也會有所差異。茲就國內外有關學校效能指標及學校效能的評量，歸納一些研究結果，分述如下：

一、學校效能指標

㈠ Codianni 與 Wilbur（1983）研究學校效能，歸納六項出效能指標：(1)強勢的行政領導；(2)學校氣氛；(3)基本技巧；(4)高度期望；(5)持續評估；(6)教職員發展。

㈡ Edmonds（1979）綜合相關文獻及本身研究成果，提出六項學校效能因素（引自游進年，1990）：(1)校長強而有力的領導；(2)對學生抱有高度的期望；(3)強調基本技能；(4)良好的秩序；(5)靈活而有效地運用教學時間；(6)明訂課程進度。

㈢ Reid、Hopkins 與 Holly（1987）分析相關文獻，歸納學校效能的十一項元素（吳清山，1989：頁 69-77）：

1. 學校領導：成功的學校領導包括強勢的行政及教學領導、用人自主權、教師得到全力支持、教師能發揮專業功能、學校社區互動密切、有嚴格的紀律等項。

2. 學校管理：有效的學校管理是發展目標明確、各部門間的平行協調與合作、高昂的士氣和工作滿足感、具有充分的自主性、行政部門全力支持教師教學、適度的獎勵等項。

3. 學校氣氛：正向和諧的學習氣氛、合作有紀律的工作氣氛、有效的協調安排人力資源、一般的教育目的外學校具各自特色、對學校目標和價值有整體共識、明確的學校精神標竿、確立學生行為準則與指南等。

4. 紀律：好的控制、正向的校規解釋增強學校效能、一致公平的校規執行、維持班級秩序、班級管理使學生主動參學習活動、公開稱讚、給學生負個人與學校任務的機會等。

5. 教師和教學：積極的領導教師、教師負起學生表現的責任、持續的

　　教學專業成長、教師在職成長主題由教師們決定、強烈的責任感與
　　對學生保持高度正向的期望、時時檢討調整教學、合理的師生比、
　　關心教職員的福利等。

　6.課程：兼顧低成就學生的能力及高層次的認知技巧、確保教學必要
　　資源的效用、有效程序追蹤學生的進步情形、加強數學及閱讀課程
　　作業增進家長參與孩子的學習、確保教室良好的學習氣氛、以目標
　　指示與工作滿足及民主等方式達成正向的學習結果。

　7.學生學習：有效的學生學習包括對學生成就的高度期望、和諧的學
　　習氣氛、重視基本技巧的習得、不斷督導學生進步、家長協助照顧、
　　密切的親師互動、直接式教學、重視教學領導、師生比率高、良好
　　的學校社會體系、時間分配以教學為優先、運用團隊競爭的遊戲教
　　學、教職員負有學生成就責任、適切的能力分組教學、適當的組織
　　規模增進師生情感、合適的教材、適當運用增強方法、以班級為基
　　礎的學生進步比較追蹤等。

　8.閱讀：重視閱讀、個別化的閱讀計畫、持續的學生閱讀成就評鑑、
　　閱讀課程與其化學科領域統整、培養精熟的閱讀技巧、校長到職員
　　都有高度的成就取向、利用額外人力資源協助學生閱讀等。

　9.照顧學生：良好的師生關係、重視及確保學生的成功、鼓勵學生參
　　與學校的管理、以獎勵代替懲罰、避免不當的身體懲罰。

　10.學校建築：提供學生安全與管理良善的環境場所。

　11.學校大小：小型學校。

㈣吳清山（1989）研究學校效能，建立評量國民小學學校效能十項指標
　為：(1)學校環境規劃；(2)教師教學品質；(3)學生紀律表現；(4)學校行
　政溝通與協調；(5)學生學業表現；(6)教師工作滿足；(7)學校課程安
　排；(8)學校家長彼此關係；(9)師生關係；(10)校長領導能力。

㈤林金福（1992）認為學校效能指標有三個層面：其一為行政層面（溝
　通協調、環境規劃、課程安排）；其二為教師層面（教學品質、工作
　滿足、同事互動）；其三為學生層面（學業成就、紀律表現、師生關
　係）。

㈥吳培源（1995）研究台灣省高級中學學校效能，以十個指標界定學校

效能：(1)計畫與目標；(2)課程安排與評量；(3)教師教學方法與品質；(4)環境規劃與設備；(5)家長與學校間的關係；(6)教師工作滿足；(7)學生行為表現；(8)師生關係；(9)行政溝通與協調。

㈦林泊佑（1994）研究國民小學公共關係與學校效能關係時以六個層面探討學校效能：(1)學校環境設備；(2)學校調適能力；(3)教師教學品質；(4)成員工作表現；(5)學生學業表現；(6)學生行為表現。

㈧李皓光（1995）研究國民小學學校效能指標，提出：(1)學校發展；(2)物質設備；(3)校園環境；(4)校長領導；(5)行政管理；(6)活動辦理；(7)氣氛滿意；(8)教師教學；(9)學生學習；(10)行政溝通協調等十項效能評鑑項目。

㈨黃久芬（1996）探討國小全面品質管制與學校效能的關係，將學校組織效能指標分為：(1)學校環境規劃；(2)教師教學投入；(3)教師工作滿足；(4)學生學習表現；(5)學校氣氛。

㈩謝金青（1997）建構國民小學學校效能評鑑指標與權重研究成果，第一階層一級指標包含教育輸入、教育歷程、教育產出等三方面。其中教育輸入評鑑指標下轄四個二級指標為教師能力素質、發展目標與計畫、學校環境品質及經費與教學設備；教育歷程評鑑指標下轄四個二級指標為教師教學品質、校長領導作為與學校組織氣氛及學校行政管理；教育產出評鑑指標下轄四個二級指標為學生成就表現、教師專業成長、發展目標與計畫和學校社區聲望等。

㈪申章政（1999）認為衡量學校效能的指標有六項：(1)校長領導表現；(2)學校環境規劃；(3)行政溝通協調；(4)教師工作滿足；(5)課程安排；(6)學校氣氛。

㈫蔡進雄（2000）將學校效能的指標定為：(1)環境規劃；(2)行政溝通；(3)教師工作滿意度；(4)學生行為表現；(5)教師教學品質；(6)學生學習表現；(7)家長與學校關係。

㈬林婉琪（2000）提出學校效能指標共有：(1)教師教學品質；(2)學生學習表現；(3)教師工作滿足；(4)師生互動關係；(5)社區家長支持；(6)行政溝通協調。

㈭林純媛（2005）將近幾年效能研究較具代表性的論文為分析依據，將

學校效能之指標歸納為下列幾項：

1. 學校行政方面：學校環境的規劃、學校行政溝通、校長領導能力、學校氣氛。

2. 教師教學方面：教師教學品質、教師工作滿意。

3. 學生表現方面：學生學習與行為表現。

4. 家長認同方面：學校與家長關係。

綜上各研究發現，學校效能指標具有相當的差異。筆者以為，學校效能指標最重要的二項指標：包括學生學習表現及學生行為表現，至於其他的指標如學校環境的規劃、學校行政溝通、校長領導能力、社區關係等只是達成這二項指標的手段。然而，學校本身是一個複雜的社會系統，所以，在進行學校效能時，會遭遇相當多的問題。因此，本文所列舉的一些評量指標，只能供視導人員進行視導之參考。

二、學校效能的評量

學校效能是多層面概念，學者建立了評量的指標，相對的也應有評量工具，唯評量工具的發展似較為落後，有待積極開發。茲介紹有關評量工具如後。

(一)學校產出問卷（School Outcomes Questionnaire, SOQ）

本問卷由 Ogilvie 和 Sadler（1979）修訂 Tomgon 所編製的「組織產出問卷」（Organization Outcomes Question-naire）而成，用以測量學校效能。問卷包括學校產能、統整、健康與回饋等四個層面的十大題，採十二點計分法。SOQ 係依據 OOQ 效能指標所設計的學校效能評量工具，本身已具有相當的理論基礎，並經有關的實證研究證明，其信度與效度極高，可供學校效能評量之用。

(二)組織效能態度指數量表（The Index of Perceived Organizational Effectiveness, IPOE）

Mott（1972）運用社會系統理論中四個必要的功能作為規準，把數個重要的組織功能和成果結合起來，設計出一套測量組織績效的模式。他統

整了產品的質與量、效率、適應力和彈性等五項規準。這五項規準說明了組織運用其主要力量以達成目標和尋求適應的能力。有效能的學校，學生的成就較高、學生的態度較為積極、學校更能適應環境的變遷，且更有效地處理內部的問題，設計了一組八個題目的整體組織績效量表。

Miskel 等人（1979）修訂 Mott 的量表，以適用於學校組織的研究，此問卷稱為「組織效能感受指數」（The Index of Pereived Organizational Effectiveness）。由於經過精心設計，應用在學校方面有 0.89 的信度，學校目前使用此種測量工具的研究雖不多，但可供未來進一步研究整體組織效能或編製量表工具之參考。

㈢主要生活興趣問卷（The Central Life Interest Questionnaire）

主要生活興趣（central life interest）是 Parsons（1960）社會系統中潛力（latency）功能的重要指標。所謂「主要生活興趣」，是指在特定情境中，對某些活動的偏好，是一種態度偏向。當教師的主要生活興趣集中在工作環境時，學校的效能或成就表現便提高。

Dubin（1956）首先設計「主要生活興趣問卷」，最初有四十題，1963年修訂為三十二題。每題都針對一種行為類型，要受試者指出他們最喜歡何種環境下的工作（工作環境、其他環境或非特定環境）。例如：我最大的興趣在於(1)與我的工作有關的事情。(2)我在家或社區常做的事情。(3)我所做的任何事情。

此外，Miskel、Glasnapp 和 Hatley（1975）亦設計了一種運用於教育情境中，且較簡潔而一般化的量表，稱為「主要生活興趣簡表」（A Short Measure of Central Life Interest），此一量表包括七個題項。

㈣學校效能問卷（School Effectiveness Questionnaire）

本項問卷由 Baldwin、Coney 和 Thomas（1993）發展出來，計有二份，分別為教師及家長填寫，內容包括十一個層面：有效的教學領導、清晰的任務、安全有序的環境、積極的學校氣氛、高度的期待、經常評鑑學生的成就、重視基本技能的學習、提供學習的最大機會、家長參與社區、專業的發展、教師參與做決定。

㈤學校效能量表

吳清山（1989）參酌 Codianni 和 Wilbur（1983）以及 Reid、Hopkins 和 Holly（1987）所整理出學校效能文獻二十四種並採開放式問卷編製而成。本量表全部題目內部一致性係數 Cronbach 為 0.86，各因素內部一致性係數 Cronbach 在 0.68 至 0.82 之間。效度由因素分析的結果表示具有建構效度。

吳培源（1995）利用封閉式問卷及開放式問卷建立高級中學學校效能指標。本量表各因素內部一致性係數 Cronbach 在 0.72 至 0.90 之間。效度由因素分析的結果表示具有建構效度。

蔡進雄（2000）參考吳清山、吳培源問卷編制國民中學學校效能問卷，學校效能各因素內部一致性係數 Cronbach 在 0.84 至 0.89 之間。效度由因素分析的結果表示具有建構效度。

張錫輝（2003）研究建立高級職業學校學校效能評量量表，本量表各因素內部一致性係數 Cronbach 在 0.86 至 0.93 之間。效度由因素分析的結果表示具有建構效度。

伍、學校效能的研究方法

學校效能的研究方法，主要有下列三種（蔡進雄，2000，頁135，Davis & Thomas, 1989, p. 7）：

一、觀察法與個案研究法

在早期學校效能的研究，很多學者採用觀察法或個案研究法，探究一所或數所有效能學校的特徵及因素，然因受到抽樣的限制，其結果很難類推到其他母群體上。

二、相關研究法

相關研究法顯示變項與變項的統計關係，但因無法完全控制有關影響因素的變項，因此無法完全確定變項間的因果關係。例如，台灣省校長領導型態、學校氣氛與學校效能關係之研究，其研究結果僅能解釋校長領導型態、學校氣氛與學校效能確有關係，達統計上之顯著水準，此二預測變

項對學校效能有預測力，而無法完全說明學校效能僅受此二變項的影響。

三、實驗研究法

實驗研究法是利用實驗組與控制組，以了解實驗處理的效果。例如教師採用合作教學法是否會影響班級氣氛與學生的學業成就，但因此方法不易控制變項，以及需要一段時間，故在有效能學校的研究並不多見。

總之，有效能學校的研究，可歸納為量與質的研究兩大類，二者各有其優缺點，若能質量並重進行研究，對於有效能學校的了解將更為深入，例如，吳培源（1995）的研究即採量化統計及質化晤談的方式進行研究。

陸、學校效能的研究途徑

一般而言，學校效能的研究旨在找出與學校產出有關的特徵，國外過去二十年來對於學校效能的研究文獻頗為豐富（Teddlie & Reynolds, 2000），而國內研究有愈來愈多的趨勢，諸如：方德隆（1986）、吳清山（1989）、張德銳（1992）、劉春榮（1993）、吳培源（1995）、蔡進雄（2000）、張錫輝（2003）、林純媛（2005）、柳敦仁（2005）等約有三十餘篇，茲綜合學者（Purkey & Smith, 1983；吳清山，2002，頁15-23）觀點有關學校效能研究的分類歸為極端組研究、個案研究、方案評鑑等三類：

一、第一類為極端組的研究（outlier studies）

極端組研究可分為四種類型，其中正極端組是指有效能學校，進行調查，然後歸納有效能學校共同特徵；典型組係指普通效能學校；負極端組則指無效能學校。而後加以配對分為正極端組研究；正負極端組對照研究；正極端組典型組研究；正極端組、典型組、負極端組研究四類型。使用這種研究方法者計有Austin（1979）、Lezotte等人（1985）、Brookover等人（1978）的研究。

㈠正極端組研究（studies of positive only）：選取有效能的學校進行調查，然後歸納有效能學校的共同特徵。

㈡正負極端組對照研究（studies contrasting of positive and negative outliers）：分別選出有效能和無效能的學校，然後加以對照比較，以找出

不同之處。

㈢正極端組、典型組研究（studies of positive outlier and typical examples）：比較有效能學校和普通學校之差異。

㈣正極端組、典型組、負極端組研究（studies of positive outliers、typical examples and negative outliers）：對照比較有效能、普通和無效能學校之差異。

二、第二類為個案研究（case studies）

個案研究係針對一所或數所學校透過深入的觀察、晤談與研究，以了解學校效能。個案研究有其優點及弱點，其優點為可獲得較為深入的資料。但其缺點為：小及無代表性的樣本；在確定有效能的學校時，因為無法控制的學生特性，如社會階層，成就資料聚集在學校的層次而可能的誤差；不適合的比較；及使用主觀的指標。最廣為引述者除了 Coleman（1966）的研究外，當推 Weber（1971）的研究。

Weber（1971）研究市區四所成功的小學，指出影響閱讀成就的特徵計有八項：⑴強勢的領導；⑵和諧、積極、安寧的學習氣氛；⑶高度重視閱讀；⑷高度的期望；⑸增加閱讀指導人員；⑹閱讀內容使用有聲的器材；⑺個別化教學；⑻仔細評鑑學生進步情形。Weber 的研究遭遇到缺乏沒有效能的學校可作比較及學校特性缺乏明確的定義。

此外，Glenn（1981）的研究亦支持上述 Weber 的發現。她曾從事四所都市貧窮及少數民族小學的個案研究，發現這四所學校重視明確目標的重要性，在支持性的氣氛中有秩序，對學生高度的期望及校長的領導。另亦認為學校效能與教師進修，重視閱讀及數學課程等項有關。

再者，Brookover 和 Lezotte（1979）從事八所 Michigan 小學的個案研究，發現有效能學校和缺乏效能學校的特徵有七項：⑴重視基本閱讀與數學目標的達成；⑵相信所有的學生都能精熟基本技巧的目標；⑶對於學生的教育成就具有高度的期望；⑷花費更多的閱讀教學時間；⑸較不容易滿足的教職員工；⑹能與家長保持密切聯繫，但不讓家長過度介入；⑺教師能實施補償教育。

其他的個案研究如 Levine 和 Stark（1981）調查芝加哥精熟學習閱讀課

程（the Chicago Mastery Learning Reading program）。此項個案研究發現有效能的學校具有五項共同的特徵：(1)校長強勢的領導；(2)教師對學生成就具有高度的期望；(3)明確的目標；(4)有效的教師訓練課程；(5)監督學生進步的系統。

三、第三類為方案的評鑑（program evaluations）

學校效能研究的第三類為方案的評鑑，係針對某一方案實施效果進行評鑑。較重要的方案包括 Armor 等人（1976）、Trisman、Waller 和 Wilder（1976），以及由 Michigan Department 所實施的三項研究（Hunter, 1979）。

大致而言，這些研究在方法學上比前二類較佳，然而，其發現與前二類相當一致。Armor 等人（1976）研究 Los Angeles 地區二十所參與特殊計畫以改進閱讀的小學，發現六項與閱讀成就有關的因素：(1)教師具有強烈的效能感及對學生高度的期望；(2)教室秩序的維持；(3)家長與老師，家長與校長高度的接觸；(4)教師持續不斷的在職進修，並經常討論閱讀教學；(5)校長平衡地扮演強勢領導者並給予老師最大的自主性；(6)老師可彈性修正及適應教學方法。

Trisman 等人（1976）研究非常有效閱讀方案的學校。經由大樣本學校調查資料找出六所學校，想要了解課程、教師訓練、班級大小及教師特性的影響，發現沒有一項可以解釋為什麼其他方案有效的原因。但是卻發現有效能的學校具有如下的特徵：(1)強勢的教學領導者；(2)對學生成就具有高度的期望；(3)好的學校氣氛；(4)重視基本技能；(5)小團體教學；(6)教師間觀念的交換。

綜合上述各種方案的評鑑研究發現大多數有效能的方案的學校特徵為：教師高的期望及士氣，教師在學校對於教學及訓練的決定有相當的控制權，校長明確的領導，清晰的學校目標，學校具有秩序。

柒、學校效能研究對視導工作的啟示

學校效能與教育視導關係相當密切，Glickman 曾提出：「視導可視為一所成功學校的黏劑（glue）」（Glickman, 1990, p. 4）；換言之，一所有效能的學校，良好的視導工作是不可或缺的條件之一，因為視導是促使學

校成為具有生產性單位的一股動力。從各種學校效能研究中,可以了解到要建立一所有效能的學校,其中有效能的教師和有效能的校長扮演著非常重要的角色。因此,在教育視導過程中,對於教師和校長的協助,則顯得格外重要。所以,學校效能研究至少對視導工作有如下的啟示:

一、視導人員應建立教育的使命感,提升教師效能

視導人員除了應建立前章所提五項正確的視導理念外,故教育部長林清江博士(1994)認為有效能的校長更應對教育工作懷抱崇高的理想、抱負與使命感,善盡其角色職責,時時想到學生,處處照顧老師,以提升教師效能為職志,唯有如此,方能激勵教師效能感,進而培育出品學兼優的學生。

二、善用學校效能研究的結果,協助學校健全發展

視導人員為幫助學校改進與發展,本身必須具有一些有效能學校、成功學校的知識,有了這些知識,才能幫助學校發展出各種改進的技巧和策略。所以,視導人員平時應多吸取有關此方面的知識。學校效能研究,經過學者們努力,各種著作和報告愈來愈多,視導人員可利用時間加以研讀,並擇其要點,作為視導學校的參考。譬如,在學校效能研究的著作中,部分學者們會提出各種學校效能的評量工具,視導人員正可利用此類評量工具,俾了解學校辦學情形。

為了幫助視導人員對學校效能評量工具的了解,本文特舉出吳清山(1989)及吳培源(1995)所編之二種實例,以供參考,如表3-5、3-6所示。

視導人員可根據表3-6、3-7的資料,來分析學校在各方面辦理的實施情形,進而提出適當的建議,供學校參考,視導的功能才能完全發揮出來。

表 3-6 國民學校學校效能量表

說明：請就下列各項目中，評估學校辦理情形（5＝高，3＝中，1＝低）

　　　　　　　　　　　　　　　　　　　　　　　　　高　　　　低

1. 校園規劃能夠與整個學校校舍相配合 ················· 5 4 3 2 1
2. 教師教學時能顧及認知、技能和情意的教學目標 ······· 5 4 3 2 1
3. 學校因學生紀律欠佳而影響班級上課 ··············· 5 4 3 2 1
4. 學校各處室之間能發揮互助合作的精神 ············· 5 4 3 2 1
5. 學生很關心自己的學業成績 ······················· 5 4 3 2 1
6. 教師覺得目前的工作很有成就感 ··················· 5 4 3 2 1
7. 學校排課時間都能合乎教學原則 ··················· 5 4 3 2 1
8. 學生家長會能盡力協助學校各項革新措施 ··········· 5 4 3 2 1
9. 學生對老師都很有禮貌 ··························· 5 4 3 2 1
10. 校長很少處理部屬的訴怨 ························· 5 4 3 2 1
11. 環境的綠化工作頗有成效 ························· 5 4 3 2 1
12. 教師能夠實施補救教學 ··························· 5 4 3 2 1
13. 學生常被外界人士批評風紀太差 ··················· 5 4 3 2 1
14. 學校各處室之間很少進行溝通與協調 ··············· 5 4 3 2 1
15. 學生都能期望自己有良好的學業表現 ··············· 5 4 3 2 1
16. 教師對目前的教學工作感到滿足 ··················· 5 4 3 2 1
17. 學校都能按教師專長排課 ························· 5 4 3 2 1
18. 學校能夠善用社會資源 ··························· 5 4 3 2 1
19. 學生都很尊敬老師 ······························· 5 4 3 2 1
20. 校長決定事情很少徵詢部屬的意見 ················· 5 4 3 2 1
21. 環境的規劃能夠考慮未來發展的需要 ··············· 5 4 3 2 1
22. 教師平時能夠吸收新知，以增進教學能力 ··········· 5 4 3 2 1
23. 學生經常有打架的事情發生 ······················· 5 4 3 2 1
24. 學校各處室常因工作劃分不清而相互推諉 ··········· 5 4 3 2 1
25. 學生參與校際各項學藝競賽均有良好成績表現 ······· 5 4 3 2 1
26. 教師覺得目前的工作能發揮個人的抱負 ············· 5 4 3 2 1
27. 課程安排配合各科需要具有彈性 ··················· 5 4 3 2 1
28. 學校社區居民經常支援本校各項教學活動 ··········· 5 4 3 2 1
29. 學校師生之間相處融洽 ··························· 5 4 3 2 1
30. 教職員平時對於校長領導常有怨言 ················· 5 4 3 2 1
31. 校舍的配置，以便利教學活動為原則 ··············· 5 4 3 2 1

（接下頁）

（承上頁）

32.教師均能採用適當的發問技巧，進行教學 …………………… 5 4 3 2 1

33.學校班級常規很難維持 ………………………………………… 5 4 3 2 1

34.學校各處室處理事情都以本位主義為出發點 ………………… 5 4 3 2 1

35.學生寫家庭作業態度很認真 …………………………………… 5 4 3 2 1

36.教師覺得目前的教學工作，具有挑戰性 ……………………… 5 4 3 2 1

37.學校課程安排，正式課程與非正式課程（非正式課程如班級
氣氛，同儕團體、升旗、週會……等）兼顧 ……………… 5 4 3 2 1

38.學生家長很關心子女在校各項表現 …………………………… 5 4 3 2 1

39.學生遭遇困難時，教師能設法予以協助 ……………………… 5 4 3 2 1

40.校長辦理校務具有教育理念 …………………………………… 5 4 3 2 1

計 分 方 式

學校環境規劃	教師教學品質	學生紀律表現	學校行政溝通協調	學生學業表現	教師工作滿足	學校課程安排	學校家長彼此關係	師生關係	校長領導能力
1__	2__	※3__	4__	5__	6__	7__	8__	9__	※10__
11__	12__	※13__	※14__	15__	16__	17__	18__	19__	※20__
21__	22__	※23__	※24__	25__	26__	27__	28__	29__	30__
31__	32__	※33__	※34__	35__	36__	37__	38__	39__	40__
總分__	總分__	總分__	總分__	總分__	總分__	總分__	總分__	總分__	總分__
÷4__	÷4__	÷4__	÷4__	÷4__	÷4__	÷4__	÷4__	÷4__	÷4__

※係表示方向計分題目

資料來源：吳清山（1989），國民小學管理模式與學校效能關係之研究，國立政治大學教育研究所博士論文（未出版），頁348-349。

表 3-7　高級中學學校效能問卷

<table>
<tr><td></td><td colspan="5">總 時 有 很 從
是 常 時 少 未
這 這 這 這 這
樣 樣 樣 樣 樣
5　4　3　2　1</td></tr>
</table>

1. 本校校務計畫具有特色。……………………………□□□□□
2. 本校所訂的校務發展計畫，能夠達成既定目標。……□□□□□
3. 本校組織權責明確且能靈活運作。…………………□□□□□
4. 本校教師對高級中學教育目標具有共識。…………□□□□□
5. 本校訂有校務發展計畫並能按計畫執行。…………□□□□□
6. 本校各處室所訂的發展計畫目標明確清楚。………□□□□□
7. 本校教職員都能奉獻心力來達成學校的目標。……□□□□□
8. 本校能按教師專長排課。……………………………□□□□□
9. 本校教師所用的教材內容能夠適合學生的能力。…□□□□□
10. 本校課程安排以教師為主，很少顧及學生需要。…□□□□□
11. 本校定期召開各科教學研討會。……………………□□□□□
12. 本校定期對學生實施學習評量。……………………□□□□□
13. 本校各年級的課程都能依據課程標準安排。………□□□□□
14. 本校教師會善用教學評量的結果，來關心督促學生。…□□□□□
15. 本校教師能視需要實施補救教學。…………………□□□□□
16. 本校教師能應用教學媒體及設備，以增進教學效果。…□□□□□
17. 本校教師閒暇時互相討論一些改進教學的方法。…□□□□□
18. 本校教師能充分發揮個人專長從事教學。…………□□□□□
19. 本校教師平時能夠吸收新知，以增進教學能力。…□□□□□
20. 本校教師在教學中善用各種方法。…………………□□□□□
21. 本校教師經常利用教學研究會討論各單元的教材與教法。…□□□□□
22. 本校建築空間及校園規劃具有前瞻性。……………□□□□□
23. 本校圖書館規劃良好，學生很喜歡去利用。………□□□□□
24. 本校環境的規劃能夠考慮未來發展的需要。………□□□□□
25. 本校教學所需各項設備，均能作有系統的管理。…□□□□□
26. 本校校舍的配置，以便利教學活動為原則。………□□□□□
27. 本校校園規劃能夠與整個學校校舍相配合。………□□□□□
28. 本校能充分供應教師教學時所需媒體及設備。……□□□□□

（接下頁）

（承上頁）

29. 本校家長常與教師聯繫討論學生行為或教育問題。………… ☐☐☐☐☐
30. 本校有建立良好的社區及家長聯絡管道與方式。………… ☐☐☐☐☐
31. 本校學生家長閒暇時到校擔任義工，協助推展學校活動。 ☐☐☐☐☐
32. 本校學生家長會盡力協助學校各項革新措施。………… ☐☐☐☐☐
33. 本校教師常就個別學生問題與家長約見面談。………… ☐☐☐☐☐
34. 本校鼓勵家長及社區人士對校務提供興革意見。………… ☐☐☐☐☐
35. 本校透過各種不同的形式與方法，提供家長諮詢服務。… ☐☐☐☐☐
36. 本校教師平時對於校務常有怨言。………… ☐☐☐☐☐
37. 本校教師對學校的工作環境感到滿意。………… ☐☐☐☐☐
38. 我對目前的教學工作與待遇感到滿足。………… ☐☐☐☐☐
39. 我覺得我目前的工作能發揮我的抱負。………… ☐☐☐☐☐
40. 我大部分的精力，投入在我的工作上。………… ☐☐☐☐☐
41. 我能從教學工作中獲得成就感。………… ☐☐☐☐☐
42. 對於校長及行政人員處理校務的方式我覺得滿意。………… ☐☐☐☐☐
43. 本校學生對老師都很有禮貌。………… ☐☐☐☐☐
44. 本校學生常被外界人士批評風紀欠佳。………… ☐☐☐☐☐
45. 本校學生經常有打架的事情發生。………… ☐☐☐☐☐
46. 本校學生之間相處融洽。………… ☐☐☐☐☐
47. 本校班級常規很難維持。………… ☐☐☐☐☐
48. 本校常因學生紀律欠佳而影響班級上課。………… ☐☐☐☐☐
49. 本校學生有涉足賭博性電動玩具，或沈迷網咖的現象。… ☐☐☐☐☐
50. 本校學生在藝術活動方面的表現良好。………… ☐☐☐☐☐
51. 本校學生參與校際各項競賽均有良好成績表現。………… ☐☐☐☐☐
52. 本校學生很關心自己的學業成績。………… ☐☐☐☐☐
53. 本校學生在課業上有強烈的學習動機。………… ☐☐☐☐☐
54. 本校學生很喜歡參加校內舉辦的教育活動。………… ☐☐☐☐☐
55. 本校學生在運動方面的表現良好。………… ☐☐☐☐☐
56. 本校學生升學率良好。………… ☐☐☐☐☐
57. 本校學生有困難時，會找老師商談。………… ☐☐☐☐☐
58. 本校師生之間相處融洽。………… ☐☐☐☐☐
59. 本校學生有困難時，老師會設法予以協助。………… ☐☐☐☐☐
60. 本校學生都很尊敬老師。………… ☐☐☐☐☐
61. 本校老師會尊重學生的意見。………… ☐☐☐☐☐
62. 本校老師除了教學，能關心學生的日常生活。………… ☐☐☐☐☐

（接下頁）

（承上頁）

63.本校老師會善用教學評量的結果，來關心督促學生。……………… ☐☐☐☐☐
64.本校各處室之間能發揮互助合作的精神。………………………… ☐☐☐☐☐
65.本校校務會議時，報告教育政策、措施及學校重點工作。……… ☐☐☐☐☐
66.本校各處室之間很少進行溝通協調。……………………………… ☐☐☐☐☐
67.本校各處室處理事情都以本位為出發點。………………………… ☐☐☐☐☐
68.本校校務工作分配有勞役不均的現象。…………………………… ☐☐☐☐☐
69.本校編印校務簡訊，定期分送教職員、學生及有關人士。……… ☐☐☐☐☐
70.本校校長決定事情時，很少徵詢部署的意見。…………………… ☐☐☐☐☐

資料來源：吳培源（1995），台灣省高級中學校長領導型態、學校氣氛與學校效能關係之研究，國立台灣師範大學教育研究所博士論文（未出版），頁267-271。

計 分 方 式									
學校環境規劃與設備	教師教學方法與品質	計畫與目標	學校行政溝通與協調	學生學習表現	教師工作滿足	學校課程安排與評量	學校家長學校關係	師生關係	學生行為表現
22 __	15 __	1 __	64 __	50 __	36 __	8 __	29 __	57 __	43 __
23 __	16 __	2 __	65 __	51 __	37 __	9 __	30 __	58 __	※44 __
24 __	17 __	3 __	66 __	52 __	38 __	10 __	31 __	59 __	※45 __
25 __	18 __	4 __	67 __	53 __	39 __	11 __	32 __	60 __	46 __
26 __	19 __	5 __	68 __	54 __	40 __	12 __	33 __	61 __	※47 __
27 __	20 __	6 __	69 __	55 __	41 __	13 __	34 __	62 __	※48 __
28 __	21 __	7 __	70 __	56 __	42 __	14 __	35 __	63 __	※49 __
總分__	總分__	總分__	總分__	總分__	總分__	總分__	總分__	總分__	總分__
÷7__	÷7__	÷7__	÷7__	÷7__	÷7__	÷7__	÷7__	÷7__	÷7__

※係表示反方向計分題目

第三節　了解有效能教師的特徵並協助發展

壹、早期之優秀教師之研究

　　國民素質的提高有賴於教育，教育效果的提高有賴於教師。然而，何謂良師？有效能教師應具備哪些特質？國內學者汪榮才（1977）研究國小二年級學生喜歡哪類老師？發現他們最喜歡的教師行為，是面帶笑容和藹可親、教學認真負責、常講故事笑話、和學生一起遊戲郊遊、愛護學生、公正、上課時講解清楚；他們最不喜歡的教師行為，是教學不認真、打學生、罵學生、天天板著面孔、偏心。國外學者 Ryans（1960）主持一次為期六年有關優良教師特質的研究，結果發現優良教師的特質可區分為三類，第一類為溫暖、善解、友善的；第二類的特質是負責、有效率、有制度的；第三類特質是激勵的、有想像力、有變化的。然而，這些研究所發現的教師特質與學生的學習表現之間並沒有一致的關係（轉引自謝寶梅，1997，頁 365）。

貳、教師效能研究的種類

　　教師效能（teacher effectiveness）實徵研究所探討的變項可分為四類：一為預知變項（presage variables），二為歷程變項（process variables），三為條件變項（context variables），四為成果變項（product variables）（Dunkin & Biddle, 1974）。所謂預知變項是指教師本身具有而足以影響教學活動的品質，如智力、性別、專業訓練、態度、人格特質等；所謂歷程變項是指教師與學生在教學歷程中所表現的外顯行為，如教師的讚許、批評、學生提出疑問、共同討論等；所謂條件變項是指教師在教學時應考慮的條件，如學生的人格特質及教學的環境；所謂成果變項是指教學後的效果，可分即時的效果及長期的效果。即時的效果在教學之後即可立時獲得，如學業、技能的進步、態度的改變；長期效果則不立即表現於教學之後，卻影響學生的未來，如學生的人格改變等。由於長期效果不易測量，故多半以即時效果作為教師效能的基準。以這個基準為中心可發展三類研究：

第一類在探討預知變項與成果變項的關係，第二類在探討歷程變項與成果變項的關係，第三類在探討預知或歷程變項所產生的效果是否因條件變項不同而改變（汪榮才，1979，頁 112-113）。

第一類研究所探討的預知變項極為廣泛，其中以教師的智力、人格、教學態度、專業訓練等最為重要。Rostker（1945）發現教師的智力與學生的學業進步有關，教師的人格與學生的學業進步無關。Rolfe（1945）發現教師的智力與學生的學業進步無關，教師的人格與學生的學業進步有關。兩人所得的結果恰好相反。Barr（1948）整理有關文獻，並統計其次數，其中教師的智力與學生的學業進步有正相關者五篇，無相關者十篇；教師的情緒穩定與學生的學業進步有正相關者一篇，無相關者五篇；教師教學態度與學生的學習進步有正相關者二篇，負相關者一篇，無相關者三篇；Hall（1964）發現國小教師選修教育學分的時數與學生的語文成績有關，與學生的數學成績無關。由上述之第一類研究所得結果極為分歧。

第二類的研究為觀察學生的外顯行為設計了無數的教室行為觀察紀錄表，據 Simon 和 Royer（1970）估計，約有七十九種不同的形式，其中以 Flanders（1970）的 FIAC（Flander's Interaction Analyis Category）最為廣被採用。FIAC 將教室中的行為分為十類，並標以不同數碼，其中：(1)接受情感（accepts feelings）；(2)讚許或鼓勵（praise or encourages）；(3)接受或應用學生的觀念（accepts or use ideas of student）；(4)發問（asks question）屬於教師間接影響（indirect influence）；(5)演講（lectures）；(6)指示（give directions）；(7)批評或顯示權威（criticizes or justifies authority），屬於教師的直接影響（direct influences）行為；(8)學生誘發性的發言（student talk-response）；(9)學生自發性的發言（student talk-initation），(10)沉默或混亂（silence or cinfusion），屬於學生的行為。根據此種分類，觀察者可將教室中的語言交互作用以數碼一一記錄，通常以三秒鐘為一時間單位。例如 4882⋯⋯代表教師發問（4），然後學生以兩個單位時間回答（88），教師對此回答予以讚許（2）⋯⋯。Flanders（1970）列舉二十三篇有關教室行為分析的研究，其中十五篇間接影響的學生成績或態度優於直接影響，其他八篇未完全支持此項結論。Dunkin 和 Biddle（1974）整理有關文獻，其中教師的間接影響與學生成績有關者十篇，無關者十五篇；教師間接影響

與學生態度有關者八篇，無關者三篇；教師的讚許與學生成績有關者三篇，無關者十一篇；教師讚許與學生態度有關者一篇，無關者四篇；教師接受學生觀念與學生成績有關者一篇，無關者六篇；教師接受學生觀念與學生態度有關者三篇，無關者三篇；教師批評與學生成績有關者六篇，無關者七篇；教師批評與學生態度有關者二篇，無關者三篇。其研究結果不甚一致（汪榮才，1979，頁112-113）。

　　第三類的研究針對教師特質或行為對學生的影響可能因學生特質的差異或環境不同而改變，例如汪榮才（1979）有關教師行為、學生制握信念與學業成就的研究。

參、有效能教師的特徵

　　有效能教師應該具備何種特徵？學者觀點不一，茲列舉數位中外學者看法說明如下：

一、Borich（1986）認為有效能的教師是指下列的教師行為表現時，如：

　　1. 教學清晰有條理、教學方法多樣化。
　　2. 適時地運用答問技巧去詢問學生是否了解。
　　3. 時常利用小組來教學。
　　4. 進行學生間的互動。
　　5. 他們提供學生根據自己的學習方式及學習速度來學習。
　　6. 教師應該使用積極且正面的評語來幫助學生了解自己的缺失。
　　7. 教師的負面批評對學生的學習將產生負面影響。

二、Ornstein（1990）描述五種有效能教師人格特質：

　　1. 友善的、溫馨的與民主的。
　　2. 有創造力的、有朝氣的、富想像力的。
　　3. 充滿戲劇性的、活力充沛的、熱忱的。
　　4. 通情達理的、有概念的。
　　5. 理性的、能夠探索問題並解決問題的。

三、Agne（1994）研究發現在美國被選為年度優良教師需符合下列資格（轉引自李珀，2001，頁30）：

　　1. 在教育領域內有傑出的表現。

2.教學前充分準備。

3.有為社區服務的熱忱。

4.對教師專業有傑出貢獻。

5.有健全的教育理念。

6.強烈的責任感。

7.熟悉教育改革的方向與趨勢。

8.能證明使用有效能的教學方式。

四、Evans（2002）調查國小五年級學生心目中有效能教師，其特徵為：

1.關心學生的學習及生活。

2.尊重學生的想法。

3.能幫助學生學習。

4.能使學生感到學習是有趣的事。

五、Stronge（2001）歸納效能教師的特質：

1.關懷：包括傾聽、體諒、熱情、愛心和鼓勵了解學生。

2.公平且尊重：對學生一視同仁；不用嘲笑方式管理學生，避免讓學生在同學面前感受到不被尊重。

3.師生互動良好：亦師亦友，關心學生課業、生活及有關活動。

4.熱忱和激勵：包括對教學、學習和學科的熱忱；及善用增強原理，激勵學生學習。

5.專業的態度：具奉獻精神與承諾。包括提供方法，激勵學生發揮潛能；視學生的成功與否，為自身最重要的責任。

6.反省：時常反省如何改進教學內容及教學方法，以提升學生的學習成就。

六、國內學者呂木琳（1998）曾綜合美國幾位數名學者（Beach & Reinhartz, 1989; Borich, 1986; Rosenshine, 1986）之研究結果，歸納有效教學行為的內涵包括：

1.教學策略方面：教學方法應隨教材、學生特質等變化。

2.教學內容方面：能確立學習目標，起點行為，變化教材。

3.班級經營方面：營造良好氣氛，有效管理學生行為及利用時間。

4.學習環境方面：建立積極、幽默、期待與支持性的環境；使用策略

激勵學生學習。

綜合上述，筆者以為有效能教師宜具備五項特質：

一、能體認教學的複雜性：效能教師必須熱中於「教」與「學」的過程，包含科學與藝術的成分，具有足夠的學科知識、教育學知識，並且能理解、深刻體認教學過程的複雜性，針對學生的個別差異，給予不同的學習內容及不同的期待，方能幫助教師避免準備一些低估或高估學生能力的教材，實際反映在學生的學習成就上。

二、能善與學生溝通：效能教師必須實施有效的班級經營，不斷地將支持性和鼓勵性的氣氛傳達給學生，以確使學生更投入在「教」與「學」的雙向過程中。使學生能夠正確地接收資訊、回應資訊並且可以成功地使用這些資訊。

三、能認識、了解並喜愛學生：效能教師不但能認識學生的心理特質及社會化過程，並能接納學生，發揮教育愛。孔子說：「知之者，不如好之者；好之者，不如樂之者。」正是好老師的寫照之一。

四、能善盡其角色職責：效能教師在不斷地改進教學的努力中，善盡其知識引導者、評量者、激勵者、解惑者等角色。此外，效能教師亦關心他本身不斷學習的過程，關心促進教育機會均等理想的實現。

五、具批判及反省的能力：效能教師宜具備批判其角色的能力，如批判其是否為知識再製過程的加害者？以及反省自己的教學表現、是否善盡其知識引導者、評量者、激勵者、解惑者等角色，俾隨時修正自己的教學風格、教學態度。（修改自林世健譯2003，效能教師，頁96）

肆、有效能教師的研究對視導工作的啟示

一、視導人員應了解有效能教師的特徵，鼓勵教師發展這些特徵

有效能教師的特徵已如上述，視導人員宜透過教學觀摩或巡堂後，與教師座談並告知其已具備哪些有效能教師的特徵，哪些尚待改進及如何透過會議、演講、團體或個別輔導的方式，協助教師發展這些特徵。

二、善用有效能教師研究結果之技能檢核表，協助教師專業成長

　　Stronge（2001）曾歸納學者（Johnson, 1997; Peart & Campbe, 1999）等人的研究，認為有效能教師具備五項能力，包括：(1)良好的特質；(2)善於班級經營及組織；(3)善於規劃教學活動；(4)精熟教學實況；(5)精熟教導與評量。並整理出教師技能檢核表，作為視導人員及教師同儕評鑑教師能力的工具。林世健（2003）曾將教師技能檢核表譯如表 3-8 至表 3-13。

表 3-8　教師技能檢核表的評估說明

「精熟」程度	教師就如同專家一樣，知道採用何種方法可以提升效能，教師不僅有提升效能的觀念，也會活用這些效能特徵的精髓。
「專業」程度	此教師大部分的時間都會展現出效能特徵。
「新手」程度	教師會採必要程度的、具有效能特徵的方法來維持班級正常運作，也許這些教師在運用時缺乏變通性，但其結果仍是有效能的。
「無效能」	此教師需要與「精熟」的及「專業」的教師多多共事，或再進修，以便有所進益。
「無法觀察到」	觀察者不管從這位教師的教學演示或課堂觀察，都無法發現這些效能特徵。

表 3-9　效能教師的特質

特徵	指　　　標	無法觀察到	無效能	新手程度	專業程度	精熟程度
關懷	・展現積極的傾聽 ・對學生心理和生理健康情況表示關心 ・對學生校外的生活表現興趣 ・創造一個具支持性且溫暖的班級氣氛					
公平且尊重	・針對不同學生所違反的班規給予個別的處置 ・避免讓學生在同儕面前感受到不被尊重 ・一視同仁地對待學生 ・創造有助於學生成功的學習環境 ・尊重每一位學生					
與學生互動	・在表現和藹可親的同時，也保持其專業 ・賦予學生責任感 ・了解學生校內外的興趣 ・重視學生所說的話 ・在適當的情況下，以幽默的態度與學生保持愉快的互動					
熱忱	・對所教的學科教材表現出愉悅的態度 ・樂在教學 ・即使在課後，也願意投入學生的學習活動					
激勵	・保持高品質的工作表現 ・及時發還學生的作業 ・提供學生有意義的回饋					
專業的態度	・對生活與教學都持有積極正向的態度 ・在課餘之時會花時間備課 ・參與同儕合作的活動 ・對學生學習結果負起責任 ・尋求專業發展 ・找尋、實施並分享新的教學策略					

（接下頁）

（承上頁）

| 反省 | ・了解個人有哪些優缺點
・會時常檢討以改進教學
・對個人的課堂表現會設定高度期望
・展現高度效能 | | | | | |

資料來源：林世健譯（2003），效能教師，頁 106-107。

表 3-10　班級經營與組織

特徵	指　　標	無法觀察到	無效能	新手程度	專業程度	精熟程度
班級經營的技巧	・訂定具預防性和一致性的班規 ・將每日的學習任務和需求都列入於常規中 ・班級事務運作順暢 ・在學生活動的變動和挑戰上維持平衡 ・同時執行多項任務 ・對學生在教室內的行為和活動有高度的覺察能力 ・能預測學生的潛在問題					
組織化的管理技巧	・迅速、有效率且公平地處理違規行為 ・對課程教材會作事先的準備 ・有效地組織班級空間					
處理紀律問題的技巧	・能夠及時地理解並處理學生不適當的行為 ・一視同仁 ・一再地向學生增強和反覆解釋對正向行為的期望 ・使用適當明確的常規和處理程序					

資料來源：林世健譯（2003），效能教師，頁 108。

表 3-11 教學活動的規劃

特徵	指標	無法觀察到	無效能	新手程度	專業程度	精熟程度
「教」與「學」的重要性	·課堂上以教學和學習活動為主 ·教學活動能與學生實際生活連結					
善用教學的時間	·按照課表上課,並保持既有的程序和規定 ·很迅速且有效率地處理行政事務 ·能預先準備教材 ·在各種不同的課程中保持教學動力 ·減少可能打擾班級運作的事務					
教師期望	·對自己和學生設定清楚明確的高度期望 ·期待班級全面的進步和成長 ·強調學生的責任感和績效					
完善的教學計畫	·仔細地連結學習目標和活動 ·為了有效呈現教學,事先組織教材內容 ·藉由提問,了解學生理解的情況 ·在設計課程時,要考慮到學生注意力集中的時間長短和學習風格 ·有系統地規劃適合不同學生的教學內容和目標,以及問題和活動					

資料來源:林世健譯(2003),效能教師,頁 104。

表 3-12　教學的實況

特徵	指　　標	無法觀察到	無效能	新手程度	專業程度	精熟程度
教學策略的運用	·能採用不同的技術和教學策略 ·重視有意義的概念化教學					
教師期望	·設定高度期望,並表示在班級內有明確的改進和成長空間 ·給予學生清楚明確的示範,並提供指導方針 ·強調學生的責任和績效 ·教導學生在學習過程中要隨時檢視自己的學習結果					
了解教學活動的複雜性	·關心學生的學習並且重視有意義的學習,較少強調事實與事件的記憶 ·將閱讀擺在第一位 ·重視有意義的概念化教學,並強調屬於學生自己的知識體系 ·在數學科強調較高層次的思考技巧					
提問的技巧	·提問的問題能反映了教材內容和課程目標 ·設計多樣且不同類型的問題以維持學生學習興趣和班級動力 ·事先準備好問題 ·在提問後要給予適當的時間等待回答					
支持學生投入學習	·關心學生的學習動力、使用適當的時間,以及對教材內容講解清晰明確 ·使用多樣的教學策略設計多樣化的作業和活動 ·引導、監督並帶領學生參與學習活動					

資料來源:林世健譯(2003),效能教師,頁110。

表 3-13　教導與評量

特徵	指　標	無法觀察到	無效能	新手程度	專業程度	精熟程度
家庭作業	・能明確清楚地解釋家庭作業 ・家庭作業能符合教材內容和學生能力 ・對家庭作業給予評分、評論和討論					
評量和回饋	・針對課程目標給予適當的提問 ・考慮到在教學過程中可能產生的錯誤概念，並且會特別留心學生對學習的情況 ・給予學生清楚、明確和適時的回饋 ・對學生無法達到精熟的部分實施重新教學，並且對那些需要尋求額外幫助的學生提供輔導					
因材施教	・能因材施教 ・願意參與教職員發展訓練課程 ・會使用各種不同的分組策略 ・監控並評估學生的進步					

資料來源：林世健譯（2003），效能教師，頁 111。

第四章

良好的人際技能

　　視導人員除具有正確教育理念和豐富專門知識、知己知彼的能力外，尚需具備良好的人際技能。人際技能係指能有效地建立人際關係，並在其所領導的群體中建立團體力量的能力，如：易與人相處，相信且了解他人；此外，也為他人所了解，特別是觀念的傳達。

　　具有良好的人際技能，是身為一個教育視導人員，應具備的許多條件之一，而如何培養這項技能，則需下一番功夫才行。本章分從有效評估自我、了解人性需求及善用領導原理等三節予以說明。

第一節　有效評估自我

　　「有效評估自我」，是一門「自我反省」的功課，極為重要，卻常常被人忽略，兵法上有云「知己知彼，百戰百勝」，而知己尤為首要，知己的方法即為評估自我。本節說明自我的意義及自我評估的方法。

壹、自我的意義

　　所謂「自我」乃是個體能夠稱謂自己所有的綜合，有著一體兩面的自己，包括主格我（I）和受格我（me）。主格我表示對自己的看法，知道我是什麼樣的人，受格我代表被觀看的我，別人認為我是一個什麼樣的人。

　　人本主義心理學家 Rogers（1951）認為兩個人之所以表現會不一樣，乃是因為兩個人的「我」（I or me）是不同的，「自我」涵蓋了一切對「我」之特性及意義的知覺、價值判斷及思維，當然也包括了對「我是個怎麼樣的人」與「我究竟有哪些能力」的了解。學者May曾說：「自我不僅是一個人所扮演的各種角色的總和而已，而且是個人了解自己扮演這些角色的一種能力，它是我們察識多面自己的核心，也成為我們用以觀察並衡量他人的標準。」（轉引自黃天中，1996，頁51）

　　由上述兩位學者對自我的界說，可以知道「自我」的重要性，因此如何有效評估自我乃能成為具有良好人際技能的先備條件。然而，在日常生活中，人們大多不了解自己，對自己的知覺與他人對自己表現的知覺往往有差距，無法有效評估自我，以致造成溝通障礙及人際間的疏離而不自知。因此，有效評估自我對於建立良好人際關係甚為重要。

貳、自我評估的方法

　　為了有效評估自我，心理學家Luft（1970）提出一個自我的視窗（win-dowpane），稱為周哈里窗（Johari Window），在周哈里窗，由個人對自己的了解與不了解兩個層面，以及別人對我們的了解和不了解兩個層面，形成四個分割的視窗，如圖4-1所示。

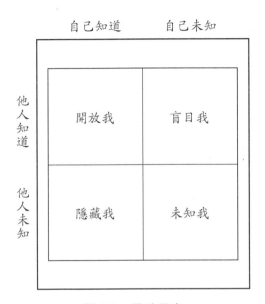

圖 4-1　周哈里窗

資料來源：Glickman（1990）. *Supervision of instruction.* p. 114

　　由圖中可以發現左上角那一扇窗稱為開放我（public self），這個部分指的是自己知道而別人也知道的部分。例如個人的長相、身高、體重等是自己和別人都知道的部分。又如視導人員知道自己內心焦慮時，講話會結結巴巴，而老師也知道視導人員講話結結巴巴所代表的涵義。

　　右上角那一扇窗稱為盲目我（blind self），這個部分指的是自己不知道而別人卻知道的部分。例如每個人可能都有一些習慣性的小動作或有些口頭禪，除非別人告訴我們，否則我們平常都不自知，如校長自認為很民主，老師卻認為很專制；視導人員認為細心傾聽老師的意見，但老師卻認

為他只在應付而已；校長自認為對九年一貫課程很內行，老師卻認為校長對課程不了解。在學校教育中很多衝突案例，常常是盲目我所造成的。

左下角那一扇窗稱為隱藏我（private self），這個部分指的是我們自己知道而別人不知道的部分。例如考試失敗的經驗、身上的隱疾等，可能我們都不願讓別人知道，而成為隱藏我。要縮小隱藏我或將隱藏我告訴別人乃是一件很不容易的事，假如校長沒有自信時，一直向別人問候，而一旦校長將隱藏我告訴其他人時，這個隱藏我就變成開放我。每一個人為了自己原本擁有的自尊、榮譽，或呈現給別人美好的印象，不願意告訴別人真正的我，而一但告訴別人，隱藏我變成開放我。

右下角那一扇窗稱為未知我（unknow self），這個部分指的是我們自己不知道而別人也不知道的部分。例如當校長站著講話，腳不自主地在輕微抖動，校長不知道，老師也未發覺。

周哈里窗這個概念提出的目的是希望人們能清楚掌握自己的四個部分，並且透過某些刻意的（intentional）作法，使開放我能愈來愈大，而其他三部分愈來愈小。周哈里窗對視導人員最大的意義，在於有效評估自我，視導人員知道他正在做什麼，如果老師也知道他正在做什麼，則視導功能的發揮始有可能。吾人常看到在機關或學校中，領導人員或校長常未能傾聽部屬或老師真正的聲音，久而久之，引發疏離感，甚至造成校園風暴。除非，視導人員能透過自我坦誠，與老師彼此分享，引發老師的回饋，則有助於盲目我的縮小。

視導人員為了解其對教學視導行為的知覺與老師的知覺是否一致，可由表 3-1 視導人員信念問卷加以了解。除由校長填答外，校長亦可委請由大部分老師所信任的老師，將問卷發給所有老師以無記名的方式填答，收回後計算分數，相互比較，以了解自己的視導行為哪些是開放的，哪些是盲目的，而後透過行為的改變，嘗試將盲目我移到開放我。

第二節　了解人性需求

壹、Maslow 的需求層次論

視導人員為有效協助教師發展，亦需了解人性需求，而後加以應用，以激勵其工作士氣。本節分別說明對於了解人性需求與增進員工工作滿足，較具影響力的二項理論：需求層次論（hierarchy of needs theory）及激勵保健理論（motivation-hygiene theory），及此二項理論對教育視導的啟示。

Maslow的需要層級理論（needs hierarchy theory），認為組織中之工作者，乃是為滿足一切內在需要的慾望所激使而從事工作的。其理論架構乃是以下述三項基本假定為基礎：

一、人是時感匱乏的。

二、一個人的需要依重要性排列為一個次序，亦即層級。

三、人只有在較低層需要得到最低限度的滿足時，才提高至較高層的需要。

Maslow主張將需要分為以下七個層級，以代表其對個人重要性的次序（Fontama, 1995, p. 218）。

一、生理的需要：為個人的基本需要；如對於食物、飲水，以及避免痛苦的需要。

二、安全的需要：這些需要反映在免於威脅及意外以及要求環境安全等方面。

三、歸屬的需要：這些需要即關於友誼、情感及與別人滿意的互動這些方面。

四、尊重的需要：包括對自我尊重及獲得別人尊重的需要，以及發展一種自信及聲望感的需要。這種人際間的互相尊重為人生的重要部分。例如，一個人成功地完成一項任務，地位提高，便得到別人對其工作技能及能力的肯定及讚賞。又如，升任主任、校長、督學、局長、等職務，更加獲得別人的尊重。

五、認知的需求：包括對外在世界的好奇、解除疑惑與追求新知。

六、美感的需求：包括欣賞美好事物，例如希望事物有秩序，符合對稱性

等的需求。

七、自我實現的需求：是一種將個人技能、能力及潛能，發展到極致的需要，在需要層級中屬於最高層。人之謀求從事對其技能及能力具有挑戰性的工作，讓其有發展及應用創造力或革新方法的機會，以及擔任對其進步和個人成長有助益的職位等，都是表示人具有顯著的自我實現的需求。

Maslow 這七種需要在個人人格中所居之優勢程度，有高低之別，因而形成一需求階層體系（hierarchy of needs），這一體系可用圖 4-2 表示之：

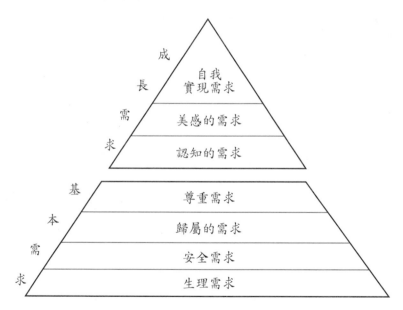

圖 4-2　Maslow 對於人生主要七種需求的階層關係分析圖
資料來源：Maslow, 1987 及 Woolfolk, 1990.

Maslow 這七種需求可歸納為基本需求及成長需求兩大類。

貳、Herzberg 的激勵保健理論

激勵保健理論是由美國心理學家 Herzberg 所提出，以大約二百位會計及工程人員為對象，研究他們的工作滿足與需求的關係，從而發展出「保

健因素」（hygiene factors）和「激勵因素」（motivators）的二元因素理論
（或二因論，Two Factor Theory）（轉引自黃英忠，1989，頁 330）。

　　Herzberg 認為，人有兩種基本需要，一是動物的需要，即在於避免痛
苦；二是人性的需要，即在於追求心理上的成長。Herzberg 根據這樣的基
本理論再進一步探究，發現人們對於動物需要的滿足可以稱之為「保健因
素」（hygiene factors）——在於維持生命並保持基本的工作能力；而人性
需要的滿足則為「激勵因素」（motivators）——在於促進個人行為達到優
異的工作表現。茲分述如下：

一、保健因素——保健因素是消極的，同時也最易於使人產生不滿，所以
　　也可稱之為「不滿足的因素」。此因素相當於 Maslow 的基本需求階
　　層。包括下列五項：

　　1.機關組織之政策與管理（policy and administration）。

　　2.監督考核制度（technical supervision）。

　　3.薪水待遇（salary）。

　　4.人際關係（interpersonal relations）。

　　5.工作環境與條件（working conditions）。

二、激勵因素——激勵因素是指促進人員的工作意願，產生自動自發的工
　　作態度的因素，所以也被稱為「滿足的因素」，相當於 Maslow 的成
　　長需求階層。包括下列五項：責任感（responsibility）、賞識（recog-
　　nition）、工作本身（work itself）、成就感（achievement）、升遷與成
　　長（advancement and growth）。

　　Herzberg 強調，工作滿足的反面並不是「不滿足」。因為，當我們將
一些不滿足因素除去後，員工不一定能得到滿足。因此，Herzberg 認為「工
作滿足」與「工作不滿足」兩者彼此無關且是互為獨立的。換言之，「滿
足」的反面是「無滿足」（no satisfaction），而「不滿足」的另一端則是
「無不滿足」（no dissatisfaction）。我們可用圖 4-3Herzberg 激勵因素、保
健因素與滿足、不滿足的關係圖來加以表示（吳復新，1996，頁 360）：

滿足・_____（激勵因素）_____・無滿足

無不滿足・_____（保健因素）_____・不滿足

圖 4-3　Herzberg 激勵因素、保健因素與滿足、不滿足的關係

有關 Maslow 需求階層論與 Herzberg 的激勵保健理論的關係，Cawelti（1976）與 Drucker（1973）曾綜合 Maslow 與 Herzberg 的理論，提出了 Maslow 需求階層論與 Herzberg 的激勵與保健因素理論的交互領域圖，如圖 4-4；而 Hersey 與 Blanchard（1977）亦提出二因論與需求層次論之關係圖，如圖 4-5。

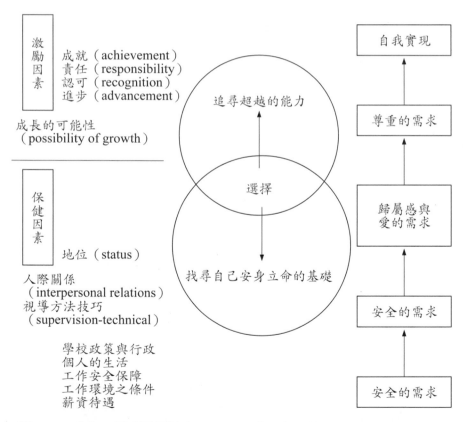

圖 4-4　Maslow 需求階層論與 Herzberg 激勵與保健因素論的交互領域圖
資料來源：Glickman 等人（1995），p. 68.

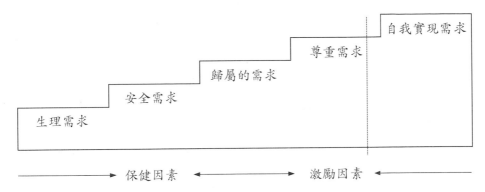

圖 4-5　Herzberg 的激勵保健理論與 Maslow 需求階層論關係圖
資料來源：Hersey & Blanchard（1977），p. 56.

從圖 4-4 及圖 4-5 所示：Maslow 之需求層次中，如生理的需求、安全的需求、歸屬的需求與 Herzberg 所提出二元因素理論的「保健因素」有直接的關係。而自尊需求的一部分，亦屬於「激勵因素」。而自尊的另一部分和自我實現是屬於「激勵因素」。

將自尊需求分割為兩部分，是因為自尊需求中的「地位」和「認同」間，具有不同的性質。認同或是因為個人的成就，或透過競爭而獲得的屬於激勵因素；而地位則因家族關係、社會或政治關係而獲得（修改自黃英忠，1989，頁 331）。

參、Maslow 與 Herzberg 理論對教育視導的啟示

由上述二項理論的簡介中，我們知道人性需求的滿足層次是由低而高循序漸進的，具有低層次的需要滿足，才會有高層次的需要。Maslow 與 Herzberg 理論對於教育視導的啟示如下：

一、視導人員（含校長）宜根據員工不同層級的需求，分派工作或任務時盡量合乎他的動機，以滿足他們的需求，使任務圓滿達成。

二、視導人員宜根據員工能力之差異，賦予合宜的權力及自由，以增進其責任感、成就感及受賞識感。

三、視導人員宜經常檢視自己的領導行為是否合於激勵原則。

四、視導人員宜隨時提供積極的回饋（positive feedback），只要在職員工

表現良好,即予肯定及讚賞。

五、視導人員欲擁有真正的權力,宜建立賞罰分明的制度,多獎賞表現良
好的員工。

第三節　善用領導原理

增進學生學習經驗、提升學校教育效能乃是視導人員應負的職責,視
導人員要導引並協調統合組織、行政、課程、教學……的運作,就必須發
揮領導的功能。領導不單是視導人員應扮演的一種角色,更是視導人員與
學校同仁共同工作以達成教育目標的一種方式或途徑(Wiles & Bondi,
1991)。視導人員要做好領導,應具備領導的理論基礎,了解自己的領導
風格,增進領導能力,以使視導工作的推展獲致最高效能。本節在分析領
導的意義及視導人員的領導角色;介紹領導相關理論及趨向;最後歸結領
導理論對視導實務的啟示。

壹、教育視導與領導

視導人員領導的巧拙,關係學校教育的進步與發展,學校行政工作的
推行、師生教學品質的提升、教師的進修成長、組織文化氣氛的涵育……
等,都有賴視導人員的指揮督導或協調溝通。因此,視導人員作為學校的
領導者,應該了解領導的意義以及自身應扮演的角色。

一、領導的意義

領導是一種相當複雜的概念,因著領導研究角度的不同,其意義亦莫
衷一是。羅虞村(1986)依相關文獻,歸納領導的各種意義如下:領導是
一種人格特質或該種人格特質之效應;領導是一種行為或指引團體的活動
之行為;領導是一種倡導作用;領導是一種說服方式;領導是整個團體歷
程之焦點;領導具有交互作用的功能;領導是影響力的發揮;領導具角色
分化的功能;領導是達成目標的手段或工具;領導是一種權力關係;領導
是使人順從的一門藝術;領導是團體成員選擇的一種功能。意義界定之歧
異,正反應了領導的不同性質與功能。

　　不過，領導的意義會隨時代環境而轉變。肯定領導者權力、權威，強調領導者上對下之影響的領導概念，已遭受衝擊與考驗；講究合作、參與、充分授權的領導型式，漸受到重視；領導者功能可由情境因素取代的觀點，也發人深思；領導者角色更擴展到文化層面，注意到行為與環境的象徵性意義和價值所發揮的規範作用。因此，視導人員對領導意義的掌握，也就不能再侷限於傳統的界定，而要了解領導的多元性質與功能。

二、領導的基礎

　　Simon（1957）認為領導的基礎有四：⑴信任的權威（authority of confidence）；⑵認同的權威（authority of identification）；⑶制裁的權威（authority of sanctions）；⑷合法的權威（authority of legitimacy）。

　　French（1968）等人在《社會權力的基礎》（*The bases of social power*）一書中將產生領導（影響力）的基礎分為五種：⑴獎勵權（reward power）；⑵強制權（coercive power）；⑶合法權（legitimate power）；⑷歸屬權（referent power）；⑸專家權（expert power）。

　　其實上述兩種主張彼此大同小異，茲以French的五種領導基礎來加以說明：

　　㈠獎勵權（reward power）：凡能使他人得到獎賞與鼓勵的人，就具領導作用，這種獎勵可以是物質的，也可能是精神的。

　　㈡強制權（coercive power）：強制權力的使用，應該是有其限度的，此種權力只有在不得已的情勢之下才使用，原則一般人會感到自己是在受壓迫，必遭到反對，而領導作用，就可能減低至最小。

　　㈢合法權（legitimate power）：任何團體都有其行為規範，或以明文規定，或存在於每一個人員心中，因此具有領導地位的人，就當然具備了合法的領導權。

　　㈣歸屬權（referent power）：係淵源於人員之對團體中某些人之敬仰所發生者，凡是團體中道德高尚、風度不凡、為眾人所敬慕，成為行為的模範，就會發生影響力，使大家和領導者有一體的感覺與願望，以領導者為中心，聽從其指揮，願為其效勞。

　　㈤專家權（expert power）：即指專門知識的權利，近代科學發達，分工

精細，社會進步的結果，專業化遂成為一個機關中最主要的特色。

除了上述五種權力基礎外，Hersey和Goldsmith（1977）亦分提出資訊權力及關聯權力：

所謂資訊權力指由於領導者擁有或可接近具有價值的資訊，而被領導者想要分享其資訊，因此在領導者願意提供資訊的情形下，便可發揮其影響力。

至於關聯權力乃指由於某人與組織內或組織外具有權勢地位的重要人士有相當的關聯性，他人基於巴結或不願得罪的想法，而接受他的影響力。例如，一般機關首長的機要秘書，因為能夠隨時接近首長，便被他人所巴結，而具有關聯權力。

三、領導的角色

由於情境的不同，視導人員的角色亦極為多樣化，綜合學者專家（張清濱，1991；Cooper, 1982; Oliva, 1976; Wiles & Bondi, 1991）的文獻，歸納能應用到各種情境的領導角色約有十七項，可供視導人員參考：

㈠專家：提供相關領域的知識與技能。

㈡教師：教導相關領域的知識。

㈢訓練者：協助成員訓練具體的行為技巧。

㈣變革者：為組織成員帶來所需的東西。

㈤引介者：將組織成員引介到可提供所需的地方。

㈥連結者：作為單位間接觸的橋樑。

㈦解說者：向成員說明某些事情是如何造成的，但不必說明怎樣做。

㈧楷模：提供行事或結果的範例。

㈨倡導者：提倡某些目標、價值或策略，以協助計畫或構想的完成。

㈩諮商者：扮演傾聽、共鳴的角色，並促使成員察覺各種可能的選擇，協助成員思考事件但不予指示。

(十一)顧問者：此種角色與諮商者的區別，在於對成員該做什麼、怎樣做，提供較多的指導。

(十二)計畫者：發展組織所需的行動策略、訓練方案和管理模式。

(十三)管理者：藉績效責任來監管組織發展過程。

㈣評鑑者：提供回饋資訊以使組織更具效能。

㈤資料蒐集者：針對既存事物或事件怎樣在進行，蒐集相關資訊。

㈥分析者：闡釋所蒐集之資料的意義。

㈦診斷者：依據分析結果、資料、觀察等，判斷事件為何發生。

要扮演好上述諸多領導角色並非易事，而且視導人員還必須依各種情境條件或學校的需要，適時發揮特定的角色功能，可謂是一大挑戰。

從 Hallinger（1992）所分析的美國近三十年來校長角色的嬗變，可看出視導人員職責的轉移：1970 年代前著重於行政管理，執行上級或外來的改革計畫；1980 年代致力提升學生學習成果，強調教學領導，重視教室教學的嚴密視導與學校課程的協調，學生的進步即是學校效能的有力指標；1990 年代注意到轉化領導（transformational leadership）的重要，講求學校重建，著重學校成員個人與團體問題解決的能力，以確立並達成學校目標。領導中保留給教師內省、自主、參與決定的空間，強調以學校為主的教師發展。因此，視導人員與教師共同合作，成為學校進步的泉源。

目前我國學校視導人員仍多以行政業務的視導為主，雖說國內校長角色的發展未必依循美國的軌道，但視導人員面臨學校穩定與改革的需求，力求各種領導角色取向的統整，應是最佳途徑。

貳、領導的理論

領導研究與理論的發展源遠流長，不同的探究途徑顯現對領導現象的不同關注。本節即概略介紹不同途徑的領導理論，以利視導人員了解領導的科學與藝術，促進學校的運作與發展。

一、特質論與行為論

領導理論的發展，由特質的研究首開科學實證之風。此途徑探討成功領導者的人格特質，歸結共同特性或分析相關屬性，藉以尋求鑑別成功領導者或培訓理想領導人的身心特性。然而各研究結果多所分歧，領導者的人格特質往往隨情境而異，難以獲致區辨領導者與非領導者的共同特質。領導研究也因此由內隱、靜態的特質探究轉為外顯、動態的行為分析。

領導的行為探究途徑主要在分析領導的行為層面，並藉以發掘最具效

能的領導方式或型態。眾多研究者所提出之行為層面名稱雖不一致，實質並無大異，若細加綜合歸類，則不外乎有關「組織任務」和有關「個人關係」兩大行為範疇（Hoy & Miskel, 1982）。各類研究中最著名且廣受延用的是俄亥俄州立大學（Ohio State University）企業研究中心所發展的雙層面領導行為理論，自 1945 年起，由 Hamphill 和 Coons 發展實證研究工具，後經二度修訂，將領導行為劃歸為「倡導行為」（initiative behavior）和「關懷行為」（considerate behavior）兩大類。前者是指描述領導者與部屬之權責關係、建立明確的組織結構、溝通管道及工作程序的行為；後者則是表示領導者與部屬之間的友誼、互信、互敬及溫暖的行為。兩種行為層面彼此獨立，並依表現程度的不同，交織成四種領導方式，即「高倡導高關懷」、「高倡導低關懷」、「低倡導高關懷」及「低倡導低關懷」，如圖 4-6（黃昆輝，1988；Hoy & Miskel, 1982）。領導行為的相關研究甚多，然而，在複雜多變的實際情境中，仍無法確定一種兼獲組織效能與部屬滿足的理想領導型態。

特質論與行為論雖有其缺失與限制，但卻為往後的領導研究奠定了基礎，影響頗深。國內碩博士論文早期以俄亥俄倡導、關懷領導行為架構作研究者為數不少，如呂木琳（1977）、曾燦燈（1979）、吳培源（1995）等，茲將吳培源研究之問卷置於附錄一，以供參考。

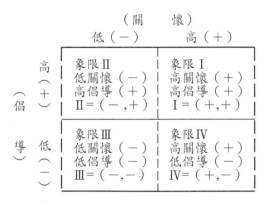

圖 4-6　俄亥俄倡導、關懷領導行為形成之象限

資料來源：Hoy, W. K. & Miskel, C. G.（1982），p. 228.

二、情境論

　　領導的特質論與行為論雖各具見地，惟均忽略情境因素，過分簡化領導的複雜現象，因此，情境探究途徑應運而生，著重情境因素的各種權變領導理論，遂成為當今領導研究的主流。權變領導理論的共同觀點是：組織效能乃領導行為與情境因素交互作用之結果，成功的領導者應該衡量所在情境之各項因素，而運用合宜的領導方式。據此，放諸四海皆準之最佳領導方式並不存在，究竟採何種領導方式為宜，應視情境的配合條件而定。以下介紹幾種權變理論。

㈠ Fiedler 的領導權變模式

　　Fiedler 首開領導權變研究之先，他在 1964 年提出「權變模式」（contingency model），廣受重視與引用。權變模式假定領導型式乃取決於領導者的人格特徵與動機，而領導效能則是領導型式與情境有利的交互作用的結果。Fiedler 依「最不受歡迎同事量表」（the least preferred co-worker scale, LPC）將領導型式區分為「任務取向」（task-oriented）和「關係取向」（relationship-oriented）二類，前者以圓滿達成組織工作目標為需求，後者則在維持良好的人際關係，LPC 量表由十六項描述人格特質的形容詞所組成，每一項都有兩個相對的形容詞，有八個標度，用來測量領導者對績效較差的成員之尊重程度，由此間接測量領導者所採取的領導型式，LPC 分數愈低，代表領導者對不能與之共事者拒絕的程度愈高，領導者愈傾向任務取向；反之，則傾向關係取向。

　　Fiedler 認為領導型式乃是一種人格特質，並不會隨情境而改變。而影響情境有利度的主要因素有三，即：⑴領導者與成員的關係：指成員接納、尊重、喜愛並願意跟隨領導者的程度；⑵任務結構：指工作結構、目標、流程的明確程度；⑶職位權力：指領導者依職務所擁有的權威或影響力。此三種情境變項交織成八種情境組合，提供領導者影響成員的三種有利程度。在有利和不利的情況下，採任務取向的領導能獲致較佳效能，而在中度有利的情況下，則關係取向的領導較佳（如圖 4-7）（Fiedler, 1967）。

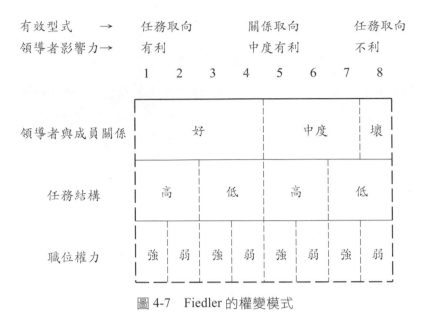

圖 4-7　Fiedler 的權變模式

資料來源：Sergiovanni, T. J. & Starratt, R. J.（1988），p. 184.

(二) House 的途徑─目標理論

　　House 所提出的「途徑─目標理論」（path-goal theory）亦倍受矚目，此理論的中心概念在強調領導者如何影響部屬對工作目標、個人目標及達成目標之途徑的知覺，據此，領導者應認識與掌握情境因素的調節效果，方能據以選擇合宜之領導行為，影響部屬的態度與期望。House 將領導行為分成四類：指示性領導行為（directive leadership）、成就取向領導行為（achievement-oriented leadership）、支持性領導行為（supportive leadership）及參與性領導行為（participative leadership），前二者類似倡導領導行為，後二者則接近關懷領導行為。情境因素有兩大類，一種是部屬的個人特質，一種是環境的壓力與需求。效能方面則注重部屬的心理感受（House & Mitchell, 1974）。「途徑─目標理論」的構念關係如下表 4-1 所示。

表 4-1 「途徑—目標理論」的構念關係

領導行為	與	情境因素	導　　致	部屬態度與行為

1. 指示性　　　　　　　*1.* 部屬特質　　　　　　　　　　　　*1.* 工作滿足

　　　　　　　　　　　　　威權性　　　　　　　　　　　　　　工作→報酬

　　　　　　　　　　　　　控制取向　　　　　個人的

　　　　　　　　　　　　　能力知覺　　　影響

2. 支持性　　　　　　　　需求知覺　　　　　　　知　　覺

　　　　　　　　　　　　　模糊容受力　　　　　　　　　　*2.* 領導者的被接納度

　　　　　　　　　　　　　經驗背景

3. 成就取向　　　　　　*2.* 環境因素　　　　　　　　　　　　*3.* 動機行為

　　　　　　　　　　　　　工作任務　　　　　激　勵　　努力→表現

　　　　　　　　　　　　　正式權威系統　影響　抑　制　　表現→報酬

4. 參與性　　　　　　　　基本工作團體　　　　報　酬

資料來源：修改自 House, R. J. & Mitchell, T. R.（1974），p. 89.

㈢ Hersey 和 Blanchard 的情境領導理論

　　Hersey 和 Blanchard 所提出的「情境領導理論」（situational leadership theory）原稱為「生命週期領導理論」（life cycle theory of leadership），它主張領導者應依部屬成熟度的不同採行適當的領導型式，以產生較高的領導效能。情境領導理論將領導行為分為「任務取向」與「關係取向」兩層面，二者交互作用後成為四種領導型式：(1)告知式（高任務低關係）；(2)推銷式（高任務高關係）；(3)參與式（低任務高關係）；(4)授權式（低任務低關係）。部屬的成熟度是影響領導效能的關鍵因素，包括：(1)工作成熟度：即能力，指一個人工作所需的技能與知識；(2)心理成熟度：即意願，是個人或團體完成特定工作的信心和動機。領導效能即是領導型式與部屬

成熟度適當配合的程度。情境領導理論的基本模式可以圖 4-8 說明之（Hersey & Blanchard, 1988）。

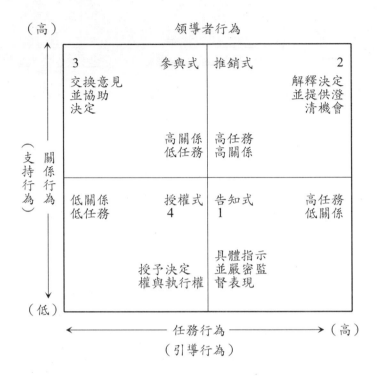

圖 4-8　情境領導理論的模式

資料來源：Hersey, P. & Blanchard, K. H.（1988），p. 171.

三、轉化領導與互易領導理論

轉化領導（transformational leadership）與互易領導理論（transactional leadership）係Burns於1978年獲普利茲獎之名著——《領導》（*Leadership*）一書中所提出來的。茲分就其意義及理論重點說明之：

(一)轉化領導

1. 轉化領導的意義

廖英昭（2005）將transformational leadership定義為「轉化領導」，其原因有二：其一為在組織中領導者運用其過人的影響力及領導策略，使部屬的觀念、態度、工作動機及道德層次均獲得改變及提升，除了強調「轉」變的意義之外，更包含著提升部屬的工作動機及道德層次的內涵；其二為「化」則具有行為改變的過程，及昇華、正在進行中的涵義，因此將其定義為轉化領導。

廖英昭綜合有關文獻（吳清山、林天祐，1999；Burns, 1978），認為轉化領導是一種領導的過程，在這個過程中領導者和成員經由彼此相互影響來提升雙方的道德及動機層次。轉化領導能確認並開發部屬現存的需要或要求，一方面尋找部屬的潛在性動機，幫助部屬滿足較高的需求，使部屬能全心全力的投入工作；另一方面轉換部屬成為領導者，並使領導者成為推動改變的原動力。另外他也指出：轉化領導是一種動態領導，領導者把自己投入到部屬的人際關係中，使自己感到有活力、更積極，因而產生一種新領導的核心。

2. 轉化領導的特質

Bass和Avolio（1994）在「改進組織效能」一書中曾明確指出當領導者表現出下列幾種行為時，即是轉化領導的行為：(1)領導者能刺激成員以新的觀點來檢視他們的工作。(2)使成員意識到工作結果的重要性。領導者能協助成員發展本身的能力和潛能，以達到更高一層的需求層次。(3)領導者能引發團隊工作的意識與組織的願景。(4)引導成員以組織或團隊合作為

前提，並超越本身的利益需求，以利於組織的發展。Bryman（1992）曾以表列的方式指出轉化領導較強調與較不強調之要點，如下表 4-2 所示。

表 4-2　轉化領導理論所強調的主題

較不強調	較強調
計畫	願景／使命
分配責任	傳達願景
控制和問題解決	引起動機和激發鼓舞
創造例行事項和均衡	創造變革和革新
權力維持	賦予成員自主力
創造順從	創造承諾
強調契約性責任	刺激額外的努力
重視理性、減少領導者對成員的依附	對成員感興趣並靠直覺
對環境的回應	對環境有前瞻作法

資料來源：引自 Bryman, A.（1992）. *Charisma and leadership in organizations*（p. 111）. London: Sage Publication.

蘇永富（2000）指出轉化領導有以下八個特質：

(1)轉化領導強調領導者激發成員的工作動機，與提高成員需求層次。

(2)轉化領導重視成員個別化關懷與成員自我實現的需求。

(3)強調引導成員願意付出額外的努力，讓成員表現超越期望水準。

(4)強調改變或引導優質的組織文化。

(5)領導者展現其領導哲學與價值時，會以個人的魅力來吸引成員的認同感。

(6)領導者透過成員的啟發，促成成員與組織的共同成長與良性互動。

(7)在組織成長的過程中，亦能帶動領導者與成員的成長。

(8)就目的而言，在促成組織效能之提升，以及領導者與成員之自我實現。

3. 轉化領導者與成員間的關係

Bass（1985）認為領導者可以透過以下三個途徑，促使成員在個人的工作價值觀上轉型成功：

⑴提升成員對於完成預期成果的價值、重要性與方法的認知或意識層次。

⑵激勵成員為了團體而超越個人的利益。

⑶擴大或改變成員的需求層級。

由此可見，轉化領導在於改變成員的價值思考層次，以及提升成員的忠誠與需求的層級等。其轉變的過程，如圖 4-9 所示。

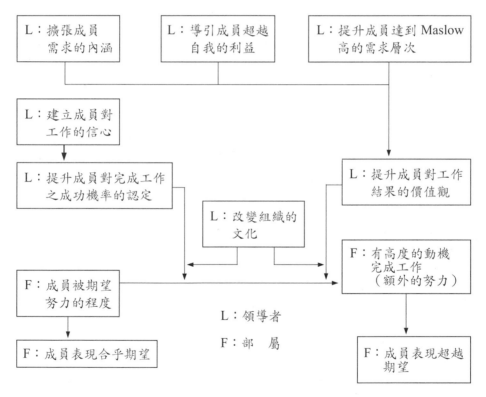

圖 4-9　轉化領導者與成員的關係

資料來源：引自 Bass, B. M.（1985）. *Leadership and performance beyond expectation* (p. 23). New York: The Free Press.

廖英昭（2005）綜合有關文獻（吳煥烘，2004；劉慶中、沈慶楊，1991），認為轉化領導與以往之領導理論最大的差異點即在於以往的領導只著重在使部屬達成組織的期望，而轉化領導則不僅使部屬達成組織預期的目標，更藉由提升部屬的需求層級及對工作的動機、價值觀與信心，使其表現能超越組織的期望，如此一來，便可使組織績效超越預期，因此它是一種事半功倍的領導方式。

4.轉化領導的理論基礎

廖英昭（2005）綜合國內外專家學者的看法，茲將轉化領導的相關理論基礎整理如下：

⑴需求層次論

人本心理學家 Maslow 的需求層次論，認為人的所有行為皆由需求所引起，需求有高低之分。他把人類的需求由低而高排為五個層次，依次為：生理需求、安全需求、愛與隸屬需求、尊重需求、自我實現需求。大部分的人前三層級的需求通常都可得到滿足。但是「尊重感」和「自我實現」的需求則很少能完全獲得滿足。因此較高層次的需求會繼續激發人的行為。

轉化領導重視提升組織成員內發性的動機，並使其在工作過程中自我實現，且超越原先的工作期望。因此，需求層次論對轉化領導是相當重要的（張慶勳，1996）。

⑵特質論

Bass（1985）的理論假定高度自信、果斷和內在導向的領導者將更可能成為轉化領導者。好的人格特質是成為好的領導者的條件之一，因此特質論也是轉化領導的理論基礎。

有關領導特質論的基本假定是：①成功的領導者必定具有若干異於不成功的領導者之人格特質。②可以利用科學的方法發現這些有利於領導的理想人格特質，作為選拔及培訓領導人才之參考（黃昆輝，1988）。

領導特質論指出有效能的領導者與部屬的區別，乃在於領導者有獨特的特質。這些特質包括生理上的特徵（如身高、外表、年齡、精力）、人格（自尊、優越感、情緒的穩定性、主動進取、持久性、挫折容忍力）、社會背景（教育程度、社會地位），及能力（普通智力、語文流暢、知識、

創造力、社會洞察力、認知的複雜性）。特質有些是與生俱來的，有些則是後天發展而成的。雖然有些特質（如：果斷、獨立性、持久性、自信）及技能（如：語文流暢、創造性、說服力、圓滑性）是成功領導者的特徵，但並不是由具有這些特質的人領導就能有效，也不會因缺乏這些特質，領導就無效。校長或教師所運用的領導策略，除了受情境因素的影響外，人格特質也是重要因素（張慶勳，1996）。

(3)魅力領導理論

領導魅力理論（charismatic leadership theory）是歸因理論的一種延伸。此理論認為，追隨者傾向於將領導者的行為做英雄式或異乎常人的歸因。有關領導魅力的研究，大部分指向有魅力的領導者與缺乏魅力的領導者之間行為上的區別。轉化領導中對領導者魅力的描述很多均是依據此一理論而來（Robbins, 1998）。

就領導者的「魅力」而言，它是指領導者具有不凡的能力或人格吸引力，成員能夠知覺到領導者此一特質，對其產生情感上的依附，領導者的魅力通常包含了幾個特質：高度的熱忱、不平凡的遠見、道德說服力及高度自信等（Yukl, 1994）。轉化領導者能積極培養，並運用其人格的感召力、特殊不平凡的能力，以及積極樂觀的人格特質，讓成員能夠信服、投入組織活動中，並付出更多的努力。

就轉化領導者而言，在領導之初，藉由魅力：如英俊的外表、動人的眼神、吸引人的聲音、不凡的口才、充沛的精力、高度的自信、過人的耐力及敏銳的直覺等，來激起成員對領導者之能力和動機的信任與遵從，因此魅力領導可作為轉化領導的理論基礎；但長期下來，當成員在領導者的協助下，能夠自我發展，並且勇於為更高層次的目標而負責時，領導者的魅力便不再如此重要了，此時成員重視的便是領導者能領導整個組織朝未來目標發展與成長的轉化領導功能。

(4)社會權力理論

French 與 Raven 提出五種社會權力：①法職權；②獎賞權；③強制權；④專家權；⑤參照權；常為學者所引用。

然而，Yukl（1994）認為上述五種權力並未包含所有領導者的權力來源，因此，提出權力的二因概念，將其分為職權與個人權力。其中，職權

包括法定權威、控制資源與獎懲、控制資訊、組織的工作任務與環境等的影響力。個人權力則包括專門知識、友誼與忠誠，及領導者說服力與魅力等的影響力。此二種權力雖然各自獨立但有時難以區分，且有時會有重疊現象。

筆者以為轉化領導者除了具有法職權之外，如能充分展現個人的權力，透過各種象徵性的行為以說服部屬，並與互易領導者所擁有的獎賞權、強制權、法職權等交互為用，則領導效能將更佳。

(5)願景領導理論

願景（vision）依《牛津字典》（*The New Oxford Dictionary of English*）的解釋為：運用想像力或智慧對未來思考或規劃的能力（the ability to think about or plan the future with imagination or wisdom）。它包含組織長期的計畫與未來發展的景象，必須是組織現況與未來景象的橋樑。Bennis 和 Nanus（1985/1997）指出願景是轉化領導的關鍵所在，有效的領導是授權給成員，這些領導者以發展新的觀點、發展承諾與信賴及促進組織學習的方式，來重塑組織的運作以適應變遷的環境，並重建成員的信心。

曾榮祥（2000）歸納相關文獻後指出，其內涵有以下五要項：①願景本身必須是清晰、可信的；②環境改變，願景必須經常加以評估；③就組織未來發展而言，提供了一個長期發展的計畫與景象；④就現況而言，凝聚了成員的理想，以作為共同努力的方向；⑤學校共同願景必須基於教育愛，並強調追求卓越表現，同時可以透過儀式、故事與實質象徵方式來傳達，並以口號為號召。

(6)道德認知發展論

Kohlberg 採用認知發展取向研究人類的道德判斷，將人的道德認知發展，從道德成規前期的缺乏是非善惡觀念，趨樂避苦，服從規範，無主觀是非標準，經道德成規期的順從權威，至道德成規後期，共三個時期六個階段。如表 4-3 所示。

表 4-3 Kohlberg 道德認知發展論

期別		發展階段		心理特徵
一	道德成規前期 （9 歲以下）	1	避罰服從取向	只從表面看行為後果的好壞，旨在逃避懲罰。
		2	相對功利取向	只按行為的後果是否帶來需求的滿足以判斷行為的好壞。
二	道德成規期 （9~20 歲）	3	尋求認可取向	尋求別人的認可，凡是成人讚賞的，自己就認為是對的。
		4	遵守法規取向	遵守社會規範，認定規範中所定的事項是不能改變的。
三	道德成規後期 （20 歲以上）	5	社會法制取向	了解行為規範是為了維持社會秩序而經大眾同意所建立的。只要大眾有共識，社會規範是可以改變的。
		6	普遍倫理取向	道德判斷係以個人的倫理觀念為基礎。個人的倫理觀念用於判斷是非時具有一致性與普遍性。

資料來源：引自張春興（1994）。教育心理學：三化取向的理論與實踐（頁144）。台北：東華。

Burns（1978）認為轉化領導使部屬提升道德層次，使部屬知覺到本身在組織中的義務感、責任心，進而產生使命感。因此 Kohlberg 的道德認知發展論可為轉化領導的理論基礎之一。

筆者歸納上述理論，認為轉化領導的理論基礎主要是以部屬需求為核心，配合領導者的個人特質、魅力，妥善運用權力，提出共同願景，以滿足部屬的需求、改變部屬的期望、提升道德層次等，進而達成組織目標的一種歷程。

㈡互易領導

1. 互易領導的意義

廖英昭（2005）將 transactional leadership 定義為「互易領導」，其原因為：領導者在組織中除了與部屬之間交換、交易的涵義之外，同時也含有磋商、交互作用的內涵，因此定義為互易領導。

廖英昭綜合學者專家對互易領導的看法，認為互易領導所強調的是領導者與部屬之間磋商與交易的歷程，領導者與部屬之間的關係屬於現實的契約關係，它是一種外鑠式的領導，只能用於維持組織的安定，卻無法進一步提升成員的工作動機與工作績效。

2. 互易領導的特質

互易領導的一個重要特徵就是領導者與成員關係的不穩定和短暫性的特質，在此種領導之下沒有長遠之目標可用來維繫整個組織，領導者和成員只是以互惠的交換關係存在，即使存在於組織中的一般價值，如：誠實、公平、認同的履行等，也是以條件交換為基礎。即便其具有如此之特性，但互易領導對於維持組織的穩定與現況的成長而言，仍是有其作用的（Bass, 1985; Burns, 1978）。

蘇永富（2000）歸納學者的看法，指出互易領導有以下三點特質：
(1)領導者和組織成員以互惠的關係存在。
(2)領導者運用磋商、妥協、討價還價的策略，滿足成員的需求。
(3)其目的是使組織成員投入組織活動，以達成組織效能。

3. 互易領導者與組織成員間的關係

互易領導者與組織成員間的關係如下頁圖 4-10 所示。

由圖 4-10 可知互易領導者了解及澄清部屬為獲得預期結果所扮演的角色和工作，並給予部屬充分的信心，以做必要的努力，使部屬獲得需求上的滿足，因此部屬被期望的努力程度可轉變為被期望的工作表現。

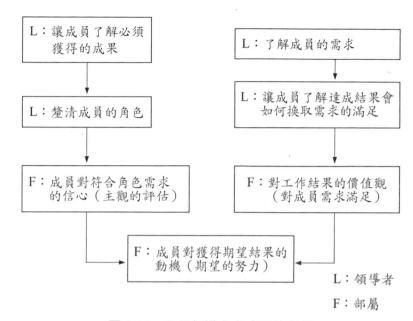

圖 4-10　互易領導者與成員的關係

資料來源：引自 Bass, B. M.（1985）. *Leadership and performance beyond expec-tation* (p. 12). New York: The Free Press.

　　筆者以為若運用互易領導來解釋學校中校長與教師間的關係，可將互易領導定義為：「校長藉由訂定教學契約的方式，與老師約法三章，對老師的努力給予支持與肯定，而對老師不當的教學與管教行為則加以警告、輔導，使老師得到立即的回饋，以達成學校目標的一種歷程。」

4.互易領導的理論基礎

　　廖英昭（2005）綜合國內外專家學者的看法，將有關互易領導的相關理論基礎歸納如下：

(1)社會交換理論

　　由 Hollander（1979）提出的社會交換理論認為領導問題是由情境因素、領導者特質與期望、部屬特質與期望之間基於公平原則下所產生的交互作用。互易領導理論是以社會交換理論（social exchange）為其理論之背景，認為領導是領導者與成員間相互影響之動態過程，以期雙方在最大的

利益與最小的損失原則下，達成共同的目標。社會交換理論最基本的形式係利益的互換，包括物質上的利益與讚賞、尊敬、自尊、情感等心理上利益的互換。這些社會交換在兒童早期就已開始學習，並逐漸發展出互惠關係與公平（Yukl, 1994）。

　　從領導的層面而言，社會交換理論強調領導者對團體成員需求的服務，與部屬認可及服從領導者要求兩者間的相互影響與互惠關係。領導者之功能在於：①工作結構之倡導；②成員滿足之提升；③幫助成員形成團體之規範。其中規範即為團體之理想與行為之期望，在公平的原則下，領導者的主要工作是如何使成員的行為表現符合團體的期望（劉慶中、沈慶楊，1991）。

　　Bass（1985）亦認為社會交換理論是互易領導的重要理論根據，以社會交換理論運用於領導行為的研究上，他提出了領導者是經由賦予部屬具前瞻性的遠見、工作認同與適當的指導等獎勵方式，來作為對部屬服從領導者的一種回饋。而這些作法與理念，是互易領導之重要內涵之一。

(2)途徑—目標理論

　　House 和 Mitchell（1975）提出的「途徑—目標」理論強調領導者的領導行為，包括指導導向、成就導向、支持導向、參與導向等四種基本領導行為。其中，指導導向領導行為是指釐清期望、給予明確指示、要求成員遵守規則的領導行為。成就導向是指設定挑戰導向的目標、強調完美、對部屬達成高度的表現表示信心等領導行為。支持導向領導行為是指表現出對成員的重視、並創造一個友善的團體工作氣氛；至於參與導向的領導行為則是指領導者在做決定之前會諮詢成員的看法，並採用他們的意見（Hoy & Miskel, 1987）。

　　曾榮祥（2000）認為在互易領導理論中，「權變獎賞」是源自於途徑—目標理論的主張，其理論的相同點為認為領導者應提供成員必要的獎賞，且獎賞的性質因情境及成員的需求而有所不同；其次，領導者應告知成員如何達到目標，甚至協助成員克服困難以獲得預期的獎賞。

(3)增強理論

　　增強理論（reinforcement theory）是根據 Skinner 的操作制約作用為基礎而發展出來的學習理論，認為行為是結果的函數，即行為之後的結果，

才是影響行為的主因。當人們採取某種行為後，立即有預期的結果出現，而此結果成為控制行為的強化物，會增加該行為重複出現的機率，故對行為有重大的影響。其缺點是忽略了個體感受、態度、期望等影響行為的認知變數（轉引自廖英昭，2005，頁 25-26）。

增強理論對互易領導者權變獎賞與介入管理中之正向及負向增強，提供了解釋的基礎（濮世緯，1997）。因此增強理論可視為互易領導理論的理論基礎。

(4)與轉化領導及互異領導有關的期望理論

Vroom 的期望理論（expectancy theory），其目的在於解釋或預測導致人們願意為組織或團體努力付出的因素（濮世緯，1997）。由圖 4-11 可看出其基本涵義：

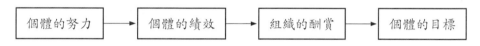

個體的努力 → 個體的績效 → 組織的酬賞 → 個體的目標

圖 4-11　期望理論之簡化模式

資料來源：引自 Robbins, S. P.（1998）. *Organization behavior*（p. 230）. Eaglewood Cliffs, New Jersey: A Simon & Schuster Company.

由圖 4-11 可知，成員的工作動機是決定於其所知覺到的努力、績效、酬賞與目標之關連性及獎勵是否能有效滿足個體的目標。廖英昭綜合有關文獻（張慶勳，1996；Robbins, 1998）認為期望理論強調了解個體的目標、績效與獎勵之關連性及獎勵是否能有效滿足個體的目標……等。並且沒有辦法以單一的準則來解釋每個人的內心需求，以達成有效激勵的作用；換言之，只了解一個人的需求狀態，並不能保證這個人也認為高績效必然可以滿足自我之需求。因此，領導者應先了解部屬對於組織所給予獎勵的重視程度，組織中所提供的獎勵應是與部屬內心需求的獎勵一致的。而個人對於績效、獎勵及個人目標的期望程度，將決定他付出努力的多少，若以對個體目標的提升而言，接近於轉化領導之理念；唯若以滿足於個體的需求而言，則亦合於互易領導之理念。

轉化領導者致力於改變部屬的期望，而互易領導者僅知滿足部屬的期

望，因此，從期望理論的觀點可發現，滿足或改變部屬期望之間的差異正是轉化領導與互易領導之間差異的核心。一位成功的領導者不只要滿足部屬的期望，而且是要改變其期望。

㈢轉化領導與互易領導的比較

Burns（1978）認為轉化領導與互易領導之間是相互排斥的。而 Bass（1985）則認為兩者並非互相排斥，互易領導是轉化領導的基礎，而轉化領導則是互易領導的擴充型態。Bass 和 Avolio（1997）也曾指出轉化與互易領導的關係型態，認為轉化領導是使部屬表現出額外的努力，使更進一步達到超出預期的表現；而互易領導則無法使部屬表現額外努力，必須藉助轉型領導的交互轉換使用才能達到超乎預期的表現，因此轉化與互易領導是相輔相成的，並非互斥的關係。

吳煥烘（2004）指出：轉化領導與互易領導之差異，主要是轉型領導屬於高層次的動機需求，如自尊、自我實現、責任、道德等；而互易領導則重視外在動機和需求，在酬賞中建立互惠過程。

茲引述Bass和Avolio（1990）轉化領導與互易領導的差異模式如圖4-12：

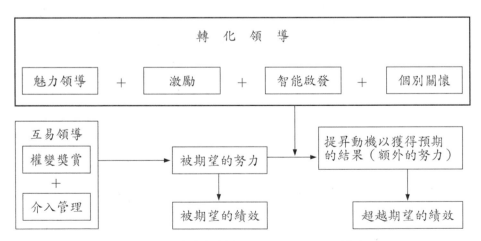

圖 4-12　轉化領導與互易領導的差異模式

資料來源：引自 Bass, B. M. & Avolio, B. J.（1990）. *Transformational leadership development: Manual for the multifactor leadership questionnaire*（p. 12）. California: Consulting Psychologists Press, Inc.

　　由上圖顯示，轉化領導（含魅力、激勵、智能啟發、個別關懷等層面）者旨在提升部屬動機，付出額外的努力，以獲得所要的成果，使組織績效超過原來的期望。而在互易領導（含介入管理與權變獎賞）中，部屬的努力僅是在預期範圍之內，且組織的績效也僅是與部屬的努力相等而已。假如轉化領導與互易領導的策略共同運用，會達到超越原來所期望的績效（吳煥烘，2004）。因此經由上圖兩者模式差異的比較，可看出兩者的相異處。

　　此外，張慶勳（1996）曾就轉化領導與互易領導在領導者與部屬之間的關係與特徵上的差異，進行綜合比較如表 4-4：

表 4-4　轉化領導與互易領導比較摘要表

	轉化領導	互易領導
領導者與部屬之間的關係	1. 經由提升部屬對工作預定結果之重要性與價值的了解與知覺，而激發部屬去做比它們原先預期更多的事。 2. 鼓勵部屬為組織而超越其自身的利益。 3. 改變部屬在 Maslow 的需求層次，或擴充他們的要求範圍。	1. 認識並了解部屬的需求是什麼。 2. 對部屬的努力所要求的獎賞予以承諾和交易。 3. 部屬從工作中獲得立即的自我利益。
特徵之差異	1. 提升並超越部屬的需求與期望。 2. 由領導者主導與部屬的關係，強調道德與心理層面。 3. 改變組織文化。 4. 做對的事。 5. 強調領導的層面。 6. 附加價值的領導。 7. 文化與符號的領導。 8. 道德的領導。 9. 魅力領導。 10. 鼓舞部屬的領導。 11. 智能的激發。 12. 個別化的關懷。	1. 滿足部屬的需求與期望。 2. 領導者與部屬之間強調互惠及相互影響的關係，並以磋商、討價還價的過程，達到意見的某種一致性。 3. 維持組織文化。 4. 把事情做對。 5. 強調管理的層面。 6. 以物易物的領導。 7. 互惠獎賞。 8. 介入管理。

資料來源：引自張慶勳（1996）。國小校長轉化、互易領導影響學校組織文化特性與組織效能之研究（頁 39）。國立高雄師範大學教育學系博士論文（未出版）。

筆者以為視導人員在教學視導的過程中，除了重視與教師之間物質層面的互易領導關係外，亦應重視與教師之間精神層面的轉化領導，兩者若能搭配運用，必可促進組織目標之達成。因此，一位成功的領導者可能兼具互易領導與轉化領導的人格特質，只是在實際運作上的不同而已。

四、領導的其他途徑

㈠文化領導的概念

組織文化是組織成員共同持有的價值、規範或基本假設，其影響組織內部的維繫與外部的發展，不只表現於人工製品（如規範、制度等），更隱藏於現象背後，成為導引成員行為的準則或追求的目標（Schein, 1985）。組織文化對組織的穩定與成長具有重大的影響作用，組織文化是否能發揮功能，謀求組織目標的達成與滿足組織成員的需求，則與領導人的智慧有密切關係。Schein（1985）：認為「領導者唯一真正重要的任務可能即在創造、經營文化，一個領導者的才華即表現於其運用文化的能力。如果領導的概念與管理、行政有所區別，則其關鍵即在於領導概念中包含了文化經營的功能。」

學校組織中也存在其特有的文化，從學校的物質環境、儀式、典章、制度到潛存於學校的教育信念，影響學校人員的價值、觀念及行為型態。學校文化影響學生的成就表現也多所例證（Maehr & Fyans, Jr., 1990）。因此，視導人員如何維護、引導、設計並創造學校組織文化，也益顯其要。

由於組織文化與領導有密切的關係，因此，產生了一項基本假定，即領導者的努力可以影響一個組織的文化。此即所謂的「文化領導」（cultural leadership）。文化領導的特徵可由其與一般領導的比較得知（Kottkamp, 1984）：

1. 文化領導的層面超越工作與人員兩層面

一般領導理論所涉及的層面多不出工作與人員兩層面，即著眼於生產的技術過程以及成員的社會關係。但文化的領導者所關心的不止於此，他們特別注意發展清楚的組織目的或任務，明確的價值、儀式及社會規範。

2.文化領導強調內化的領導

一般領導理論著重正式、公開的控制,但文化領導則強調逐漸內化的控制。組織中一旦建立了共同的前提或文化核心,則不需借助太多的外在監控,組織成員即能作出類似和合宜的反應。文化的領導者即以文化所含的內化目的或價值結構,作為成員行為的共同指引。

3.文化領導需要清晰、深層及長遠的洞見

文化的領導者必須具備審視組織現狀與未來的基本能力。雖然,所有的領導都需要察覺組織實況,但是文化領導比傳統領導需要更深、遠的洞見,文化的領導要求其領導者比一般的領導者更像哲學家、更具洞察力。

4.文化領導注重領導者的象徵性角色

文化領導從社會學或人類學的角度來看組織,而不同於一般領導著眼於心理學的基礎。文化的領導者與組織成員交互作用時,注重交互作用行為產生的象徵性意義或代表的價值,他們注意到所採取的行動是否符合文化核心,以作為團體行為的楷模。

5.文化領導注重規範力量與象徵性報酬及認可的掌握和使用

文化領導比一般領導更強調儀式、典禮、隱喻、事蹟、典故等的運用,以激發組織成員並發展對團體的認同感。透過文化的象徵可以使抽象的價值和規範顯得較為具體,使其發揮影響作用。

(二) Sergiovanni 和 Starratt 的實質領導理論

Sergiovanni 和 Starratt(1988)試圖提出一種領導的實質理論(substantive theories of leadership)以有別於以往的領導的工具理論(instrumental theories of leadership)。他們認為後者將領導簡化為變項,植基於功能理性(functional rationality),著重科層體制的專門化和階層化,組織依專門化的功能劃分為次級單位,整體組織遂變得支離破碎;而實質領導植基於實質理性(sub-stantive rationality),著重組織所以成為一整體的意義,捕捉

131

組織更大且寬廣的目的與價值。Burns（1978）所提出的轉化領導的概念，強調領導者在凝聚部屬超越個人利益，將部屬從自我中心提升到較高層次的、利他的信念、態度和價值，關心組織的基本目的和組織與社會的關係。這和前文所提的文化領導概念，基本上都屬於領導的實質理論，因為它們都著眼於組織的意義、目的、價值和領導者的洞見，重視領導的實質層面甚於領導的形式或型態。

　　由於領導的概念非常豐富、複雜，Sergiovanni 和 Starratt 希望藉由「實質領導理論」將領導此抽象概念下的要素加以建構，並分析出六項通則（Sergiovanni & Starratt, 1988）：

1. 領導者的感召來自他以行動表現潛藏於日常經驗底下的意義、實況和價值。因此，領導係植基於人們生活的意義與價值的。

2. 領導的力量或權力來自領導者對機構或組織發展的洞見（vision）。所謂洞見實為組織發展的詳細圖像，依某種方式運作，以達成並反映領導者所意識的價值與意義。

3. 領導者對組織中的人及生活具有一種「戲劇感」（dramatic sense）。因為領導者必須在如戲的組織生活中捕捉重要的意義與價值，尤其在組織產生危機時，指出何者才是真實、永恆的，以協助組織避免無謂的焦慮恐懼，度過難關。

4. 領導者應該以團體成員能經驗、體會的活動方式，詳細說明其洞見，並建立指引團體行動的信念與規範。

5. 領導需要建立制度。領導者要將洞見納入組織結構、政策或程序中，付諸實現。藉著制度的建立，反映洞見的意義與價值，並確定團體達成洞見的途徑。

6. 領導者應在日常中提供洞見的文化儀式，並定期評估與更新。由於環境的變化、組織成員的更新……等，對組織的洞見也有必要隨之更張，所以要建立評鑑或革新機制，並且讓新的洞見價值與意義，從各種儀式、慶典、日常活動中顯現出來。

　　上述六項通則即是實質領導理論的六大要素，前一要素為後一要素的基礎，領導者與管理人的區別即顯現在這些要素上。當然，從植基於意義、發展洞見、到制度化，此理論所呈現的只是一種「理想型態」（ideal

type），在真實的情境中，很難找到完全應用這些要素的領導者（Sergi-
ovanni & Starratt, 1988）。不過，此理論有助於視導人員對學校日常生活中
的領導實況，作一省思。

參、領導理論對視導實務的啟示

　　由於領導探究途徑的殊異，推展出豐富的領導概念與理論，雖然十全
十美的理論不可得，但從多種角度、多種層面剖析領導的形貌，對視導人
員的領導提供了許多寶貴的啟示。

一、視導人員應審慎洞察學校情境因素的特性與變化，選用適當的領導方
　　式或權變其領導行為。

　　㈠Fiedler認為領導效能是領導型式與情境有利度交互作用的結果。視
　　　導人員可估量自身與學校人員的關係、學校的任務結構、自身所擁
　　　有的權威和影響力，據此判斷情境的有利度。若屬有利或不利之條
　　　件下，採任務取向的領導；若在中度有利的情況下，則採關係取向
　　　的領導。

　　㈡根據 House 的途徑—目標理論，視導人員可以依教師的人格特質和
　　　環境因素來選取指示性行為、成就取向行為，或支持性行為、參與
　　　性行為。

　　　視導人員應該提升學校工作規範的明確度，以使教師清楚事務處理
　　　的程序或準則，並了解自身的角色。如果此類條件缺乏或因外來壓
　　　力使教師不知所措，則視導人員可採指示性行為澄清工作目標與途
　　　徑。而對於獨立需求較低、對模糊的容受力較小、對自己能力缺乏
　　　肯定的老師或初任教師，視導人員可多予指導。對於高成就取向、
　　　喜歡接受挑戰的教師，視導人員可設置挑戰性任務目標，激發其充
　　　分發揮才能。

　　　對於表現優良的老師，視導人員應多予讚美表揚；對於任務較艱難
　　　或信心不足的老師應多予鼓勵支持。對於自主性較強、能力經驗豐
　　　富、參與慾望較大的教師，或在較複雜難明的工作中，視導人員可
　　　考慮採參與式的領導，以促進彼此的溝通，並廣徵同仁的意見和需
　　　求（陳慧芬，1989）。

㈢Hersey和Blanchard主張領導者應依部屬工作與心理成熟度的不同，權變其領導行為。對於能力、意願均低的教師，視導人員可採告知式領導，給予具體的指示並嚴密監督其表現；對於低能力、高意願的教師可採推銷式的領導，由視導人員給予引導、解釋，並保留教師提供意見的機會；對於高能力、低意願的教師，可採參與式領導，共同討論、決策，並多予激勵；而對於知識技能高、又願意投入的老師，視導人員可以考慮授權式領導，讓教師全權發揮。當然，教師們的成熟水準是會改變的，因此，如何促進教師發展、激發教師信心與意願，以提升教師的成熟度，更是視導人員應積極努力的方向。

㈣Burns的轉化領導與互易領導的主張，在本質上雖有不同，然而視導人員在教學視導的過程中，除了重視與教師之間物質層面的互易領導關係，讓成員對完成指定的目標懷有信心和期望，藉以激勵成員的工作表現，使能符合預期的水準；亦應重視與教師之間精神層面的轉化領導，提升成員對於工作結果的價值觀，藉以激勵成員付出額外的努力，以及表現超乎期望的工作績效。兩者若能搭配運用，必可促進組織目標之達成。因此，一位成功的領導者可能兼具互易領導與轉化領導的人格特質，只是在實際運作上的不同而已。

二、視導人員除了重視領導的技術層面外，也要重視文化、實質的領導，特別留意自身作為領導者所代表的象徵性角色。

㈠視導人員應該對學校的信念、價值、規範等，作深入的洞察，以形成洞見，規劃學校的理想遠景，成為學校人員共同追求的目標。

㈡視導人員應該闡明、詮釋學校共同的目標、價值、意義，以引導學校人員的行為。視導人員可藉各種歷史事蹟、符號、儀式、慶典……等，將學校文化內化到學校人員的心中，使他們深切了解辦學的理念與任務。

㈢視導人員應該以身作則，以個人表現為團體行為之典範，從與學校同仁的交互作用中，示範出符合學校價值、意義與理想的行動。

㈣視導人員應該將學校價值規範或發展理想納入典章、制度中，明確傳達其意義，指引達成目標的程序或途徑。

㈤視導人員對於有效發揚學校核心價值、理想，堪為他人楷模的人員，
　應在公開的集會或儀式中加以表彰，促進學校人員的認同與仿效。

㈥視導人員應定期分析、評估學校文化的轉變情形，並隨時間、環境
　的改變發展新洞見，修正、更新學校價值、意義與規範的趨向。

第五章

精熟的視導技能

　　有效能的教育領導人員除應建立正確的教育理念和豐富的專門知識，具備「知己知彼」及「良好的人際技能」外，並需具備「精熟的視導技能」，始能達成有效的視導目標。本章精熟的視導技能包括下列四節：第一節為評估的技能；第二節為計畫的技能；第三節為觀察的技能；第四節為研究及評鑑的技能。茲分述如下：

第一節　評估的技能

　　評估與計畫是一體的兩面，精確評估團體及其成員在過去、現在所經歷的問題及解決能力，才能計畫未來前進的方向，選擇出一條適當途徑。評估為計畫奠立基礎，不致成為空中樓閣。本節分從評估的基本概念，有效能視導人員需具備的評估技能及評估技能在教學視導上的應用範圍等三方面說明之：

壹、評估的基本概念

一、評估的意義

　　所謂評估是以科學的方法，對於一件事物，依照事前設定的基準，評估其可行性或績效，進而列舉其優劣並提出改進建議（關永實，1992，頁409）。就中文之意義而言，「評」是批評、評判，亦即批評工作的優點和缺點，評判計畫方案的利弊得失；「估」是測估、估量，亦即測估工作之具體績效，估量計畫方案實施效果。評估（assessing）是一種動態的過程，其目的在於減少主觀與直覺的判斷，縮小決策程序中不確定因素的範圍；具體的顯現出標的物或計畫方案之真正價值所在。

二、評估的種類

　　「評估」包括是事前的評估、執行中的評估及結果的評估。事前的評估係對於方案在規劃階段時進行可行性評估、優缺點評估、優先順序評估，以了解方案的「預期影響」和「預期效益」。事前的評估與計畫息息相關，例如你有多少資源，才能計畫做什麼事，事前的評估具審核性質，例如，

在一定金額以上之學校重要工程建設，需經事前的評估；執行中的評估具管制作用，係對政策問題認定的整個過程、政策方案的規劃過程與政策方案的執行過程進行評估。可了解執行機關、人員、經費、程序、方法、技術等各層面是否妥當及配合無間；結果的評估包括績效評估及影響評估，績效評估涉及評估計畫或方案，與預期目標達成的程度，具有考核性質；影響評估係指計畫或方案產生何種有形或無形的、預期或非預期的影響（許意倩，1995，頁351）。

三、計畫實施之前評估的種類

一般對計畫的評估，均屬事前評估，依實際作業需要又可分為三種：

(一)替選案的評估

替選案是指就同一事項而擬訂的兩個或兩個以上的計畫方案，評估的重點在比較替選案的利弊得失，以為汰選參考。替選案的評估往往視實際需要而選擇不同的評估法。一般常用的方法如：成本效益分析法及其衍生出的財務投資評審法、社會成本效益分析、經濟投資評審法等。

(二)計畫結構完整性評估

計畫方法初步完成後，接下來必須進行計畫結構完整性評估，其評估的目的有二：(1)瞭解本計畫對預定目標達成的程度；(2)對整個計畫架構進行精密的查核，檢視其各項步驟或計算方式有無缺失。

(三)年度計畫項目優先順序的評估

優先順序是指就不同事項之不同計畫或方案在實施或投資階段的優先次序，其評估的重點在比較投資的邊際效用及邊際成本，做為投資次序及配置資源的參考。

以上三種評估方法均適宜在計畫之前實施，評估者可依其計畫之重點、形式來選擇切合需要之評估方法。

貳、有效能的視導人員須具備的評估技能

有效能的視導人員須具備下列評估的技能：其一為時間評估的技能；

其二為了解組織內部評估的技能；其三為具有評估需求的技能；其四為具有分析組織需求的技能。茲分述之：

一、時間評估的技能

　　每位校長或視導人員大多會有時間不夠用的感覺，尤其是少數初任校長未能掌握重點，筆者曾與二位擔任校長職務僅一年的校長訪談，第一個校長說她除了批閱公文、接見訪客及開會外，平均一天二小時觀察和參與班級，她主要關心老師的教學和學生的學習；而第二個校長認為主要問題是離開辦公室去拜訪老師，他想要跟職員在一起，但整天忙於文書工作、電話和學生紀律等事，他一天僅能挪出一小時來跟職員談話和巡視教室，忙得像無頭蒼蠅。原因在於第二個校長較沒有控制他的時間，及掌控事情的優先順序，做好提升教學品質的職責。二個校長的實際差別，不僅是他們的視導取向，也包含他們的評估和規劃專業時間的專業取向，故時間管理對視導人員而言，甚為重要。

　　視導人員為了充分有效的使用時間，可就其工作之優先順序排定每日工作日誌，將每週時間作合理分配。筆者依據 Glickman（1990）有關視導人員時間分配參考圖，修正如表 5-1。

表 5-1　視導人員時間分配圖

工作項目＼星期	星期一	星期二	星期三	星期四	星期五	備註（理想的時間分配）
文書處理						10 ％
私下會晤教職員學生						20 ％
與上級機關或主管聯繫						10 ％
家長及社區人士						10 ％
團體會議						15 ％
巡視教室、辦公場所						20 ％
其他：構思校務興革、緊急事務、接聽電話						15 ％

資料來源：修改自 Glickman, C. D.（1990），p. 216.

　　上述有關視導人員時間分配圖可作為視導人員（校長）擬訂時間分配之參考。而實際上時間分配的比例可因視導人員對校務嫻熟程度、學校生態及社區生態等因素予以調整，而巡視教室，了解教師的教學品質以及私下會晤教職員學生，了解其需求，則為每天應執行的重點工作。如果某位視導人員用在文書處理或召開會議的時間太多，則作教學視導的時間可能就不足，以致無法有效掌控教師的教學品質，因而招致社區及家長的批評，類似情形，視導人員可重新計畫時間的分配。例如：

　　文件工作：授權給秘書或協助者，或規劃在下班後不受干擾的時間處理。

　　團體會議：研究會議時間是否能縮短或規劃於升旗前或放學後召開。

　　教室巡堂：一天增加一至二次的巡堂，除緊急外，始請秘書協助處理巡堂事宜。

二、了解組織內部評估的技能

　　個人或組織內部的評估及計畫宜考慮以下之五項步驟：(1)目的；(2)活動；(3)時間；(4)資源；(5)評鑑；這五個步驟缺一不可。視導人員在擬訂學校課程發展及團體發展計畫時，心中必須牢記這五個步驟。

　　茲以「發展學校本位課程」為例：某國小為實現教育部所公佈的教育政策，經過學校師生、家長和社區人士對話之後，共同選定一年級生活課程進行「學校本位課程發展之行動研究」，研究過程中確立「將一年級學生的生活議題轉化為生活課程的教材」這項教材的轉換模式，在整個研究中它是重要工作之一。

　　該校必須提升教師具備這項能力，才能實現這項目的，因之在行政計畫之執行過程都須進行「組織內部評估」。至於應該如何進行評估呢？以下針對目的、活動、時間、資源和評鑑五個項目加以敘述之：

㈠目的

　　使本校的教師具備「將一年級學生的生活議題轉化為生活課程教材」的能力，而且轉化之後的教材能符合教育部所公佈的課程綱要之分段能力指標的規定；藉以落實學校本位課程發展之實施。

㈡活動

如表 5-2 以培養本校教師具備「將一年級學生的生活議題轉化為生活課程教材」之能力為活動的焦點，評估計畫六項相關的教師增能（empowerment）活動。

表 5-2　以培養某校教師具備「將一年級學生的生活議題轉化為生活課程教材」之能力為活動的焦點

	相關增能 （empowerment）活動	時間 （分鐘）	完成 百分比	重點說明
1	參與一年級生活課程教學觀摩並做心得分享	90	12	參與教學觀摩的目的，旨在使本校教師了解生活課程教材之編選原則和教材實施之適當性，以利教師提升對教材選擇之能力。
2	聘請校外生活課程專家到校進行專題演講	120	16	以使教師汲取課程轉換之理論和從哲學觀點獲得知識論之要旨。
3	進行校內課程發展委員會會議，蒐集生活課程研究小組之教學心得	120	16	使教師獲取生活課程教學群或實際教學者重要之教學經驗，正確的選擇生活教材。
4	校內一年級學生生活議題之專題報告	150	20	以校內同儕輪流主講者，報告本校一年級學生其有意義之家庭生活、社會生活和學校生活議題，以利教師將學生生活情境中的素材轉化為教材。
5	進行校內針對教育部課程綱要進行研究專題報告	150	20	以利正確教材轉化，讓轉化後的本校生活課程教材具有達國家的教育水準。
6	參與一年級生活課程教材編輯活動	120	16	讓教師實際進行教材轉化之工作，明白轉化後的教材在電子媒體中處理之技術。
	合計	750	100	

資料來源：作者依王校長瑞輝提供之資料予以彙整。

(三)時間

1. 第一項活動「參與一年級生活課程教學觀摩並做心得分享」，在二月下旬選定一班一年級實施。教師心得分享則配合校內週三進修實施之，觀摩教學一節四十分鐘，心得分享五十分鐘。
2. 第二項活動「參與校外生活課程專家之專題報告」，在三月份第一週校內週三進修中實施之，時間兩節。
3. 第三項活動「進行校內課程發展委員會議，蒐集生活課程研究小組之教學心得」，利用三月份第一週星期二、四、五下午四點十分到四點五十分實施。
4. 第四項活動「校內一年級學生生活議題專題報告」，利用三月份第二週校內週三進修排定三節時間實施之。
5. 第五項活動「進行校內教育部課程綱要研究專題報告」，利用三月份第三週校內週三進修排定三節時間實施之。
6. 第六項活動「參與一年級生活課程教材編輯活動」，利用三月份第四週校內週三進修排定三節時間實施之。

(四)資源

1. 利用校長室、會議室作為開會、研討之場所。
2. 使用學校的單槍投影機、筆記型電腦作為幫助講解之工具。
3. 第一項以一年級、二年級教師為教學群，進行教學演示。
4. 第二項聘請縣內九年一貫深耕團隊種子教師到校擔任主講或外聘大學教授擔任。
5. 第三、四項聘請學、經歷俱佳之教導主任擔任召集人和專題報告者。
6. 第五項請教務組長擔任報告人及心得分享。第六項請資訊組長擔任召集人。
7. 經費預算方面請主計編列後，由校務發展基金項下支應。

(五)評鑑

1. 本活動宜考慮本活動的項目之實施是否能達到預期的目的，意即透過

這六項活動之推展，能否讓本校教師具備「將一年級學生的生活議題轉化為生活課程教材」之能力，應該再加以評估和審查。

2.本活動是否能有充足的時間，按照原先規劃之時段實施而無其他因素干擾時間之安排，宜加以留意。

3.本活動在人力資源、空間資源、時間資源和經費資源上是否出現不當的規劃，而導致影響預期進度之實施應加以注意。

4.本活動如遇到實施困難時，有無做妥善之調整或彈性處置，行政上負教學領導之責任者應詳加關注。

以上是個人或組織進行內部評估之實作示例，在目的、活動、時間、資源和評鑑上應作深入相關的評估，始可正確提升教師課程教材轉化之技能，和避免貽誤和衝突之發生。

三、視導人員需具有評估需求的技能

茲試舉一例加以說明之：某國小為進行課程改革，配合教育部公佈之課程綱要之實施，發展學校本位的課程，在「藝術與人文」這一學習領域裡計畫「蒐集有關過去和現在藝術教育的發展與問題」。視導者此時可以依照下列方式進行多重的需求評估，包括：(1)晤談法；(2)官方文件記錄；(3)三角檢核法；(4)開放式問卷；(5)檢核等級表；(6)德懷術。

㈠晤談法

晤談的目的，旨在了解被晤談者的寶貴意見，並將蒐集到的資料提供施政或行政決定的參考。因此在晤談之前需規劃好晤談的方式和晤談的內容，然後才能順利地達到晤談的目的。

一般而言：晤談（interviewing）可分為三種方式，結構式、半結構式和開放式晤談。茲就「蒐集過去和現在藝術教育的發展與問題」，運用上述三種晤談方式，設計晤談方式如表5-3。

表 5-3　晤談方式表格

方式＼內容	蒐集過去和現在藝術教育的發展與問題
結構式晤談	1.你認為視覺藝術教育的重點和急需推展的工作是什麼？ 2.本校在推展視覺藝術教育之硬體設備需要再增加些什麼？ 3.本校在推展視覺藝術教育方式，有哪些社區資源可充分利用？ 4.本效的視覺藝術教育之課程發展有哪些優勢？劣勢？機會點？ 　威脅點？ 5.你認為音樂教育的重點和急需推展的工作是什麼？ 6.你認為表演藝術教育的推展重點是什麼？ 7.你認為一般藝術教育的推展重點是什麼？
半結構式晤談	1.你認為本校的藝術教育應如何推動？包括設備、師資等。 2.請你分析本校藝術教育之優勢、劣勢、機會點和威脅點。 　請你分析如何提升本校藝術教育之成就水準？包括師資、課 　程、教學、家長互動、學生學習過程等方面。
開放式晤談	1.你認為本校藝術教育應朝哪一個方向來努力？ 2.如何提升本校藝術教育之教學效能？

資料來源：作者自己整理。

(二)官方文件記錄

　　為了蒐集過去和現在藝術教育的發展與問題，以作為課程發展之需求評估，除了用晤談法外，也可以參考官方的文件記錄（official document），依官方的文件調查研究結果所公佈的內容，釐清本校在發展此一領域課程上之需求，作為課程發展之參考。

　　例如：徐秀菊（2003）曾受國立台灣藝術教育館委託，在民國 92 年從事「台灣地區國民中小學一般藝術教育現況普查及問題分析」之研究，該研究係針對台灣地區 2,614 所國小和 713 所國中的行政人員、藝術教師或家長和學生作為調查的對象，利用問卷、座談會討論和訪談等方式，進行國中小一般藝術教育之現況普查，發現目前藝術教育實施上所遭遇的困難

及問題,進而加以深入分析與探究,最後提出改進和解決之方案。

由於官方文件之公佈都是由具有相當專業修養的研究團隊,以綿密的科學過程加以深入探究,其研究之可信賴程度極高。因此視導人員在進行校內需求評估時,官方所公佈的文件記錄是施政可靠的參考資訊之一,視導人員可以依實際需求參考之。

(三)三角檢核法

三角檢核法(triangulation)就是透過公正客觀的第三者,針對問題之焦點,提出意見和看法,包括正面相同的看法和負面不相同的看法。當事人自己的看法也許可能正確,但也有可能偏差或失誤,如果以當事人單面的看法,驟下決定,很有可能造成貽誤行政重大的決策。為避免這種缺點出現,除了當事人本身對事件、事實是一個檢核者外,可以邀請工作夥伴來擔任第二個檢核者,例如同一任教科目之校內教師、有教學經驗之主任、課程研究小組的校內同仁都可以來擔任第二個檢核者。另外需聘請公正客觀的第三者來擔任第三個檢核者,從其他的角度針對相同的議題焦點進行檢核。例如聘請校外的課程專家、他校的專長教師、大學或研究單位的研究人員等,站在公正客觀的立場上對於事件發表己見。從三個不同的角度或多個不同的立場上去面對同一焦點,如果檢核結果相同或極為相似,則對事件的評估結果可視為一致性看法,但如果其中看法有差異,則不能以此作為相同的結果而加以選擇參考。

以針對蒐集過去和現在藝術教育的發展與問題為主題,應用在藝術與人文的課程發展上之需求評估為例,運用三角檢核法可以評估該領域課程發展之需求。應用上述三角檢核法:視導人員評估需求者為第一位檢核者的角色;另外邀請學校內部的主任、組長或課程發展委員會的教師為第二位檢核者;再聘請校外之大學教授擔任課程發展顧問,參與藝術與人文的課程發展諮詢工作,成為第三位檢核者,站在公平無私的專業工作平台上進行檢核。

例如:針對「視導藝術教育在本校的課程、教學設備、師資方面應如何提升」的議題提出看法,如上述三種檢核者的看法一致,就可能成為可信度很高、可行性很高的行政參考之依據。因此第三者公正客觀的檢核工

作對需求評估實屬重要的方式之一。

㈣開放式問卷

　　吾人常言：行政領導者之行政決定，常受領導者之知識背景、思考模式、和其人格特質、舊時先前經驗等因素所影響。然而領導者之理性是有限的，無法有效的、全方位的作無限理性的思考，導致顧此失彼、瞻前而無法顧後，失之完備。視導人員在進行需求評估時，亦復如此，因此能廣採眾議對評估工作而言，則較為妥善周全。而使用「開放式問卷」（open-ended questionnaire），就是較為妥善周全的評估方式之一。

　　開放式問卷對象是可以不加限制的，可以廣羅校內、校外的意見，包括對老師、家長、學者、社區人士、社會工作者、社會團體等的意見表達。開放式問卷內容也是不加以設限或誘導答題的，題目給予較大的回答空間，而不將題目囿限在某個小細節之上，而得不到宏觀的意見。開放式問卷也可以是透過不同的、多元的問題填答，例如網路填答、書面郵寄填答、會議中意見反映等方式。

　　以蒐集藝術教育的發展與問題為主題，以便應用在藝術與人文課程發展方面之需求評估，視導者可以因應主題之旨意，設計開放式之問卷，例如：問卷題──本校在發展藝術與人文的課程發展上應如何進行教育改革？你認為現行藝術與人文課程教學的狀況？現行藝術與人文教師教學的優、缺點？現行藝術與人文教師教學須作何種改變？幾個重要性的題目就突顯出問卷的目的，且應避免繁雜的敘述或題目太多的缺點。

㈤檢核等級表

　　接受問卷填答的人，它對開放式問卷的目的不一定能作有效的陳述，如果它無法有效地回答開放式的問卷，那麼就容易失去問卷的目的。因此設計一項檢核等級表（Check and Ranking List），將問卷的內容作周全完備的內容區分，再將區分開的項目逐項設計子題，並將子題作成等級表，讓填答者很容易的根據自己所之而加以勾選、評選。

　　針對本例題有關本校「藝術與人文」課程發展上需求評估，試舉蒐集國小家長對藝術教育的課程改革之需求評估為例，設計檢核等級表如下表5-4。

表 5-4　國小家長對藝術教育的課程改革之檢核等級表

項目 題號	題目內容	檢核等級				
		特優	優	普通	尚可	差
1	本校教師對於藝術與人文學習領域方面之專業程度之內在涵養情形					
2	本校教師對於藝術與人文學習領域方面之專業程度之外在表現情形					
3	你認為貴子弟在家庭生活能將藝術表現和生活相互結合的程度					
4	你認為貴子弟在家庭生活中常會有創造視覺造型、色彩、圖案等等藝術表現					
5	你認為貴子弟在家庭生活中常會有音樂表現、創作、欣賞等藝術表達					
6	你認為貴子弟在家庭生活中常會有表演的行為、創作、興趣之藝術表演					

註：請評選五個檢核等級之一。

資料來源：雲林縣誠正國小王瑞輝先生提供。

　　視導人員蒐集本表加以統計，即可發現家長對此課程之期望和需求。因此，本檢核等級表亦屬可行的需求評估方式，可供視導人員參考。

㈥德懷術

　　德懷術（Delphi Technique）的使用，常被用於沒有固定可能性答案的問題之蒐集答案方面。它是目前教育研究領域中，用以建立學校效能指標

及專家效度最常用的方法，以本例題而言，學校本位的藝術與人文之課程發展，幾乎是沒有固定、明確答案的問題，故亦適用德懷術。茲介紹之如下：

1. 德懷術的起源

Delphi 原指古希臘太陽神阿波羅神殿，為能預測未來的神諭之地。在1950 年代，美國蘭德（Rand）公司為預測蘇聯以原子彈攻擊美國可能產生的效果，而發展出一種透過群體溝通歷程的預測方法，稱為德懷術。德懷術係針對會議討論之缺點而設計，它將面對面的溝通改為匿名式的溝通方式，讓所有參與者都能在無威脅的情境中表達自己的意見，並參考其他人的意見決定是否修正自己的意見。1960 年代以後，因其高度準確的預測效果，在企業、科技、商業、人力需求、醫療保健、政策釐定等方面皆廣為流傳運用（轉引自張錫輝，2003，頁 67）。

2. 德懷術主要的實施步驟

德懷術近年來在教育指標建構的應用上已相當廣泛，其主要的實施步驟歸納如下：

(1)參與者樣本選取

為使所獲得結果具有效度，德懷術參與者應為具代表的專家。Delbecq（1975）即認為參為參與者應具備的特質包括對問題的了解、擁有豐富資訊與人分享、參與熱忱、認定所提供資訊確有利於結果等。Lasac 與 Michael（1984）則建議選擇參與成員時應考量其背景，最好包含不同理念或地位的成員，以加強德懷術參與者的代表性。

至於樣本數部分，原則上宜採小樣本，一般而言，如為異質性小組以五至十人即可，如為同質性小組，則約十五至三十人。德懷術小組成員在十人以上時，群體誤差最低，可信度大（Dallkey, 1969; Delbecq, 1975），小組經確認後，聯絡時即應說明問題性質、實施程序、所需時間、協助及報酬事項，以促進參與者之合作與責任。

(2)意見提供（第一次問卷）

選定參與專家後，即以第一次問卷請參與者提供意見。為廣徵博議，

第一次問卷形式可為開放式或半結構式問卷，開放式問卷由參與者依據評鑑主題廣泛提供意見，以為設計第二次問卷的基礎；半結構式問卷則由研究者依據文獻設計，請參與者依所提供的量尺，評定各題項的重要性或優先順序，及提供其他意見與觀點。如以學校本位的藝術與人文之課程發展為例，第一次問卷可設計開放式問卷內容：

　　某某學校正在從事學校本位的藝術與人文之課程發展，請寫下您認為需要實施的項目。

(3)結構化問卷（第二次問卷）

　　依據第一次問卷之反映設計結構化問卷，請參與者依所提供的量尺，評定各題項的重要性，或提供其他意見與觀點；如第一次問卷即採半結構式問卷，則須檢附第一次問卷之群體反應（集中量數）與參與者反應，以為回饋參考或重為判斷依據。例如第二次問卷的設計方式為：

　　視導人員蒐集到老師、家長、行政人員對「學校本位的藝術與人文之課程發展」、「本校如何落實藝術與人文課程改革」、「本校應如何提升教師藝術與人文專業程度」等問題的意見後，予以歸納評析每位受試者的意見，寄給受試者，請其就不同的意見寫下綜合意見。

(4)達成共識（第三次問卷）

　　第二次問卷回收後，研究者必須整理、分析，甚而修正問卷，計算每一題項所有參與者之集中量數（平均數、中數或眾數），並附該參與者前一次反應以為參考，由參與者填寫第三次問卷，參與者可改變或不改變原來的評定，但如果堅持與多數人不同意見，須說明理由。例如第三次問卷的設計方式為：

　　視導人員蒐集到每位受試者的綜合意見，製作一份所有參加者評定最多的意見。而後再寄給受試者，請他們思考每一項目的優先順序。而後再設計第四次問卷：

　　視導者蒐集及計算受試者評比的平均數及頻率，再依第三次問卷的程序寄給受試者，作最後的評比直到清楚的優先順序評定為止。換言之，達成共識的步驟為：

　　研究者回收第三次問卷後，同樣的必須整理分析並附所有參與者集中量數與該參與者前一次反應值以為參考，請參與者填寫第四次問卷，以此

類推，反覆實施，直至達成共識為止。一般大約四次，但如果第一次即採半結構式問卷或結構式問卷，有時三次即可達共識。

德懷術雖以問卷為工具，然而其問卷係為使專家意見在無威脅的情境中表達而使用，其意旨仍在專家觀念的彼此充分溝通，因此其指標建構屬性應是屬質的方法（修改自張錫輝，2003）。

3.德懷術的優點

德懷術在企業、科技、商業、政策釐定等各方面皆已廣為運用，在實際應用上有其優點，茲將優點條列如下（轉引自張錫輝，2003，頁70）：

(1)填答者以書面方式提出個別的觀點，可蒐集不同的意見。

(2)以文字敘述方式回應問卷，讓填答者能認真思考，並提出較明確的、高品質的意見。

(3)基於匿名原則，使填答者免於受到社會性壓力的影響。

(4)對於個別的觀點和判斷，不做任何加權處理的單純統計，有助於促進參與者的平等性。

(5)德懷術的過程傾向以結束時所達成的共識作為結論，能減低研究結果的誤差。

(6)能獲得不同背景專家的判斷及看法。

4.德懷術的缺點

(1)僅能得知專家的評估結果，無法深入探討原因。

(2)研究時間過於冗長，通常需要三至四次的問卷調查，易造成樣本流失。

(3)不同專家小組若堅持己見，則研究會因意見整合困難而難以進行下去。

(4)研究者本身的資料處理能力對研究結果影響甚巨，若解釋不當及歸納偏誤，將導致錯誤的研究結果。

四、具有分析組織需求的技能

視導人員需具備分析組織的需求（analyzing organizational needs）的技

能,其方法有因果圖(魚骨圖)、流程圖等。

(一)因果圖(魚骨圖)(Cause and Effect Diagrams)

　　魚骨圖(fish-bone diagram)係專為協助小組或是管理人員列出大量可能導致某種結果設計的圖表,其目的有三:其一為確認和解釋某種結果或原因;其二為判斷有關結果或問題的原因;其三為確定過程中發生變化的原因。視導人員可使用此種方法於行政問題或教學問題的探討,例如:了解課程發展無效率的原因,一般而言,有四個被認為是無效率專業的發展原因:(1)計畫不良;(2)低品質全體員工發展;(3)對方案支持度不足;(4)不令人滿意的方案評鑑。(Glickman, 1998, p. 224)

　　計畫不良包含的無效率因子為:(1)沒有老師參與規劃;(2)未基於教師需求提出方案;(3)缺乏不同年級、學科內容及專門領域的替代方案。

　　就低品質全體員工發展而言有:(1)參與老師太多;(2)外聘的講授者不了解學校文化,也不了解計畫目的;(3)每次的工作坊互為獨立,彼此無關聯;(4)演講內容太抽象,以致不能引起老師興趣。

　　就對計畫的支持度不足言:(1)缺乏購買教學材料的基金;(2)教師未獲足夠的支持將研習所得的新觀念應用在教室中;(3)沒團隊解決問題。

　　就不適切的計畫評鑑言:(1)評鑑的格式與研習內容不相干;(2)評鑑所問的問題空泛,教師未充分了解問題;(3)沒有做計畫的修正;(4)缺乏資料分析;(5)缺乏報告。魚骨圖畫法及無效率專業發展原因圖如圖 5-1 及 5-2。

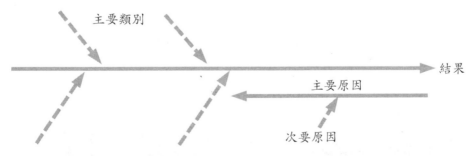

圖 5-1　魚骨圖畫法

資料來源:http://www.pdqa.gov.hk/tc_chi/qa/tools/tools_cause.php

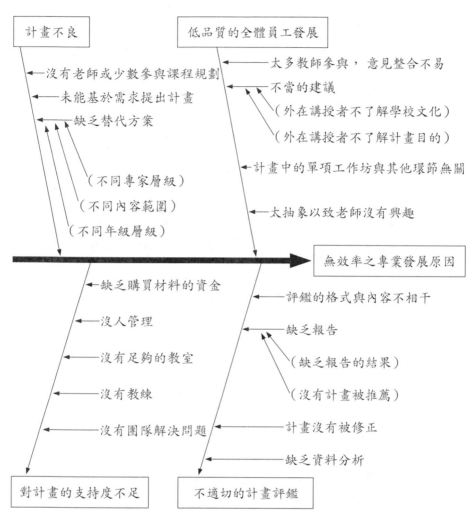

圖 5-2　無效率專業發展原因的魚骨圖（因果圖）

資料來源：Glickman, et al.（1998）. *Supervision of instruction*. p. 225.

㈡流程圖（Flowcharts）

　　流程圖的功用能作為回顧一個工作或案例的步驟的過程。圖 5-3 顯示一個違規學生被送到辦公室，直到學生再返回班級的例子。

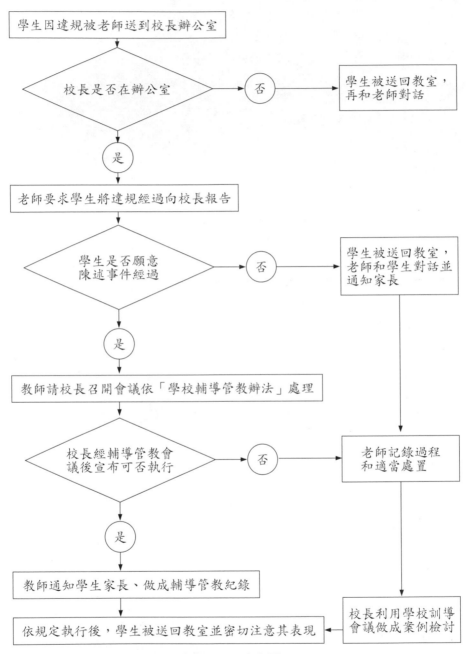

圖 5-3　流程圖

資料來源：修改自 Glickman, et al.（1998）. *Supervision of instruction*. p. 227.

(三)柏拉圖（Pareto Charts）

　　柏拉圖可以說明某項問題造成的衝擊因素，提供計畫者訊息，以幫助他們排定優先順序和分配資源。圖 5-4 說明一個大學生離校諸多原因的百分比柏拉圖，此項資料對於學校擬定中途退學生的預防計畫，是非常有價值的。

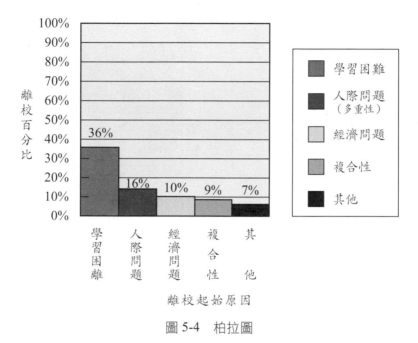

圖 5-4　柏拉圖

資料來源：修改自 Glickman, et al.（1998）. *Supervision of instruction*. p. 228.

(四)散佈圖（Scatter Plot Diagram）

　　散佈圖又稱相關圖（Correlation Diagram）。散佈圖能夠顯示出兩變項的直接關係，通常是要看他們是否有相關性，也就是更動一個變項會牽動另外一個變項。如果兩個變項顯示有關連性，則某個可能變項會影響另外一個變項。然而，這也不盡然是真，因此，做結論時一定要慎重。當某因素增加而另一因素也跟著增加，我們稱之為「正相關」（positive correlation），例如，高中學業成績愈好的學生，大學基測的成績也愈好；而若是一者的增加會造成另一者的減少，則叫做「負相關」（negative correlation），例如，練習打字的時間愈多，錯誤的次數就愈少；如果兩變項之中，一個變項分數的高低和另一個變項分數的高低沒有相關，則此兩變項的相關零相關（zero correlation），例如，智力和體重的相關就是零相關（郭生玉，1998，頁252）。圖5-5散狀圖A即零相關；而圖5-6散狀圖B即呈正相關。

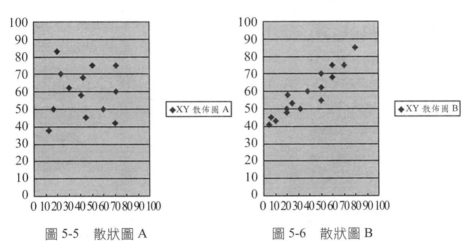

圖 5-5　散狀圖 A　　　　　　　　圖 5-6　散狀圖 B

資料來源：Glickman, et al.（1998）. *Supervision of instruction*. p. 230.

參、評估技能在教學視導上的應用範圍

　　筆者以為評估的技能主要應用在新方案的推動上，當然新方案包括許多視導人員每天對需作決定的事項，例如：(1)引用何種課程？(2)採用何種教科書？(3)是否辦理營養午餐？(4)是否成立教學資源中心？(5)是否增班？是否減班？等需視導者作決定「該不該做？」或「該如何做？」的問題。

　　視導人員在評估時，需要蒐集「客觀」及「主觀」的資訊。客觀的資訊，諸如：建築、設備、預算、教師、專業能力、學生數目……等不會因人而變化的東西；主觀的資訊，例如校風、老師的意願、看法，學生的意願看法，家長的意願看法等。蒐集有意義的資訊後，視導人員需有足夠的

專業知識，才能看出、嗅出、感覺出問題之所在，進而作成專業判斷。

第二節　計畫的技能

　　所謂計畫（planning）是一個團體為達成其共同的目標，先期運用集體的智慧，以邏輯的思維程序，蒐集有關資料，選擇最佳可行方案，釐訂工作方法，劃分進行步驟，分配各級責任，律定協調關係，並有效運用各種資源的一種準備過程（邢祖援，1984）。

　　視導者針對方案進行需求及優先順序評估後，接著需擬定計畫。一般而言，計畫的內容隨著計畫型態的大小而有不同，包括國家層級的「鉅觀」計畫及校內層級的「微觀」計畫，「鉅觀」計畫的內容架構包括：計畫緣起、計畫目標、計畫項目、執行要項、執行內容、實施時程、經費需求、執行要點、預期成效等九項；而「微觀」計畫的內容格式較為簡易，包括：實施目標、實施策略、執行要項、經費需求、及考核評估等五大部分（鄭崇趁，1995，頁 46）。一個計畫的目標應是 SMART 的組合。即：(1)具體的（Specific）；(2)可測量的（Measurable）；(3)可達成的（Attainable）；(4)合理的（Reasonable）；(5)有時間性的（Timetable）。

　　而視導人員究需具備哪些計畫的技能？Glickman 等人（1998）認為宜包括四項技能：(1)善於使用影響分析圖（Impact Analysis Charts）來分析影響因素；(2)善於運用目標管理（MBO）來設定目標；(3)善於使用甘特圖（Gantt Chart）來檢核工作的進度；(4)善於運用計畫評鑑術（PERT）來分析複雜的活動等技能，茲分述如下：

壹、影響分析圖（Impact Analysis Charts）

　　通常，在計畫過程中，計畫者要先確認某方案潛在的影響或變化將影響哪些人和影響哪些事，以及影響的程度，亦即先建構影響分析圖，影響分析圖能幫助計畫者在計畫過程中，產生清晰的「概念圖」範圍，影響分析圖也能幫助計畫者在正式計畫中，深入思考計畫中可能被忽略的項目，包括目的、活動和評鑑等程序。在圖 5-7 中Δ代表修改的閱讀課程將衝擊「人」和「事」，□代表預估發生的效應。

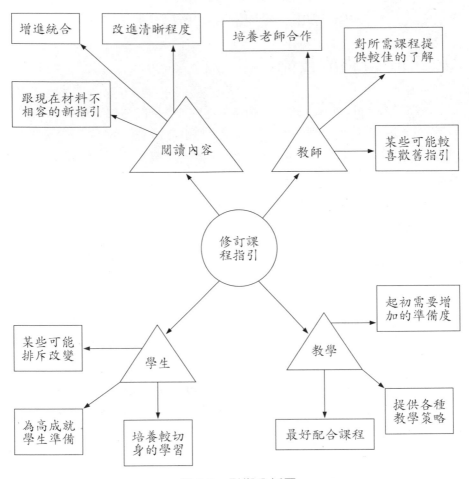

圖 5-7　影響分析圖

資料來源：Glickman, et al.（1998），p. 231.

　　筆者以為：作決策者在擬定計畫及做決定時，務須就計畫影響的層面、
影響時間的長短等作深入的分析，否則將衍生不易預期的結果。例如：師
資培育多元化政策，取消公費生制度，廣設教育學程，造成今日教師過剩，
供需失調的社會問題，如能事先作影響分析，有限度的開放，其所造成的
衝擊可能不至於像今日那麼嚴重。

貳、目標管理（Management by Objectives, MBO）

　　目標管理係在 1954 年由 Peter. F. Drucker 在其名著《管理實務》一書中所提出的觀念，倡導自我控制，故又稱「整體管理」或「參與管理」。它是一種最新的管理哲學，同時也是一種計畫與控制的管理方法，它是由機關的上下級主管人員共同設定團體及各部門的目標，使各部門的目標相互配合，並使各級主管產生工作的動機，最後能有效達成團體的共同目標的一種管理方法。目標管理的實施方法包括四個步驟：

一、實施前應有的準備

　　㈠要先得到高階層人員的理解和支持。

　　㈡將機關的利益與人員的利益結合起來。

　　㈢培養員工的團體合作的精神，使員工認識團結的重要及具有整體觀念。

　　㈣使管理者充分了解目標管理的優點和作法。

　　㈤培養幹部的「計畫、執行、考核」的習慣。

　　㈥建立有系統的溝通與聯繫制度。

二、設定目標

　　這是目標管理最重要的一部分，如果機關沒有目標，員工就會失去工作努力的方向，目標是機關一切活動的指標，所以如何設定目標，對於目標管理的實施最具影響。

　　目標管理是融合個人目標與組織目標於一體的管理方法，所以組織應先設定總目標，再由總目標產生分目標，並依組織的層級發展下去，一直到達最基層，這樣便形成了「目標網」，「下級機關為完成分目標而使用各種有效方法。而分目標之達成，亦將是造成總目標的實現。」它可以使全體工作人員都了解本身的工作與整個組織的關係，以及個人利益與機關利益相結合的情形，進而促使全體人員的努力都集中在整體目標完成方向。

三、目標管理的執行

目標管理在執行過程中應有定期的進度檢討，在進度報告中應分析預定目標與實際績效的差異，並應召開會議上下溝通以了解差異原因，俾適時尋求解決之道。其中對於受外在不可抗力因素影響的項目，應准予修改目標。

但以往外在不可抗力因素對目標達成之影響情形不易認定，且無法精確加以計算。而且在修訂目標時除了考慮以往不可抗力因素外；亦應考慮未來之時段中可能遭遇之各種衝擊，如環境之變化等。而此亦為不易精確預測及計算，故在修訂目標時如發覺這些問題，仍應比照目標設定方式，上下溝通才行。

四、成果評價

就工作成果與人員的工作潛力加以評估之，並據此作為設定下次目標的重要參考。如果目標都能達成，則下一次將目標稍微提高一些，反之，則上司與部屬共同檢討原因，重新修正。

目標管理是要求組織內的每一個人、各級單位全力的配合公司目標，對於份內工作自行設定目標、決定方針、編訂進度，並力求達成，然後自行檢討、評核成果，以作為下期設定目標的參考。週而復始循環、永不停止。

簡而言之，目標管理包括四項要素：(1)目標是什麼？(2)何時去做？(3)由誰去做？(4)成功的指標是什麼？此外，視導人員需思考達成目標的步驟及所需的時間，茲以改進小學閱讀課程指引之計畫為例，說明如表 5-5。

表 5-5　改進國小閱讀課程指引之計畫

---

1. 目標

　　先敘述整體的目標，例如：「更新課程指引，以滿足學生的需求」，經需求評估後，由所有參與研習的老師決定目標管理，例如：「在民國九十五年五月二十日以前，所有參與研習的老師有能力使用新課程指引，撰寫每日課程計畫」。

2. 活動

　　為達成上述目標，需設計有關活動。例如，每一年級派二位代表老師研習課程指引，記錄擬改變的內容格式，在九十四年十二月一日以前送給課程委員會，而後由課程發展委員會就擬改變的課程指引格式再審查，撰一份新格式作為所有年級使用的樣本。活動時間的掌握可使用甘特圖（Gannt Chart）說明之。

3. 課程

　(1)視導人員在第一次會議中說明工作重點。

　(2)要求學年主任選派代表的老師。

　(3)將問題提供給代表的老師，作為說明之用。

　(4)與教師代表共同評審他們的實施過程。

　(5)在九十四年十二月一日召開課程發展委員會議。

　(6)在九十四年十二月三十一日由課程發展委員會辦理新課程指引使用說明會。

4. 資源

　　說明每位老師所需的資源，如果每位老師需 5,000 元，則需 60,000 元

資料來源：修改自 Glickman, et al.（1990）. *Supervision of instruction*. p. 217.

參、甘特圖（Gantt Chart）

　　甘特圖是亨利・甘特（Henry L. Gant, 1861-1919）所設計的一種計畫與進度相互比較的工作計畫進度管制表。在表上標明工作項目與時間，而以粗線（或以顏色表示）代表各該工作項目原定的起迄時間，並以細線（或與預訂計畫不同的顏色表示）代表實際工作進度。因此吾人可將各工作項目的預訂計畫起迄時間與實際工作進度作一比較，而了解實際工作進度是否超前或落後（轉引自張慶勳，1995，頁 157）。

甘特圖的優點是簡明易懂，但其缺點則是：

一、不能表示整個計畫中各作業間之相互關係。亦即從甘特圖中看不出哪些是先行作業，哪些是後續作業，哪些是平行作業。

二、不能顯示哪些作業是完成整個計畫的瓶頸或問題癥結所在，以便吾人能特別注意並設法解決之。

三、未能顯示何種作業不能耽誤、何種作業可以耽誤而不致於影響計畫的完成。

四、未能讓吾人在書面上根據主觀和客觀的條件，機動地計畫和安排工作的進度（謝文全，1989，頁164）。

簡言之：甘特圖是一個簡易圖形，涉及完成整個工作時，描寫每一活動的開始日期和完成日期，像圖5-8修訂課程方針是被放在左手邊，每一活動的開始日期和完成日期是以黑色實線橫過時間線，視導者在任何時間能檢核計畫的進度和留意工作情形。茲擬就課程修訂工作進度之甘特圖如圖5-8。

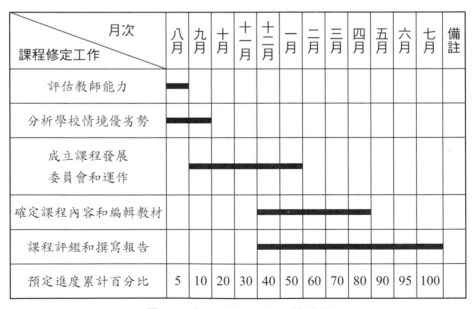

月次\課程修定工作	八月	九月	十月	十一月	十二月	一月	二月	三月	四月	五月	六月	七月	備註
評估教師能力	▬												
分析學校情境優劣勢	▬												
成立課程發展委員會和運作			▬▬▬▬										
確定課程內容和編輯教材					▬▬▬▬▬								
課程評鑑和撰寫報告					▬▬▬▬▬▬▬▬▬▬								
預定進度累計百分比	5	10	20	30	40	50	60	70	80	90	95	100	

圖 5-8　課程修訂工作之甘特圖

資料來源：作者自己整理。

肆、計畫評核術（Program Evaluation and Review Technique, PERT）

本法常用來安排大型、複雜計畫的專案管理方法。是一種規劃專案計畫（project）的管理技術，它經常被發現結合目標管理（MBO）和甘特圖來運作，它利用作業網（net-work）的方式，標示出整個計畫中每一作業（activity）之間的相互關係，同時利用數學方法，精確估算出每一作業有最低限的時間、經費、人力水準及資源分配。

計畫者必須估算：在不影響最後工期（project duration）的條件下，每一作業有最低限的時間，何種作業是工作上的瓶頸（bottle neck），並據此安排計畫中每一作業的起訖時刻（scheme），以及人力與資源的有效運用。PERT 的內容包含了「管理循環」中的三個步驟：計畫（planning）、執行（doing）和考核（controlling）。茲就計畫評核術的意義、步驟、功能及限制、實際應用之例等項下列說明之。

一、意義

計畫評核術亦稱工作評估法，它是一種應用網狀圖理論發展而成之規劃管制技術，要推行某一業務之前，應有周密的設計，依此設計而訂出一完整之計畫，其主要內容為以網狀作業圖作為整個制度的中心，使用箭線、結點、數目符號、文字繪製網狀圖以表明之，並指出每一工作間的相互關係及程序，然後再就各項工作或活動所需的時間加以估計，設定其樂觀時間（Optimistic Time, To）、最可能時間（Most-likely Time, Tm）及悲觀時間（Pessimistic Time, Tp），訂出合宜的「期望時間」（Expected Time, Te），其公式為：

$$Te = \frac{To + 4Tm + Tp}{6}$$

再就此進度表和作業網圖配合成「管理圖表」，以為執行及控制整個工作計畫的基本手段。

163

二、步驟

在實施計畫評核術時，通常採取以下的步驟（修改自謝文全，1998，頁 139-163）：

㈠決定計畫及其目的。

㈡分析並確定完成計畫所需的作業。

㈢決定各作業間之相互依賴關係。

㈣繪製網狀圖。

㈤就網狀圖加以檢討修正，並估計完成各項作業所需的時間：

　　1.各步驟是否必要？可否省略？

　　2.各項作業的順序及彼此關係是否適當？

　　3.是否有限制條件，需以虛線表明或加註者？

　　4.進行時間的估評：通常採取三時時間估計法。

　　5.樂觀時間：即每一作業在高效率及最好情況下進行工作所需的時間。

　　6.悲觀時間：即每一作業在最壞情況及低效率下進行工作所需的時間。

　　7.最可能時間：即在正常情況及效率下進行作所需的時間。

㈥計算時間並求出關鍵路線，亦即所需工作時間最長的路線，在圖形中以粗線或其他醒目方式表示之。

㈦估列所需費用與配當所需資源。

㈧製成行事曆。

㈨編印已定案的網狀圖並分發各有關單位實施，同時分別規定各有關單位的任務及應辦的協調事項。

㈩考核執行進度並機動調整作法，以確使計畫如期完成。

簡言之，即：

㈠擬定計畫（planning）：繪製作業網圖及估計作業時間。

㈡安排日期（scheduling）：就完成各作業的時間作適當的調配，勿使過長或過短。

㈢追查工作進度（follow-up）及控制（control）：使原訂計畫照預期

實現。

三、功能及限制

計畫評核術的直接功用，是可以選擇方案、計畫進度、分配預算、控制成本、分配人力和再計畫等。間接功能則在培養行政工作人員對工作的規劃，能夠有條理、有步驟、知所先後和了解相互配合的關係，如此可藉以訓練行政工作人員科學辦事的精神和方法。

然而，計畫評核術在實際應用時也有其限制，例如：

㈠計畫評核術對於重複性及例行性的工作，績效不大。最好是應用於非重複性的工作，即在一定時間內，不再以同樣方式做相同的工作，或以前未曾做過，而將來也不再做的一次完畢的作業，例如，籌備一項重大會議、設計一件工程、研究一項工作等。

㈡計畫評核術並非管理的萬靈丹：它能顯示工作關係，但不能解決工作關係；它能說明品質管制的程序，但不能執行品質管制；它能指出需要加強管理的部位，但不能自動解決該項問題；它只知如何處理意外事件，但不知如何防範意外事件。

㈢計畫評核術為管理工具之一，並不能代替所有的管理工具。此外，該種技術也不能代替明智的判斷，而須依賴明智的判斷，去作為一個有效的管理工具。

總之，計畫評核術雖有其缺點，但此種技術有助於目標管理的實施。如計畫評核術的的應用首先要求釐清目標，而網狀圖又能明白顯示個別與整體作業間的關係，使工作人員明白本身的工作目標與整體目標間的相依關係。而工作人員一旦能從圖中了解本身工作在整體計畫中的地位時，便易自我管理，按時完成任務。因此，對於工作進度的追蹤與管制，其是一種良好的檔案資料，具有使用的價值（蔡培村，1995，頁159）。

四、實際應用之例㈠——修訂課程指引

領導人員首先需思考修訂課程指引所需的工作項目及活動，其次就工作項目的關係及程序，以及所需的時間加以估計，擬訂網狀圖如圖 5-9。

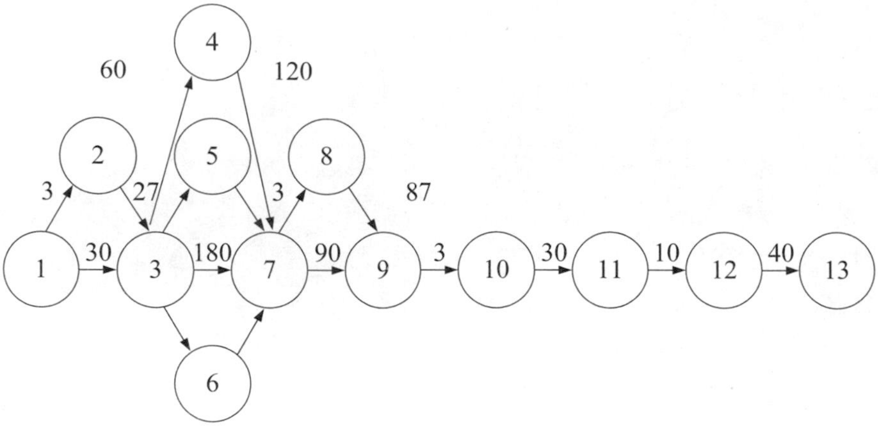

圖 5-9　網狀圖：以修訂課程指引為例

資料來源：Glickman（1990）. *Supervision of instruction*. p. 234.

（註：箭號上的數字代表工作日數）

㈠評估教職員、學生、家長之需求及諮詢人員之需求評估。

㈡選擇學年代表撰寫課程指引的備忘錄（notation）。

㈢召開課程委員會會議，以分工合作方式，撰寫指引之格式。

㈣課程委員會提出指引之格式。

㈤能力本位教育負責人提出格式。

㈥資源中心主任提出格式。

㈦課程委員會就課程指引格式加以決定。

㈧選擇四位老師在諮詢人員的指導下，重新撰寫指引。

㈨課程委員會檢驗並確認新的指引。

㈩課程委員會擬訂在職進修計畫。

(十一)實施在職進修計畫。

(十二)課程委員會觀察老師進修之士氣及計畫之周密性。

(十三)觀察老師撰寫課程計畫。

五、實際應用之例㈡某國民小學籌辦運動會之例

實施計畫評核術（PERT）以某國小籌辦運動會為例，其步驟之分析如表 5-6。

表 5-6　某國小籌辦運動會之計畫評核術表

<table>
<tr><th>序號</th><th>步驟</th><th>工作重點</th></tr>
<tr><td>(1)</td><td>確定計畫或工作所需完成之任務或目標</td><td>籌劃辦理運動會事宜。</td></tr>
<tr><td>(2)</td><td>析列事件、步驟或工作單元</td><td>①通過辦理運動會之決定；②發出邀請卡；③佈置場地；④開幕儀式；⑤閉幕儀式；⑥開檢討會；⑦獎勵相關工作人員。</td></tr>
<tr><td>(3)</td><td>繪製成網狀圖</td><td>如附圖 5-10（請參閱本書 p.169）
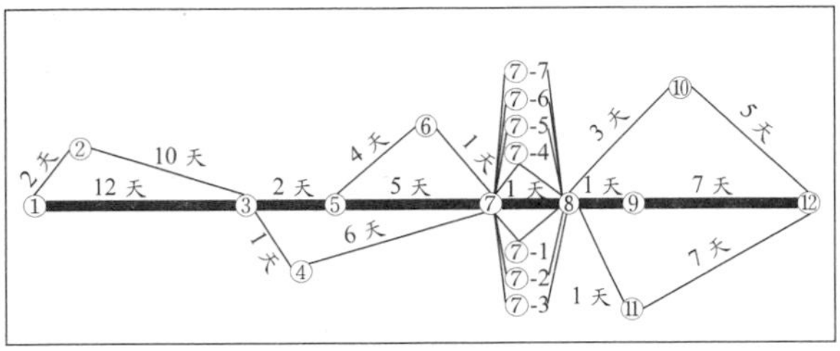
①在校務會議中通過辦理運動會之決議，主計編列預算並由教導處（六班之小學）規劃教職員工在本次運動會之分工執掌。
②班級預定呈現節目之排演。
③發出邀請函。
④各項相關物品之採購。
⑤會場佈置。
⑥音響設施之安置。
⑦開幕儀式：
⑦-1 進場　⑦-2 班級表演節目
⑦-3 大會舞　⑦-4 趣味競賽
⑦-5 田賽　⑦-6 競賽　⑦-7 頒獎
⑧閉幕儀式。
⑨檢討會。
⑩主計進行決算。
⑪歸還物品或歸定位。
⑫工作人員獎懲或考核紀錄。</td></tr>
</table>

（接下頁）

（承上頁）

(4)	對網狀圖之修正	①各步驟是否為必要	是。
		②作業順序關係是否妥當	是，第一個步驟，宜分成三項步驟加以敘述。
		③是否有條件限制	有，若遇雨天，則從③起將受延誤，寬裕時間不會超出 15 天，（經驗法則）一般雨天不會超過此日數。
		④時間評估	TE（期望時間）＝TP（樂觀時間）＋4TM（4 倍之可能時間）＋ TP（悲觀時間）÷6。
		⑤樂觀時間 TO	例如：班級節目排演，在級任指導下，最低限度五天可以完成學生學會和達熟練之程度。
		⑥悲觀時間 TP	例如：班級節目排演，在級任指導下，最差可在十五天完成熟練。
		⑦可能時間 TM	例如：依經驗可在十天完成。
(5)	緊要路線，以粗線標示之		
(6)	估列所需經費與配置資源		經主計估算約 72000 元，由學生活動費項下支應 10000 元，餘由家長會費支付；音響設施請本校義工無償支援。
(7)	確定方案之後，確認辦理之時日		開幕以 12 月 1 日（星期四）為宜，一週前上網站觀看一周天氣預測，掌控發出邀請函的時間。
(8)	各單位審核預算之可能性		11 月 30 日前召開各單位主管之行政會議，回報預算經費之可能性估算。
(9)	編印網狀圖並分發各單位教職員工，注意各單位任務和協調事項		①請注意各教職員之應辦事項依行政分工執掌表執行。 ②請教導主任於籌備會結束後即編寫分工執掌表。 ③利用每週教職員晨會中召開協調會。
⑩	考核執行進度，機動調整實施做法，在計畫日期內完成		①編排檢討會議。 ②確立獎懲辦法，以追蹤執行進度。

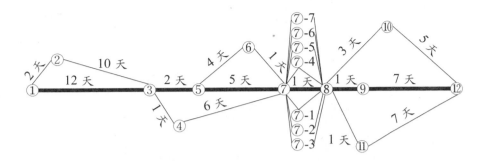

圖 5-10　網狀圖：以某國小籌辦運動會為例

資料來源：王校長瑞輝提供，作者整理。

伍、結合評估和計畫的模式——策略性計畫

一、策略性計畫的意義及步驟

　　教育計畫有所謂策略性計畫（strategic planning）及實作性計畫（operational planning）。前者係指「做出好事情」，後者則指「把事情做好」。在策略性計畫的階段中，側重未來的規劃，計畫者應先研判學校發展的方向。例如：「我們的學校應該做些什麼？」在實作性計畫的階段中，側重現況的執行（轉引自張清濱，1992，頁 85）。

　　策略性計畫的擬定主要是因應外部環境的改變，例如英國學者Lumby，在其〈擴充教育的策略性計畫〉一文中提及，英國各高等學府為因應生存競爭，紛紛擬定策略性計畫，以做市場區隔。英國擴充教育經費委員會於1997 年出版的公報（Circular），主題在探討高等學府的策略性計畫，分析自 1994 年至 1996 年這三年期間所受到不同外部和內部環境的影響，高等教育經費委員會（The Further Education Funding Council, FEFC）建議策略性計畫的內容應包括六步驟：大學的任務；需求分析；為期三年的策略性計畫綱要；針對學生來源及資源提供所作的精密分析；擬定為期十六個月的經費運作預估的具體說明；支持策略性計畫所需的學生及資源的數據資訊（Lumby, 1998, p. 94）。其他學者（Cook, 1990; Kaufman, 1992）認為策略性計畫應包含九步驟，有效能的視導人員為導引學校未來的發展，應做

有關達成策略性計畫有效方法的決定，將評估和計畫互相結合，擬定更精細的策略性計畫，本文引用 Cook（1990）及 Kaufman（1992）九步驟的觀點，茲說明如下：

　　㈠確認共同信念。

　　㈡確認組織的願景。

　　㈢確認組織的任務。

　　㈣形成政策。

　　㈤控制外部分析：考慮機會（opportunity）與威脅（threatness）因素。

　　㈥控制內部分析：考慮強勢（strength）與弱勢（weakness）因素。

　　㈦陳述目標。

　　㈧發展和分析替代措施。

　　㈨設計行動計畫。

二、策略性計畫的實例

　　茲以某國民小學學校本位課程發展（School-Based Curriculum Development）之策略性計畫為例，依照九個步驟加以簡述之：

　　※問題之情境：政府頒布九年一貫課程綱要之後，各國中小莫不加速課程改革之腳步。本案例所提之國小位居雲林縣之鄉間偏遠地區，全校共六班，學生一百人左右，教職員工十三人，家長社經地位普遍較低，學區之教學資源缺乏。該國小為遵照全國一致性的教育政策，建構該校最佳的課程圖像，因而進行課程發展之行動研究。

　　※課程發展之策略性計畫之九個步驟：

㈠確認共同信念

　　課程改革之具體作法乃在於課程權力之下放，學校需要邀請教育夥伴共同協商和對話，確立學校發展之共同願景，以追求共同願景為目標，進行學校情境之分析，並調整內部行政組織之運作，配合課程行動研究，以建構該校最適切的本位課程，實現共同之願景，達到課程改革之目標。

(二)確認組織的願景

　　該校為彰顯創校迄今的傳統優良事蹟和文化，利用一至二個月的時間進行學校願景之蒐集和歸納，簡化成易懂淺近的詞語：「健康、快樂、發展」，並和傳統的優良事蹟、文化之特點相契合，使願景目標成為課程發展之動力和行動目標。

(三)確認組織的任務

　　匯集校內外之力量和智慧，發展該校最適切的課程圖像，並透過行動研究的過程，落實課程改革之目的。

(四)形成政策

1. 了解行動研究之作法，以利組織運作和課程發展的具體作法。
2. 確定問題的性質和解決問題的策略。
3. 聘請課程專家學者、家長、學生代表、協同研究者等人，建立研究之夥伴關係，以利課程發展之對話、協商、資料蒐集和研究。
4. 以文獻探究、資料蒐集分析和解釋、調整組織運作、行動研究循環和結論撰寫作為課程發展的步驟。

(五)控制外部分析

1. 威脅點：該校未有課程發展之經驗、偏遠地區教師服務異動性較大。
2. 機會點：利用政府推動課程改革之際，帶動教師務必在職進修，提升課程發展之可能性。

(六)控制內部分析

1. 優勢：教師平均年齡在三十歲左右，肯學習能吃苦，能有效蒐集課程教學之參考資料，班級學生數較一般學校為少。
2. 劣勢：人員少，經費不足，發展課程和編製教材實有困難，教師之工作負擔很大。

㈦陳述目標

1. 凝聚共同願景，聚焦於課程發展之上。
2. 透過組織運作，配合課程發展之研究。
3. 形成反思、檢核、溝通、協調和追求願景目標的校園文化。
4. 選擇一個學習領域，進行課程研究之具體行動，從真實作法中去領悟課程綱要之可行性和行動中的障礙，並向教育主管單位反映和建議。
5. 落實共同願景的內容，發展最適切的學校本位課程。
6. 教育夥伴因本項行動研究而獲得專業知能，該校教師因而成為真正的教學實務專家。

㈧發展和分析替代措施

1. 教師數少，故研究中之教學者和協同研究者重複分配職務，一人擔任數種角色。
2. 教師中無較擅長行動研究取向者，由校長擔任研究者兼課程發展領導者。
3. 印刷教材需大量經費，如無法獲得經費補助時，由校長自付為原則。
4. 研究中不斷進行校內週三進修，以提升教師課程發展之能力。

㈨設計行動計畫

1. 利用行動研究之循環流程，確立解決問題之模式。
2. 建構研究夥伴關係，以尋找解決問題之有效策略。
3. 由研究夥伴、協同研究者擔任資料蒐集和分析，以解釋課程之圖像。
4. 形成結論、發表書面資料並向有關單位進行方案之建議。

　　基上所述，策略性計畫確係一項可供規劃未來學校和社區發展計畫（從巨觀計畫看）或特殊的事件探究的技術（從微觀計畫）。然而，在建構學校策略計畫時，必須注意到學校應配合區域的信念、願景、任務和政策，此四階段必須是一致的，至於特殊的事件探究計畫，其步驟先從建構組織存在的信念、願景、任務和政策，而確實的探究計畫在第五階段可以考慮應用和加以深入探討和分析。

陸、視導人員運用計畫的技能時宜留意的問題

一、視導人員宜記得計畫是一種手段，並不是一種結果，計畫是有彈性的，可以因人、因時、因事、因地、因物而制宜。例如：許多六班規模的國民學校由於教師數偏少，因此，面對課程發展工作時，工作計畫中執行的項目和大型學校教師偏多的工作情況也大同小異，故在窘困的情境之下可用替代方案進行，無法和大型學校相提並論。

二、視導人員在訂定計畫的目標或績效的目標時宜遵循 SMART 的原則（轉引自張淑美，1995，頁 441）：明確（specific）、可衡量（measurable）、可達成性（achievable）、實際可行的（realistic）、有時間限定（time-bound）等五項訂之，茲說明如下：

　　㈠明確（specific）：是指明確的工作項目。如「教師能依課程單元性質使用不同的教學方法」比「改進教學方法」更為明確。

　　㈡可衡量（measurable）：是指可以數量、進度等方面加以評估，如「每個月召開一次災後重建會報」。

　　㈢可達成性（achievable）：指目標或工作事項是可以達成的，不宜流於口號。如「嚴禁學生飲用垃圾食物或飲料」，宜改為可達成的「學校員生社除販售礦泉水外，嚴禁販售任何食物或飲料」。

　　㈣實際可行的（realistic）：如「舉辦法治教育系列演講」。

　　㈤有時間限定（time-bound）：除了進度的掌握外，應明確規定工作事項的起訖時間，如於 2005 年 11 月 30 日以前完成。

三、學校是複雜的組織，其有關的計畫不一定是線性的、完全合於數理邏輯的推理，從一步推演到下一步的地方。故計畫頂多對學校未來發展或學校生活的方向提供一個指南。當事先計畫中的活動因狀況改變或出問題的狀況下，視導者和全體教職員應該有足夠彈性去做取代或替代方案，其最後目的是要達成目標，而不是非去執行一個情境已改變，預先決定的計畫不可。

四、視導人員在作計畫時，需先行蒐集許多「現在」的資訊及「未來」的資訊。現在的資訊可提供視導人員知道計畫的基礎何在，此一計畫的價值在於那些是目前可掌握的條件，而不是空中樓閣；未來的資訊可

提供計畫者預測的能力,知道此一方案執行時,學生、老師的數目、師生比例已成長到何種地步,而教育大環境包括政策、家長、設備、經費等已是什麼樣的面貌。這些都是視導者作計畫時宜留意的問題。

第三節　觀察的技能

「觀察」是教育工作者,教育視導者最常用,也是最易使用的一種技巧,對於蒐集資料,發現問題,進而解決問題,扮演很重要的角色,本文茲分就觀察的基本觀念、目的、項目、類別、方法及其在教育視導上的應用等六方面加以說明。

壹、觀察的基本概念

觀察在表面上看起來是很簡單的一件事,其實是一件很不容易的事。國內學者郭生玉(2001)認為:觀察,簡單說,就是在自然的情境或控制的情境下,根據目的、對現象或個體行為作有計畫與有系統的觀看,並將觀察到的內容加以記錄,以便對觀察目的進行客觀的解釋(郭生玉,2001,頁170)。

依據此定義,可獲得以下三個基本概念:

第一、觀察研究可在自然情境下進行,也可在控制情境下實施,前者稱為自然觀察研究(naturalistic observation);後者稱為實驗觀察研究(laboratory observation)。但在教育視導上,一般比較常用自然觀察。

第二、觀察研究必須在有目的的指引下,有計畫和有系統的進行,而不是毫無目的和毫無系統的觀察。

第三、觀察進行時,必須隨時保持觀察記錄,並轉化成量數資料,以便能對所觀察到的現象或行為作較客觀性的描述與解釋。

英國學者 Nisbet(1977)指出:「觀察不是與生具有的才能,而是一種高技術的活動,需要廣泛的背景知識與理解,也是一種具有創造性思考的能力及理解重要事件的能力,它不是一件簡單的事。」根據 Webster(1974)在其所編的字典中,對觀察所下的定義為:

一、一種心智的活動。

二、一種再確認事實的藝術，通常可用工具測量出發生頻率。

三、依據一個人所見而加以判斷、推論。

　　在教育情境中，觀察一直面臨測量工具及推論的基礎等方面的問題，這些問題具體而言有三項：

一、我們是否需要利用外來的結構化工具，以便測量教室裡發生了什麼事？一個視導者可否用較主觀的，軼事記錄的方法來觀察？

二、什麼是我們對觀察到的教學行為（如學生行為、教師行動）作推論（好或壞）的基礎？

三、推論是否一定要建立在量化的數據上？一個視導者可以一個教室的感覺來下判斷嗎？

　　這些都是很複雜的問題，必須就觀察的程序，方法及選擇適用之觀察方式。

　　一般而言，觀察包括兩個程序，第一個是「描述」你所見，接著解釋它的意義。其實，我們的心靈往往根據以往的經驗，幾乎同時處理視覺的心像（image）並賦予此一心像之意義。但要特別注意的，就是不要只急著作「解釋」，而忽略了最原始的「描述」，唯有觀察者（如視導人員）與被觀察者（如老師）彼此雙方對於所發生的事件（如教學行為）建立共識，才能促進教師專業的改進。否則將徒增溝通上之難題並阻礙進步。

　　例如，一個視導者的目標是促進教師在教室管理、教學等能力，觀察是一個提供「資訊」的最佳來源。先描述你所看見的一切，提供這項訊息給老師，作為視導者與老師教學對話的基礎。若一開始就「解釋」將使你們之間的溝通無法持續下去，因為教師勢必用防禦、攻擊或抱怨的方式來阻斷彼此的討論。

貳、觀察研究的目的

　　觀察的目的很廣，它可應用於學術的研究，教室中的觀察、教師的評鑑、學校的視導及教師的訓練，茲簡述如下：

一、學術的研究

　　在三十年前，學校生活及過程的研究很少是學術研究的重點，心理學

家探索認知能力、行為的本質及發展，社會學家從鉅觀的角度研究教育的社會功能或者教育成就與社會結構的關係，直到1960年代Hargreaves（1967）、Lacey（1970）及 Lambart（1976）等學者接受人種誌的技術，使用參與的觀察，以探討學校中的社會過程，將造成教育成就的差異，觀察研究才逐漸在教育研究上被接受及受到重視。許多學者研究老師的文化及老師對學校生活的詮釋，如 Hargreaves（1967）接受參與觀察的方法，花費一年的時間在一所男性的現代中學，擔任某些課程的教學，觀察老師及學生的行為，佐以問卷及晤談的方式，探討能力分班與學生對學校態度的關係。結果發現被分發後段班的學生傾向反抗學校的態度，接受較低品質的教育，減少其成功的機會。其它如 Wragg（1993）使用觀察法以了解小學老師的教學技巧，最有趣的發現是小學老師對於教室管理及發問的技巧變異甚大。

二、教室中的觀察

觀察的技術可以作為教師從事行動研究（action research）蒐集資料的來源，教師可以是教室中參與的觀察者，使用札記及日記的方式記錄觀察教室中所發生的事情，也可以使用錄音、錄影等方式記錄教學的狀況。另一種情況，研究者或同事也可以觀察老師的教學，作詳細的描述，配合老師觀察的結果，以產生教室中教學詳細記錄，作為改進教學的參考。這種將觀察的技術由教育工作者實地應用在教室中的研究，源自以學校為中心的課程發展。英國學者 Stenhouse（1975）及 Elliott（1991）主張透過教室中的研究，忠實地檢驗教育的理論及實際，最常見的為使用行動研究的模式。

三、老師的評鑑

觀察的技術在教師評鑑過程也是蒐集資料很重要的技術，英國自 1986年通過教育法案後，規定老師的表現須定期接受評鑑，近幾年來，地方教育局及學校對老師每隔二年實施一次評鑑，評鑑的過程主要是觀察老師教室中的教學。Poster 及 Poster（1993）使用非評鑑式的觀察（non-evaluative observations），由評鑑者及被評鑑者共同發展評鑑的指標，應用於實地的觀察。再自我評鑑時，作為被評鑑者的諍友，彼此合作，觀察被評鑑者的教學行為，予以解釋及評鑑其表現。

四、學校的視導

觀察也可作為督學蒐集資料的最主要方法，以便對學校的教育品質作判斷。英國自 1992 年教育法案頒佈後，學校每隔四年被評鑑一次，督學直接觀察學校的活動及觀察教室中的教學活動，蒐集老師教學的證據，以判斷老師及學校的優、缺點，並給予評分，並判斷學校的教學品質。雖然將觀察法應用在觀察老師教室的教學，評定老師教學品質等第的作法，遭致若干的批評，唯目前除了晤談法、文獻分析法外，觀察法仍為英國教育標準局督學團使用的重要方式。

五、教師的訓練

觀察研究也使用在新進教師的訓練，目前英國新進教師的訓練，在學校實習的時間比在大學校院接受教育科目的時間多。新進老師在學校中實習，除了被觀察其教學行為外，亦有機會觀察正式教師的教學，這些都須使用觀察法。

參、觀察的項目

一般而言，觀察的項目包括老師的表現、老師的行為、學生的行為、師生的互動及學生間的互動等項，茲簡述如下：

一、老師的表現：觀察老師教學的準備及計畫、組織、環境的佈置、教學方法、教學內容、指定作業符合班級的需要、適應個別差異、教學進度、教學的連續性、解釋的方法、提出問題的方式、領導的方式、資源的使用、教室管理、師生關係、關心均等的機會、使用評鑑的方法、學習記錄等。

二、老師的行為：老師的行為是老師表現的部分，不時地觀察老師對待學生行為的方式、學生觀念及建議的接受、使用讚賞的程度、如何使用讚賞來鼓勵學生、不良行為的處理、如何鼓勵學生養成獨立性等。

三、觀察學生在教室中的行為：觀察學生回答問題或實作時的知識及技術、學生安心去做工作的方式、持續工作的程度（注意力）、學生合作完成工作的情形、獨立自主的程度、在教室中移動的方式、表達的能力、

傾聽的能力、詢問學生正在做的工作，以獲得更多的訊息。

四、觀察學生一般的行為：除了教室中的行為外，學生碰到客人是否打招呼，學生在校園中移動的方式，餐廳中的行為，對別人說話的方式，學生的表情。

五、觀察師生的互動：了解老師對學生的觀感、態度；學生對老師的觀感、態度，以及師生間交談的態度。藉由觀察老師如何處理學生不良行為，可以了解老師對待學生的態度。同時，藉由觀察老師使用鼓勵、讚許的言詞，及負面的言詞，也可作為評鑑老師對學生的態度。此外，老師對學生的期待也可以被觀察，特別是對於能力強及能力差的學生。

六、觀察學生之間的互動：學生之間互動的行為可以在操場、校園及教室中觀察，同學間彼此說話的方式，同學間在討論時對於其他同學所提的觀點的反應，同學間彼此互動的程度，同學對不同性別及不同種族的態度。

肆、觀察研究的類別

觀察研究的類別，按場所而分，有自然情境（natural settings）的觀察與人為實驗情境（artificial laboratory settings）的觀察兩種。另依結構而分，有結構性觀察（structured observation）與非結構性觀察（unstructured observation）兩種。所謂結構性觀察，係指依據進行研究前確定的目的，在一定程序之下，使用結構性觀察工具，觀察與研究目的有關的行為。至於非結構性觀察，及指在以人類學和社會學使用的田野研究（field study）最具代表性。

自然情境與人為實驗情境以及結構性觀察與非結構性觀察，可配合應用，形成四種方式的觀察類型（Bailey, 1987），如表 5-7。即完全非結構性田野研究（completely unstructured field study）、非結構性實驗分析（unstructured laboratory analysis）、結構性田野研究（structured field study）、完全結構實驗觀察（completely structured laboratory observation）。

表 5-7　依情境與結構區分的觀察研究類型（Bailey, 1987, p. 244）

	自然情境	人為實驗情境
非結構性	完全非結構性 田野研究	非結構性 實驗分析
結構性	結構性 田野研究	完全結構性 實驗觀察

　　至於研究者在此等研究類型中扮演的角色，以田野研究為例，約可分成如下四種（王文科，1990，頁 349-350）：

一、完全參與者（complete participant）：完全參與者真正的身分及目的，被觀察者並不知道。他盡可能地與被觀察者自然地交互作用。是以在任何事件中，他必須提醒自己的基本角色是觀察者，但留給被觀察者的印象，卻是一個十足的參與者，是以在參與活動中他都扮演著裝作角色（role-pretense）。但是扮演這樣的角色並非容易，因此田野工作者通常在完全參與期間或之後，須有一段冷卻期間才能發現屬於真正的自己，而能冷靜地且符合社會學要求地回溯自己的田野行為。

二、完全觀察者（complete observer）：與完全參與者比較，完全觀察者的角色屬於另一極端，他是一個完全與提供資訊者隔離的田野工作者，被觀查者因而不易察覺他們正在接受觀察，也因完全觀察者隔絕了被觀察者之間的交互作用。於是可能有誤解觀察事件的危險，甚至陷入我族中心主義（ethnocentrism）而不自覺。

三、參與者的觀察（participant-as-observer）：在這種角色中，研究者是完全參與接受研究的團體，但亦能深切體認自己正在進行一項研究。惟此種角色易引起社會的可欲性（social desirability），被觀察的可能不是整個研究的歷程，而是有關的一部分。

四、觀察者的參與（observer-as-participant）：此種角色常運用於一人訪問式的晤談（one-visit interview），與其他觀察比較，是相當正式的觀

察。承擔此種角色者雖確認自己是一個研究者,在社會歷程中與其他參與者交互作用,也不隱瞞自己參與者的身分,但是他與提供資料者的接觸簡短,也流於表面之虞,他較易誤解提供資料的看法。

至於研究者究宜採用何種研究類型為宜,則須視實際情境及研究需要而定。英國教育標準局的督學係進入教室中,坐在教室的一隅,使用量的觀察及質的觀察,實際觀察教師教學行為及學生行為,蒐集有關老師教學及學生反應,成就及進步的狀況等方面的證據並評鑑其等第,而後記錄於觀察記錄表(如表 5-8)。

表 5-8　觀察記錄表

註冊督學在教育標準局註冊的號碼		學校代號		觀察型態	
學生年級		分組情形		出缺席情形	
學科代號		自評情形		觀察的時間	
教師資格		課程型式			
觀察的背景					
等級　0 - 7 教學　☐ 反應　☐ 成就　☐ 進步　☐ 其他重要的證據				證據及評鑑	

伍、觀察的方法

就觀察結果之記錄是數量化或文字敘述,可以分成量的觀察與質的觀察。茲分別介紹幾種較常用於教育視導上的觀察。

一、量的觀察法

量的觀察法是一種計量教室事件、行為的方法，其中，「定義」及「分類」行為必須很精確，如何將事件或行為之表現轉換成量化的數據是很重要的一項工作，如此，才可使觀察的結果作為統計上的運用。

㈠記錄事件發生的頻率

若教育視導者的興趣或欲解決的問題，是在某一或某幾種行為，則可選擇此法，循著下列步驟來進行。

1.定義行為

將欲觀察之行為清楚定義，最好下操作性定義：即可觀察、可操弄、可量化之定義。如以教師行為為例，我們可以將教師行為分成「口語」及「非口語」：

(1)口語可分成：課程講解、提問、處理偶發事件、回答問題、說話的語氣、褒獎、讚美、責備、懲罰等或單向溝通、多向溝通等。

(2)非口語：可分成微笑、點頭、不悅、憤怒、無特別表情等或師生的眼神接觸、手勢、身體的姿勢等。

再者，如以學生的學術行為為例，我們也可以將其分為「專心行為」、「不專心行為」。專心行為可以分成：注視老師、書寫作業、與他人談論有關學習的工作。不專心行為可分成：東張西望、不做功課、與他人談論非學習的工作等。以上所列舉都是很好的觀察樣本，值得參考。

2.決定取樣的方式

多久的時間觀察一次？每次觀察多久？全部歷時多久？怎樣才能補捉到欲觀察行為的「近乎」全貌。例如觀察者可以隨機抽取十位學生，每隔一分鐘觀察一次。

3.設計記錄紙

最好以檢核表方式呈現，在非常緊湊又有限的觀察時間裡，能夠只要

作打勾或劃記的動作即可。

4.進行觀察

拿著記錄紙進入觀察場地，開始觀察前最好先經練習，更可靠的方法還要安排幾次有另一位觀察者和你一起觀察，以便求取觀察者間一致性係數（觀察者信度）。

5.計算

計算發生次數除以時間以推估此一事件之發生頻率。

㈡記錄物理空間

物理空間的記錄，通常被製成檢核表，以是或否的型態表示，表 5-9 為教室的設備表，表 5-10 為教室的環境：

表 5-9　教室的設備表

設備	有	無	數量
黑板	∨		1
講台	∨		1
講桌	∨		1
學生桌椅	∨		30
儲物櫃		∨	
投影機	∨		1
銀幕	∨		1
麥克風	∨		1
電視		∨	
放映機		∨	
垃圾桶	∨		1
冷氣	∨		1
風扇	∨		2
公佈欄	∨		2

資料來源：作者參考有關中小學設備，自行整理。

表 5-10　教室的環境

教室	有	無	不確定
1.牆壁塗鴉、污點		V	
2.老師展示作品	V		
3.學生展示作品	V		
4.老師展示的作品不超過四週			V
5.學生展示的作品不超過四週			V
6.老師的資源材料放在儲物櫃	V		
7.學生的資源材料放在儲物櫃	V		
8.教室地板的殘餘物		V	

資料來源：修改自 Glickman（1990）. *Supervision of instruction.* p. 233

　　通常在製作表格前，一定要先查閱部頒的設備標準並觀察其他同類型之空間，再針對檢核的需求，製成表格。到時只要拿設計好的表格到現場逐一打勾即可。備註欄則保留較大空間，可以僅載數量，亦可詳載質料、規格、廠牌或擺設位置。記錄物理空間的方法主要僅在了解現況，並不進一步作價值判斷。

(三)記錄人之表現

　　此方法和前述記錄物理空間同樣以是或否的型態表示。但本法重點在老師或學生的行為，包括老師的表現，老師的行為，學生的行為，師生的互動，同儕間的互動等。例如老師如何回答學生的問題？學生如何對待老師所給予的讚美或責備？老師如何給初學者回饋？老師如何使用讚美來鼓勵學生，學生的攻擊行為等能引起哪些反應？老師在教室中如何處理問題等。然而記錄人的表現也可以改為以頻率的方式記錄，例如老師給 10-20% 初學者的回饋，或老師給 25-50% 初學者回饋。有時視導者會以同一組互動行為分別來觀察有經驗的資深老師或沒經驗的新進老師，並加以比較，但這在「解釋」上就要特別小心，要將資深老師及新進老師的背景資料及整

個大環境之差異一併考慮進去，若新進老師有心向資深老師學習或資深老師有心從新進老師處獲得新的刺激，讓老師們互相觀察的話，這倒不失為一個好題材。

㈣圖表

圖表是另一種量的表示法，例如觀察教室中師生間的口語互動，可將教室內之硬體設備如何擺設，將教室中老師及學生座位畫出，每隔一段時間將師生互動、學生互動情形畫出，如此，可以檢視物體與物體間、物體與人之間及人與人之間的關係。

二、質的觀察法

質的觀察法可以提供視導人員更廣泛、更深入地記錄教室的活動，包括非參與的開放式觀察、參與的開放式觀察、問題焦點集中式的觀察、教育評論等，茲分述如下：

㈠非參與的開放式觀察

觀察者以旁觀者角度觀察記錄某一特定情境內之活動，設法排除對原來情境的影響，以不干擾原來活動之進行為原則。例如教育視導者站在教室外或教室後觀看上課活動之進行，記錄引起他注意的每一個人、事、物，此時視導者並不是構成教學活動之一部分，而完全是個外來者。

使用非參與的開放式記錄，觀察者的訓練及敏感度非常重要，他要能掌握全貌，迅速掃描所有人、事、物而挑出較有意義、較重要的事件來記錄。

㈡參與的開放式觀察

參與的開放式觀察主要的特色為視導人員參與正在觀察的活動，成為教室中最具有功能的一分子（Spradley, 1980）。在此種情況之下，觀察者不被視為外人，可以維持觀察時的自然情境，且可減低觀察者在情境中的紛擾，因此觀察者沒有必要防衛自己，其所表現出來的行為可說比較具有真實性。所以參與觀察的最大優點有：

1. 觀察者可以在較自然的情境下獲得直接的資料，這些資料比較具有真實性。
2. 可以減少被觀察者的反作用效果（reactive effects），故結果有較大的應用性（郭生玉，1998，頁176）。

由於觀察者還要進行觀察以外之活動，非常忙碌，較難記錄，因此可事前準備許多小紙片，以隨手札記方式進行，用夾子夾住所有記錄，事後再整理，重新組織一番。

一般而言，參與者的角色扮演愈成功，觀察者的角色就愈難成功，因可能涉入太深，認同太深，而失去客觀性。

(三)問題焦點集中式的觀察

所謂「問題焦點集中式」的觀察，指觀察者先有一主題事件，抱著為某一問題尋求答案的方式來觀察，記錄時就繞著這個主題打轉，只記錄和此問題相關之事件。當然，觀察者事前須具備一些基礎知識、了解背景資料及臨場之敏感度是非常重要的。例如，假使一位老師嘗試使用以老師為中心，直接式的教學模式，在課堂中教導特殊的技能，觀察者應重點觀察老師重視一些相關的行為，例如老師複習學生先前所學的知識，呈現新的教材，提供引導式的練習，對正確答案及錯誤答案的回饋與特殊的讚賞，提供獨立練習的機會，每週及每月定期複習。

一般來說，此觀察有下列幾個步驟：

1. 集中焦點：清楚定義主題。
2. 蒐集資料：觀察並記錄和主題有關之訊息。
3. 記憶：回憶所有背景資料及觀察前後之所見所聞，以捕捉遺落在記錄表上之重要訊息。
4. 組織：將記錄所得按時間先後或人物相關層次組織起來，使記錄有意義。
5. 分析：分析其間之因果關係，前後連貫關係等。
6. 類推：以觀察情境所得類推類似情境。
7. 統合：統合原有知識，先前經驗及觀察所得。
8. 評鑑：最後，對此作一解釋並評鑑之。

問題焦點集中式的觀察可以針對特殊的教學模式（如直接教學法）或在特殊的模式中，觀察一、二特殊的問題。Harris（1985）已針對教室、老師、學生及課業等主題發展出一些採樣的觀察問題。例如：(1)在教室中，觀察教室是否吸引人？(2)老師是否對學生表示友善、溫暖的關係？(3)有什麼跡象顯示學生知道他們正在做什麼以及為什麼那麼做？(4)教室及家庭作業如何結合社區資源及學生真正的生活情境？

㈣教育評論

教育評論是美國學者 Eisner（1985）所提出的一種質的觀察法，這是最高層次的觀察法，同時扮演遠距離的觀察者及參與者的角色，觀察者除了需要有很深的教育素養、專業智能、敏感度外，還要有幾份直覺、欣賞的眼光。觀察者要用藝術的眼光來欣賞整個教育情境，並能掌握當下剎那間之重要訊息，傾聽學生及老師的聲音，與老師及學生交談，並立即找出影響事件的所有關鍵或隱藏在背後的意義。使用本法時，觀察者較不需釐清「描述」及「解釋」，而是將二者融合其中。

陸、觀察在教育視導上的應用

教育視導者每天面對許多新的問題，視導的過程即在不斷地面對問題、解決問題。觀察，可說是最易使用來幫助發現問題真相的方法，尤其當眾說紛紜，群情激憤之餘，能冷靜而理智的觀察、分析，就是一個教育視導者過人之處。

一、觀察應用在教育視導上的範圍

觀察法主要用在描述問題、解釋問題並進而能解決問題。一個成功的教育視導者應該洞燭機先，嫻熟觀察的技術及方法在問題尚未發生之前而加以預防。下列諸項均是觀察法之適用範圍：

　為何學生學習情緒低落？

　為何師生關係欠佳？

　為何學校參加校外競賽成績偏低？

　為何學生參加社團活動意願不高？

為何學生上課秩序不佳？

為何老師使用教具成效不彰？

為何學校附近攤販林立？

為何學校公物耗損率偏高？

為何教師流動量偏高？

為何學校老師參加進修意願不高？

簡之，教育視導者很想進一步了解、探究的問題，例如教室內、校園內、老師、學生的互動、都可用觀察法來了解事實真相，再進一步探討造成問題的原因及結果。

二、觀察應用在教育視導上的方法

觀察應用在教育視導上的方法很多，如量的觀察法、質的觀察法等，至於如何適切地應用在教育視導上面，則視觀察的目的而可做不同選擇（如表 5-11）。

一般而言，在教育視導或教育評鑑上，視導人員如欲了解的是某一事件或某些人之行為，可使用直接觀察，直接前往行為發生的現場，觀看個人的行為，以了解個人的實際行為表現。如使用「記錄事件發生頻率」、「記錄人之表現」，「非參與的開放式記錄」或「問題焦點集中式的觀察」，以觀察教師的教學行為、學校會議召開情形等。這些資料可以從錄影或書面資料中獲得，也可以從他人口中獲得，但都屬於間接證據，不符合「直接」蒐集的原則、直接觀察一方面蒐集直接的的證據，另一方面也可以用來驗證間接證據。

視導人員若想了解硬體設備之安排，則可用「記錄物體空間」或「圖表」的方法，若想了解人之觀點想法，「參與的開放式記錄」是蠻好的選擇；若想了解人與人之間的互動，「圖表」、「記錄人之表現」及「參與的開放式記錄」都可以達成目的。至於「教育評論」則是非常高水準的觀察方法，可憑視導者自由靈活運用。Glickman（1990）曾就觀察方法及觀察者評鑑的選擇作成表 5-11。

表 5-11　觀察的選擇

形式	方法	觀察者評鑑	目的
	量的觀察法 質的觀察法	參與的 非參與的	
1.記錄事件發生頻率	∨	∨	計算行為發生頻率
2.記錄物體空間	∨	∨	了解硬體設備
3.記錄人之表現	∨	∨	了解整個人的問題
4.圖表	∨	∨	了解口語互動
5.非參與的開放式記錄	∨	∨	了解某一明確事件
6.參與的開放式記錄	∨	∨	了解人之觀點
7.問題焦點集中式觀察	∨	∨ 或 ∨	了解特殊事件
8.教育評論	∨	∨ 或 ∨	使參與者了解意義

資料來源：Glickman（1990）. *Supervision of instruction*. p. 247.

　　總之，不管何種觀察一定都先設定好欲觀察之目標行為，備好記錄工具，並經一定程度的演練，確定觀察者之觀察能力後才能開始。進行觀察時，必須注意以下事項（轉引自林天祐，2004，頁43）：

第一：準備觀察記錄表／或檢核表。

第二：觀察並記錄每一事項的行為表現或存在事實。

第三：可以同時記錄次數、人數或表現的符合程度等量化數據。

第四：留意觀察記錄單或檢核表所列事項以外的特殊行為或情形。

第五：簡單記錄行為讓生或事物存在的現場環境。

第六：不需要從頭到尾觀察，但是觀察一段相當完整的時間是必要的。

第七：觀察次數要足夠，避免斷章取義。

　　值得一提的是：視導人員宜切記觀察所得的結果，僅用來「描述」你所見所聞，而不要急著拿來推論，解釋或下價值判斷。將事實的描述和當事人或相關人員一起討論後，使用三角檢核法（triangulation）再蒐集更多資料後才能作「解釋」的工作。

第四節　研究及評鑑的技能

教育評鑑包含各種專業的知識與技術。通常學校在實施某項教學改進計畫一段時間後，必需蒐集學生學習的資料，以了解教學的成效並作為進一步修正教學計畫的依據。評鑑不只是紙上作業，需要採用研究的程序與技術作為蒐證、分析與判斷的基礎。在實施評鑑過程中，更需要老師共同參與。

本節分就評鑑的基本概念、評鑑過程需注意的要素、教學計畫的評鑑模式、學校本位課程發展的評鑑、評鑑時所採用的研究方法、教室內評鑑的重點、評鑑在教學視導上之應用等六方面說明如下：

壹、評鑑的基本概念

何謂「評鑑」？「教育評鑑標準聯合委員會」（the Johint Committee on Standards for Educational Evaluation）所採之定義為「評鑑乃是有系統的評估某一對象的價值或優點」（黃光雄，1989，頁 3）。可見評鑑工作是透過系統的程序去評估某事或事物的價值、好壞之程度。而常見一些名詞和評鑑意義十分相近，常被混淆或誤用，有必要加以釐清。評鑑之後是否達到評鑑的目的，也就是評鑑的真偽程度，對教育實務工作者而言，也有必要加以探究。以下針對這參個重點加以敘述之：

一、評鑑的目的

Glickman（1990）認為在判斷一個學校方案是否有效，評鑑是一個很好的方法，它至少可達到以下五個目的：

㈠了解教育方案中的理論基礎是否合理？

㈡評估執行中的方案還應蒐集哪些型態的資料？

㈢分析資料作成結論。

㈣依此資料作成決定。

㈤執行決定。

吳清山（1996，頁 476）認為評鑑的目的可歸納為四點：

㈠診斷學校教育缺失。

㈡改進學校教育缺失。

㈢維持學校教育水準。

㈣提高學校教育績效。

簡言之，評鑑的目的即為 Stufflebeam（1971）所謂的「為了改進，不是為了證明」（to improve, not to prove）。

二、「評分、評等」以及「績效、測驗」和評鑑的關係

㈠評分、評等和評鑑的關係

評分或評等在一般學校行政中是常會見到的事，應是指：評估之後給予一個分數等等的意思，在評分或評等的過程中不一定包括系統地資料蒐集、分析和判斷的價值評估過程。因此，評分、評等是不等於評鑑。但如果經過系統的資料蒐集、分析、解釋、判斷，最後給予價值評估，不論是加上文字、圖表或是附加分數的高低或等等排列，那麼就應屬於評鑑了。

簡之：評分評等係針對個別學生的表現，評鑑則著重教育現象；評鑑的結果不一定用分數或等第來表示，可以不評分或評等，但不能不評鑑。（黃政傑，1987，頁 23）

㈡績效、測驗和評鑑的關係

教育行政的歷程中「績效」的要求常被視為第一要務。行政上級單位常會透過評鑑來了解績效的程度是否達預期的目標，為了了解績效常會透過各種評鑑來實施。從評鑑的結果，可以發現教育工作推動的績效，同時有些無法達到績效的教育措施中。透過評鑑可以發現問題在哪裡，需要投入哪些因素？例如經過評鑑後發現需增加教師編制或經費投入，提升教師專業水準等等，方可提高教育行政績效。因此，評鑑和績效有其密切關係。但是有時為了了解績效而使用不夠嚴謹的評鑑工具或歷程，或評鑑項目未盡周延，則評鑑結果無法有效的呈現績效，或是有些教育機構誤用評鑑系統，則評鑑之結果會為「不是真有績效」背書，使評鑑淪為績效的幫傭之地位，吾人不可不慎。

評鑑是價值或優點的評估過程，評估結果如以量化、數據為之，則應

屬測驗的一種。但是所有的測驗不一定都具有評鑑的特質，例如：上體育課時，老師了解學生每分鐘可以投入幾個籃球，老師對學生進行了投籃測驗，這是不帶有價值批判、系統化的分析等歷程，因此可見測驗不等於評鑑。然而在進行評鑑的過程中，為了要了解某些問題的實際程度，有時會加入一些測驗，透過測驗讓一些問題顯現出它的次序、比例等參考資料，提供評鑑作客觀化參酌和考量。可見測驗和評鑑有相互關連之處，也有相異應加以區辨之點。

三、「偽評鑑、準評鑑、真評鑑」哪一種才是達到目的的評鑑

「偽評鑑」、「準評鑑」和「真評鑑」有不同的含義，有必要將之釐清。茲分述如下（Stufflebeam & Webster, 1983）：

㈠「偽評鑑」（pseudo-evaluations）

這種評鑑常出現在政治取向的評鑑。常有一些評鑑者針對受評鑑之對象，尋找出它有利的一面加以評鑑，為了最後有好的評鑑績效，刻意去扭曲資料的真相，以自己不實或偏頗的觀點，做出有利於受評對象（含人、事務、方案）之聲望、地位等等，這是一種控制評鑑結果，以達成預定目標之評鑑行為，徒具評鑑形式，而失去評鑑之真正用意。此稱之偽評鑑。

在教育實務中常有偽評鑑的情形，不但浪費人力、物力同時也產生「造假」、「賣人情」、「套交情」的弊端。

㈡「準評鑑」（quasi-evaluations）

由於評鑑對象之內涵十分龐雜，而所實施的評鑑過程及評鑑項目常會受到一定的限制，導致無法將評鑑對象之內涵全部詳加評鑑，以致評鑑所得的結果有所偏頗，產生以偏蓋全的結論或失去真正的評鑑價值。雖然所選用的方法或設計可行，但是結果未能合於預期的目的。此種評鑑稱之「準評鑑」。

在九年一貫課程實施之後，國內國中小學——開始接受課程發展評鑑。評鑑人員依事先規劃的評鑑項目進行評鑑，在短短的幾個小時之間就要將一所學校本位課程發展的計畫、過程、結果評鑑完畢，實屬不易。如果評

鑑委員想要了解一所學校的校園環境和組織運作，投入和產出的情形、校園內文化變革和提升的前後差異，絕非幾行評鑑文字敘寫和受評者自己報告就可以評定。所以往往只是觸及評鑑對象的印象而無法評鑑出預期的真實內涵。這種準評鑑常常是空具形式，而無法達到評鑑的目的。

(三)「真評鑑」（genuine evaluation）

真評鑑顧名思義就是能夠運用正確的方法、工具、過程，針對評鑑對象評估出其價值或優點，其評估的結果可作為個人或行政措施之選擇、控制、改善或評斷之依據。此種評鑑具有正確的方法論基礎，從而發展目標導向的評鑑過程，完全掌控評鑑目標，並能獲得真實的評鑑結果。這種真評鑑是發揮評鑑的功能，具有實用的特點。不過，要進行真評鑑需要具備良好的條件，例如評鑑人員要能對評鑑內容去思考應採取何種方法，也就是在所處的情境脈絡中要具有後設評鑑的能力，亦即評鑑人員的後設評鑑能力良好，才能採取適當的評鑑方法和過程，知道如何去評鑑，這是真實評鑑必須具備的條件之一。

在九年一貫課程實施之後，各級學校各自發展其學校本位課程，教育主管單位十分關心，於是安排課程評鑑小組進行評鑑工作。然而評鑑課程並非容易之事。課程發展涉及組織運作和情境，人員專業程度和學校文化等變因，如果想要在兩個小時之內評鑑一所學校的課程發展，則無異於「走馬看花、蜻蜓點水」，無法深入的了解課程發展的要旨，很可能因此成為政治人際取向的「偽評鑑」，或是以偏蓋全之「準評鑑」，不可不慎。

貳、評鑑過程中需注意的要素

評鑑旨在蒐集資料，須採用正確方法，科學程序進行資料蒐集、分析，最後得到結果或報告，始有其信度和效度。Glickman（1990, pp. 254-257）認為在評鑑的過程中有一些重要要素，包括判斷、證據及多樣化的資料來源應加以注意，茲敘述如下：

一、判斷

要判斷一項教學或課程計畫是否成功？是否應該繼續實施或改變？就

必須作評鑑。這種評鑑就是一種判斷的行動。Wolfe（1969）提出五種判斷的典型方法：

㈠外觀法（cosmetic method）

一個人的健康可由其皮膚眼神等外觀判斷，一個計畫也可由該計畫之內容及實施情形之外觀來判斷。當我們檢視一項計畫，如果可行性、合理性很高，那就是一個較佳的計畫。例如，大家看起來都很忙，佈告欄寫滿有關計畫、活動的事情等，至少表示大家都很忙碌在執行。

環顧當今，校外的課程教學專家、他校教師或家長都可以成為本校在課程教學的觀察者或是成為本校教育發展的諍友，因為這些外部的教育夥伴可以從學校計畫方案執行的外觀去協助觀察、進而審視學校做法的正確性，俾益於學校之研究與發展。

㈡心證法（cardiac method）

不論資料上怎麼說，視導人員常依專業上的認知，進行教育的專業判斷，以專業的信念了解計畫是否能夠成功。而專業判斷和專業信念都是專業人員心向運作的結果。尤其在某些沒有規準的情境之下，面對沒有前例可循的情況之下，內心中的自由心證與後設能力更是極具重要的成敗關鍵因素。

㈢口語法（colloquial method）

經過簡單的會議討論後，計畫的參與人員共同判斷計畫是否成功。因為這些參與計畫的人員，不斷的透過對話平台，加以溝通協調，使得事情愈加接近正確性。所以事情的判斷更能匯集眾人意見，得到最佳的答案。

㈣課程法（curricular method）

一個成功的計畫能在最不會擾亂學校現行計畫的情況下被安置。計畫實施後，從廣義課程包含正式、非正式、潛在課程的層面，了解學生學習行為改變的程度，判斷計畫的成效。

㈤**計演算法**（computational method）

徹底分析資料，例如使用最精密的多變項迴歸程式加以分析，了解各自變項對依變項的解釋力。

二、證據

視導的過程係在蒐集優缺點的證據，而後作判斷。英國教育標準局的視導人員蒐集證據的來源主要包括下列幾項：⑴學校及學生基本資料；⑵校長及教師所撰之自陳報告；⑶學生的作品；⑷教師表現的觀察；⑸教師行為的觀察；⑹學生教室行為的觀察；⑺學生平時行為的觀察；⑻師生互動的觀察；⑼學生學習成效；⑽行政管理系統；⑾校務發展計畫；⑿學校偶發事件；⒀學校環境；⒁與校長晤談；⒂與老師晤談；⒃與學生晤談；⒄與校管會委員晤談；⒅與家長晤談；⒆學生參加校內外考試成績；⒇作息時間表；(21)教師及學生缺席紀錄；(22)其他如學校組織架構。（Deen, 1992, p. 64-70）

至於一個計畫成功的證據是什麼？美國聯邦教育部的聯合審議評鑑委員會（Joint Pissemination Review Panel）於 1986 年提出檢視學校有效達成目標的幾個證據類型。

㈠學生知識或技能上的成就或改變，其具體成果的類型包括

*1.*各種測驗（地方發展出來的常模參照、標準參照測驗）。

*2.*表現結果的直接評定。

*3.*技能的結構性觀察。

*4.*學生計畫或作品的內容分析。

㈡學生態度與行為的改進，其具體成果的類型包括

*1.*學校的紀錄（如出席、選課、等第……）。

2.健康紀錄。

3.態度評核。

4.學生、班級或學校的個案研究。

5.與家長、老師、學生的結構性晤談。

6.與社區服務單位、員警等的結構性晤談。

7.常規紀錄。

8.畢業後的追蹤。

9.推薦書或獎狀。

㈢教師態度與行為上的改變，其具體成果的類型包括

1.以評定量表、調查、晤談的方式評核老師態度。

2.結構性地觀察教學行為的改變。

3.教師運用教學時間的記錄。

4.教師對其教學時間運用與教學方法的自我報告。

5.教學行為與教室氣氛改變的個案研究。

上述有關學生知識、態度及行為改變的紀錄，即當今盛行的檔案評量（Portfolio Assessment）。而老師態度及行為的改變，即視導人員平時透過觀察、訪談等研究分析所蒐集的具體資料紀錄。此外，Epstein（1988）及Gable（1986）認為學校現存資料，如學生進步報告、成就分數、出席情形等應優先考慮。Epstein 提醒：「當妳自問計畫進行如何時，那些問題即是評鑑中應回答的問題。」

三、多樣化的資料來源

要了解教師教學的績效或教學計畫的成效，應蒐集多樣化的資料，英國格林威治教育局（Greenwich Education Service）在自編評鑑手冊中提到其用來評鑑教師教學常用的方法，計有特殊重點觀察（task observation），全面了解法（job shadowing），晤談法（interview），問卷法（question-naire）。此四種方法的優點及應注意的事項列如表 5-12。

表 5-12　格林威治教育局評鑑教學常用的方法

方法	優點	應注意的事項
特殊重點觀察	1 焦點集中在老師教學的特殊層面並給予回饋。 2 能使用在針對需特別觀察的行為，給予非常具體的支持。 3 所花的時間及成本較少，效益卻較高。	需要仔細及周密的計畫。否則，易導致為觀察某項行為而實施觀察。
全面了解法	1 可以獲得對某位教師工作整體印象的感覺。 2 通常觀察半天甚或一天，故不太可能獲致不具代表性的圖像。 3 可以了解全貌。	1 較花時間。 2 對任課教師而言，花費的成本較高。 3 無法聚焦，通常僅對發展的領域作具體性的建議，無法對特殊的項目提供建言。
問卷法	1 迅速而有用獲得廣泛的資料。 2 易於施測。	1 很難控制填答者是否用心作答。 2 無法像晤談法一樣，對第一次的反應作追蹤了解。 3 施測結果經常無法如自己所願，獲致想要的資料。
晤談法	1 能獲致其他方法得不到的資料。 2 可獲致有價值的回饋。 3 是一種有用的方法，來測試被評鑑者的知覺。	1 晤談時，被晤談者會產生憂慮的感覺。 2 晤談時，被晤談者會產生應否據實回答的衝突。 3 需要向被晤談者作很仔細的說明。 4 需嚴格遵守施測的準則，如不可洩漏被訪談者談話的內容等。

資料來源：Lemer, F.（1997），p. 12.

　　同理，要評鑑學校整體的成功狀況，除了一般的成就測驗分數、升留級率⋯⋯等外，還須檢視多方的證據來源，例如：檢視學校較高層次的氣

氣，師生的態度、知識、行為等學校整體效能，所用工具如：

(一) Connecticut 學校效能問卷（The Connecticut School Effectiveness Questionnaire）

Connecticut 學校效能問卷係美國 Connecticut 大學所發展的問卷，它包含有國中用與國小用兩式。國中部分是由 Gauthier 和 Evans 所編製而成，稱為「中等學校發展問卷」（Secondary School Questionnaire）；國小部分是由 Villanova、Proctor、Shoemaker、Sirois 和 Gotowala 等所編製而成，稱為「Connecticut 學校效能訪談與問卷」（The Connecticut School Effectiveness Interview and Questionnaire）。本量表的全部題目內部一致性係數 Cronbach 在 .66 致 .93 之間（轉引自蔡進雄，2000，頁 146）。

(二) Organizational Climate Description Inventory（Hoy and Clover, 1986）

此問卷係 Hoy 和 Clover 於 1986 年根據 Halpin 和 Croft 於 1962 年所發展的「組織氣氛描述問卷」的缺失，修訂發展而成的，主要用於小學組織氣氛得測量。

本問卷有六個分測驗，主要在測量學校組織氣氛的六個層面，各分測驗信度之係數分別為：支持性（.95）、監督性（.89）、干擾性（.80）、同僚性（.90）、親和性（.86）、疏離性（.75）。問卷採四點量表方式，各分測驗依規定分別予以計分，所得分數應以 50 為平均數，以 10 為標準差，進行標準化工作，俾進行相互比較及計算教師與校長行為的關聯性。

(三) 吳培源（1995）的高級中學學校氣氛描述問卷及高級中學學校效能問卷

此二項問卷詳見附錄二及附錄三。

此外，有的學校蒐集學生作品、展覽、計畫等資料，或評量學生的問題解決、創造、批判思考的能力，作為判斷學生的證據。某些校區中的老師或視導人員常自行發展成就測驗。

參、教學計畫的評鑑模式

　　教學計畫的整體評鑑有別於特殊計畫的評鑑,而在教育領域一個全面性的教學評鑑模式中,視導者不一定要是資料蒐集或分析者,但應盡可能扮演組織、協調的角色。可行性的教學計畫的整體評鑑至少應包含以下三種層面:

一、執行評鑑(implementation evaluation):看看教學是否按預定計畫執行。

二、成果評鑑(product or outcome evaluation):看看教學是否達到預期的教學目標。

三、發現評鑑(serendipitous evaluation):看看該計畫對學生或老師是否產生一些意想不到的成效。

　　以下介紹教學計畫的四種評鑑模式:

一、Cooley(1983)模式

　　此模式在發展並監控某些表現指標。當一個指標無法有效評量教學成效或教學計畫未能符合指標的規準時,就要了解問題在什麼地方,哪類的問題最嚴重,而採取正確行動。Cooley把過程與結果的測量結合到學校的表現指標中,他認為應該透過指標來評鑑學校整體做些什麼,進而幫助改善學校現況。

　　Cooley 根據三種結構對表現指標作分類:

㈠學校系統的效能(efficiency of the system):這類指標包括測量學生的能力、興趣、在校進步情形與成就。

㈡當前經驗的品質(quality of present experience):即指學校生活的品質,包括學校生活經驗是否豐富、充裕,如教師態度、物質與審美的工作環境、學生與學校同仁知覺到的教室或學校組織氣氛是否良好等。

㈢教育機會的均等性(equality of educational opportunity):包括對教育制度公平性的測量,如偏遠地區學生之學習機會、成就、態度的進步情形等,和大多數學生相較如何?Cooley認為上述三類評鑑應分測量學生在教室、學校、地區乃至全國等各層次的表現。而重要的

是所使用的測驗、調查、觀察形式必須依據該結構的真實指標，亦即具有效度（validity），如果使用不正確的測量，其評鑑結果就沒什麼價值，最好是使用多項指標，使真正能測量該結構的真實內涵。

二、自我研究模式

自我研究模式是由美國全國性的小學及中學評鑑研究兩個組織所發展出來的，此模式認為自我研究乃是透過對學校環境中孩子學習的情形，加以自我評鑑、反省、全面性地檢視，以改進學校計畫的品質。包括四部分：

㈠對學校的計畫與事務進行自我分析。

㈡由訪視委員會對學校的分析，提出客觀的意見。

㈢由訪視委員會主席對學校作口頭與書面報告。

㈣對學校的計畫與事務進行自我分析。

針對訪視委員會所做的報告進行集體反思，並將納入年度計畫和執行。

三、CIPP 模式

CIPP 評鑑是我國中小學評鑑常使用的方法，C（Context）表背景，即學校先天的條件；I（Input）表輸入，即輸入的資源；P（Process）表過程，即運作實施的過程；P（Product）表結果，即實施的成效，如學生的表現。

Stufflebeam（1971）提出CIPP評鑑模式，目的是對於學校行政人員、方案領導人及學校老師提供方案檢核的資訊，以便在必要時對方案加以修正，應有助於行政管理及方案的解決。其內容茲簡述如下：

㈠背景評鑑（context evaluation）：為審視所欲評鑑者的地位及環境。背景評鑑是最基本的型態，其主要目的在提供可決定計畫目標的理論基礎。其具體作法是定義與計畫有關的環境，描述此環境所涵括的理想情境及實際情境，並診斷有礙需求達成及阻撓機會運用的問題。問題的診斷作為建立目標的基礎，以便進而改善計畫。

㈡輸入評鑑（input evaluation）：輸入評鑑的目的為提供可決定如何運用資源以達成計畫目標的資訊。為審度需投入的人力、物力與財力是否能夠配合，其所提供的資訊是建構具體設計以達成計畫目標的基礎。

㈢過程評鑑（process evaluation）：過程評鑑可定期提供回饋給執行計畫的人，主要的功能有：(1)提供評鑑者有關計畫實施的進度與資源利用情形；(2)視實際需要修改計畫內容；(3)評鑑適度調整其角色所遇之困難；(4)產生計畫進行的記錄，以供成果評鑑使用。

㈣產出評鑑（product evaluation）：產出評鑑的目的則是在計畫進行期間及告一段落時，評量與解釋計畫的達成程度。實施方式為界定目標的操作性定義、評量目標活動的準據、將針對預設的絕對標準或相對標準所做的評量加以比較、運用情境背景、輸入、過程等資訊，將結果加以合理的解釋。

簡言之，CIPP模式係以背景評鑑來選定目標，以輸入評鑑來提供考核決定的參考。CIPP也兼顧形成性評鑑與總結性評鑑，用於過程的評鑑屬於形成性評鑑；用於績效方面的評鑑的則屬於總結性評鑑。

此外，為了解評鑑的效度，Stufflebeam（1971）也提出後設評鑑（metaevaluation）的概念，針對評鑑工作再加以評鑑，內容包括：檢查評鑑工作是否集中在該研究的問題、描述是否精確不偏差（轉引自康自立等，1994，頁53）。此種後設評鑑的概念，值得視導人員深思。

肆、學校本位課程發展的評鑑

教育部公佈九年一貫綱要之後，學校本位課程成為中小學家長、老師、學生熱門的關注焦點；不但學校積極推動課程發展，而且教育主管機關適時進入校園，對各校九年一貫課程實施的情形加以評鑑。茲將何謂「學校本位課程發展」加以摘述之外，並且列舉某國小學校本位課程發展評鑑之評鑑項目內容列表說明：

一、學校本位課程發展之意涵

綜合國內外學者之說法（王瑞輝，2003），學校本位課程可以說是：為解決學校教育問題進而達成教育目的，而學校相關人員，依據學校的教育理念、願景或教育哲學，利用學校及社區的學習情境和教育資源，透過民主共同參與方式，對課程革新進行討論、慎思、選擇、決定、實驗、檢核等過程，針對學校最適當的課程進行規劃、設計、實施和評鑑的歷程與結果。

二、學校本位課程發展評鑑之舉隅

　　評鑑工作是相當繁複的工程，除了要有詳細之計畫、嚴謹之過程如評鑑內容之定立、評鑑規準之建構、標準化的程度之顯示以及人員之溝通協調和準備等等都是不可或缺之步驟。但是受限於篇幅之際，茲以某國小學校本位課程發展評鑑之評鑑項目表如表 5-13，扼要介紹評鑑工作之梗概：

表 5-13　○○縣○○國民小學學校本位課程輔導訪視表

項目	訪視指標	學校自評		訪視小組複評	
		分項分數	自評簡述	分項分數	訪視簡述
一、課程組織與運作 25分	1. 校長及行政人員對課程的認知與領導 2. 課程發展委員會組織成員代表性 3. 課程發展委員會組織成員互動運作及分工 4. 課程發展委員會執行與追蹤 5. 領域教學節數、教學革新方向及其他	24	1. 能透過行動研究進行課程領導，並不斷自我檢核和校正，有具體發展校本課程之一致性行動。 2. 課發會和領域研究小組能正常運作帶動課程革新和落實課程實施。 3. 從教學及評量方法之創新、課程統整、主題探索等活動落實教學革新。	21	1. 校長和同仁發展出夥伴關係，校長具教育學碩士學歷，曾發表學校本位課程論文，能透過多元管道進行課程領導，主任及組長亦能合力推動課程領導。 2. 定期召開課程發展委員會議，充分利用週三下午時間。 3. 課發會運作有互動會議記錄，有互動回饋單，但須做到課發會審核總體課程及自編課程等等的功能。 4. 領域小組會議中會對課程實施提出討論及對話。 5. 教學革新有創新教學案例之措施。

（接下頁）

（承上頁）

二、課程規劃 25分	1.社區資源的分析與運用 2.學校本位課程符應學校願景 3.學習領域、彈性節數、六大議題融入教學之適切性 4.教材或教科書選編適切性 5.學期課程計畫及其他相關資訊	23	1.清楚的情境分析，經過分析和統整，進而善用社會資源。 2.校本課程發展之特色能和學校願景結合。 3.教材和教科書能適切符合使用者之需求。 4.訂有各領域課程實施計畫，並依計畫實施。	20	1.利用社區、牧場、廟宇實施鄉土教學。 2.能根據檢核表評鑑教學活動是否符合學校願景，如能呈現相關資料會更利於課程反思的執行。 3.六大議題訂有實施計畫。 4.彈性節數二十節由學校規劃行事，餘由班級運用。 5.教科書之評選能注意評選之要領。
三、課程實施 25分	1.學校專業進修活動之規劃與辦理 2.對家長說明課程實施及評量 3.教學創新、評量方法適切性 4.教學實施之協同與分工 5.英語教學鄉土教學及其他	23	1.能發展出學校本位教師進修之模式。 2.每學期均辦理家長課程座談。 3.訂有教師協同教學計畫並落實在實際需要的課程教學之中。	21	1.辦理以「生活課程」發展為核心的進修活動，教師參與課程發展，並產出研究結果——自編生活課程教材。 2.辦理家長課程說明會。 3.辦理教學觀摩會研究教學創新的作法，包含自然與生活科技、語文、生活課程等。 4.主題教學活動以協同教學方式進行，如母親節活動、捏麵、運動會及「與蝙蝠做朋友」等。 5.五、六年級實施英語教學，五年級有課程計畫、未見進度表，六年級有進度表、未見課程計畫。

（接下頁）

（承上頁）

四、課程評鑑 25分	1. 學校課程評鑑計畫訂定			6. 鄉土語言實施閩南語教學，擬訂課程計畫及進度表，並編輯自編教材。 7. 教學參觀活動：五年級社會領域老師做到： (1)運用資訊融入教學。 (2)教學流暢，教材研究透徹，師生互動良好，學習興趣高。 (3)學生電腦操作技能熟練。 (4)蒐尋本鄉鄉公所網站，整理資料，完成學習單，學生有具體學習成果。 (5)鼓勵學生寫e-mail給鄉長，並適時指導小朋友使用電子郵件的禮儀與規範，學生亦能以有意義的話題（環保、不要忽略環境保護和維護人民安全）充分向鄉長表達意見，教學互動效果良好。但僅有學生個人之學習，而較少團體（分組）之互動。
	1. 學校課程評鑑計畫訂定		1. 訂有課程評鑑指標，並進行課程評鑑。	1. 訂有課程評鑑、實施計畫。
	2. 學校課程評鑑之實施	23	2. 能針對學習結果由教師、學生評量學習成效。	2. 課程架構與其他各評鑑項目都有理論依據。 3. 學校有自編課程教材。
			21	4. 課程評鑑表：該校之教科書評鑑表。
	3. 學校課程評鑑結果運用			5. 教師教學評鑑表：包括教師自我檢核表、專業對話、專題研究成果發表。

（接下頁）

（承上頁）

		3.教師利用課發會、各領域小組研究會議及週三進修進行分享和發表，次數互動十分頻繁。	6.有各版本教科書特色之比較與綜合比較。 7.掌握學生學習成效之了解，有教師之補救教學之措施。 8.校長、教師協同合作行動研究，並有成果發表與建議。 9.小班教學精神經驗與鄉內各國小分享成果。 10.教師專業成果經驗分享：出版《草嶺的生態樂園》、《自然深度之旅─雲林篇》二書。
	4.學生學習成效之了解		
	5.教師經驗分享、成果發表及其他		

特色說明【學校自填】	特色說明【訪視小組填】9.5分
1.以低年級學校本位的生活課程為例，進行課程發展的領導，在過程中確定用「教育的行動研究」之取向，衡量該國小現況和情境分析，繼而調整和運作組織，完成課程改革之第一步。提升教育夥伴之士氣，發展出教育專業、成就動機級學校優質文化。 2.教師不斷的針對教育現況進行「立即性」進修和對話。將教師提升為課程之研究者的角色，給予教師專業自主空間。包括課程評鑑、教科書評選和建構課程之理念，以結合該校「快樂、健康、發展」之教育願景。	1.以低年級生活課程為例，經由課程發展及教材編寫之行動研究，開發學校本位之教材，有具體成果。 2.教師進行案例教學發表，進行生命教育活動體驗教學。 3.校長與教師協同合作，自編生活領域教材，進行行動研究，對學童有實質幫助，是一大特色。 4.校長領導給予教師專業自主空間，能結合學校願景。 5.辦理家長課程座談會，讓家長了解並參與課程之執行。 6.與鄰近同類型學校教師專業對話，並做三角檢核，提升課程發展之信賴度。

（接下頁）

（承上頁）

3.辦理家長課程座談，將家長視為課程發展之教育夥伴，並且接受鄰近同類型學校教師對本校校本課程發展之結果，給予「三角檢核」，以提升課程發展及可信賴程度。	
校長： 教務主任： 填表者：	評鑑委員簽名：

資料來源：王校長瑞輝 2005 年提供。

伍、評鑑時所採用的研究方法

　　在決定評鑑計畫時，需決定蒐集資料的種類與所使用的研究分析方法，包括質與量的研究方法。量的研究方法包括觀察法、調查法、相關法、實驗法。質的研究方法包括觀察法、訪談法等（詳見一般研究法專書），茲分就研究的基本概念及視導人員作評鑑常用的研究方法及評鑑資料的分析與解釋說明之：

一、研究的基本概念

㈠研究的意義

　　研究的意義依韋氏大字典的解釋：「研究為嚴密的探索、考驗或調查，以發現新的事實、理論或法則。」從字面的意義來看，研究是一種嚴密的、有方法的、而且也有目標的活動。簡言之，「研究」就是「針對問題、有系統的蒐集資料、尋求答案的過程。」

㈡研究的特徵

一般而言，研究具有四項特徵：

1. 系統性

所謂系統，是指一組元素彼此互有關聯，而不是一種零亂的組合。研究的過程，以目標為樞紐，資料的蒐集、方法的選擇須與目標相配合，資料的分析與解釋須與方法相配合，各個步驟彼此互有關聯。

2. 客觀性

所謂客觀性即不受主觀因素的影響。例如不以主觀的感覺來判斷建築物的高低，而改以量尺來丈量，則每人均量到相同的長度，故結果是客觀的。

3. 證驗性

所謂證驗性是指研究的結果可加以檢驗證明，以試其真偽。

4. 複製性

所謂複製性是指研究程式可由他人照樣實施，而且應得到相同的結果。

㈢研究的功用

1. 解釋（explanation）

研究的結果可解釋是「什麼」（what）、「如何」（how）、「為什麼」（why）。例如兒童閱讀能力的研究，其結果可告知我們，目前兒童閱讀能力的程度如何；也可能告訴我們，閱讀能力與閱讀技術有關；如研究做得好，也可能告訴我們兒童閱讀能力低落的真正原因。

2. 預測（prediction）

指在研究結果中可以歸納出普遍性的原理或原則，並以此普遍存在的

現象去預知同樣的條件下的情境會有相同的情形出現，此之謂「預測」。

例如研究者多次研究之結果歸納出：「透過比賽和頒獎方式，可以讓國小一年級的學生更加遵守班級的秩序。」因此研究者可以預知不管在本校或他校，使用比賽和頒獎的投入變因，會使國小一年級學生變得更加遵守規矩，而且下次再使用這個方法，也會出現同樣的結果，研究者能對此因果關係加以預測。

3.控制（control）

指在研究過程中我們已經了解因果關係和預測未來發展之結果，而在預測未來要發生的方向開始之前，採取適當的措施，而使得結果在研究者預測中發生，或是在預測中不發生。這種促成發生或阻卻發生的情形，就是「控制」。

例如：研究者能預測水溫在六十度的時候水裡的砂糖一分鐘能完全溶解，研究者為使這些糖不在一分鐘內溶解，於是他控制水溫在三十度，其結果這些砂糖當然不會在一分鐘內完全溶解。

綜合研究之意義、特徵和功用來看，在教育方面的貢獻常是改革的巨大力量，它可視為科學的本質也是教育實務提升品質的基礎。例如以前的教育機會均等的政策中教育優先區針對「外籍配偶子女教育」，投入重大的經費和人力投入，意圖透過積極的補償措施，而使外籍配偶子女得到生活和學業輔導成效能產生較高的效能。這個過程我們可以借助於研究之意義、特徵和功能之運用，來落實教育理念的實現，而這種龐大繁複的投入和產出關係都離不開教育研究的理念和旨趣。

二、視導人員作評鑑常用的研究方法

視導人員作評鑑常用的研究方法有：問卷調查法、觀察法及晤談法已分別於第五章第一、三節述及，茲僅扼要介紹調查法、晤談法、參與觀察法，讀者如對研究方法有興趣，可參閱教育研究法的書籍，如黃光雄和簡茂發（1989）主編之《教育研究法》。

(一)問卷調查法

調查研究法是常使用的方法，其使用的工具與方法，以問卷調查、調查表調查、訪問調查三種為主。而在學校或教室情境又以問卷調查最普遍。茲就問卷的型態、問卷的信度和效度、問卷調查法的方式、適用情境、優缺點及應用實例說明之：

1. 問卷的型態

可粗分為三大類，包括封閉式問卷、開放式問卷與綜合式問卷。

(1)封閉式問卷（close-ended questionnaire）：此種問卷包含若干封閉性問題，是填答者不能夠隨意回答問題，必須依照研究者事先編製的題目，在有限的答案中選擇一個或幾個自己認為適當的答案，填寫在問卷上。例如：（　　）你喜歡吃哪些水果？（可以複選）：(1)木瓜　(2)香蕉　(3)西瓜　(4)荔枝。

(2)開放式問卷（open-ended questionnaire）：此種問卷包含一些開放性問題，是讓填答者將自己的想法完全表達出來。例如：
你認為一所好的學校有哪些特徵？試說明之。

(3)綜合式問卷：此種問卷係兼採封閉式與開放式。一般綜合式問卷大多以封閉式問題為主，以開放式問題為輔。亦即封閉式問卷題目多，置於問卷前半部；開放式問卷題目少，置於問卷後半部。

2. 問卷的信度和效度

(1)考驗問卷信度的方法包括；
　①重測信度（test-retest reliability）：這是一種測驗信度最明顯的方法。即將同一測驗隔一段時間先後對同一團體，施測兩次；然後求其相關。
　②複本信度（duplicate reliability）：將同一測驗的兩種型式（如甲、乙式）連續施測同一團體，求得相關。測驗者如欲決定教學的效能，利用某測驗的甲式作前測工具，乙式作後測工具時，

這種信度特別有用。

③折半信度（split-half reliability）：將測驗對一組受試者僅施測一次，然後把題目分成兩半計分，依每個人在兩半所的的分數，算出相關係數即為折半信度係數。此信度主要在估量同一測驗內兩部分等量題目的一致程度，故亦稱內部一致性係數（coefficient of internal consistency）。

④庫李信度（Kuder-Richardson Reliability）：庫李信度原理與折半信度相似，唯不需把測驗折半，仍屬測量內部一致性而採用的。僅施測一次，適用於採是非或對錯的測驗，如使用五點量表的信度，則須採用寇龍巴（Cronbach）α係數。

⑤評分者信度：施測一次；交由兩人評分；計算兩項分數間的相關（王文科，1990，頁137）。

(2)考驗問卷效度的方法包括：

①內容效度：係指一種測驗使用的題目足以代表課程內容或行為層面的程度。

②建構效度：係指測驗能夠測量某特定素質或構念的程度，所謂構念，如智力、態度等

③效標關聯效度：係指某種測量工具上所得的分數與外在自變項（效標）之間的關係。如研究學業性向測驗分數與大學入學考試成績的相關，大學入學考試成績則成為學業性向測驗分數的效標（王文科，1990，頁144）。

3.問卷調查法的方式

(1)郵寄方式。

(2)當面實施。

(3)網路。

(4)電子郵件。

4.適用情境

(1)適於描述教育現象、事實及意見反應。

(2)適於蒐集大量事實及意見資料，有助於建立較為普遍的原則。

(3)問卷調查結果，可供教育決定和問題解決的參考。

5.優缺點

(1)優點

①經濟方便，可獲大量資料。

②具有廣佈性，可取得亦於量化之正確數據。

③受試者較不受限制，且具保密性。

④呈現標準化的刺激，可避免因訪問者不同造成的偏差。

(2)缺點

①未能控制寄回時間，收回率低。

②較適於研究表面事實現況而不利於作深入的探究。

③無法控制填答時的情境，且使用對象仍又若干限制。

6.應用實例

筆者曾以問卷調查法研究台灣省高級中學校長領導型態、學校氣氛與學校效能之關係，茲節錄如下：

(1)研究動機

學校教育具有兩種社會功能：其一為社會化的功能，其二為選擇的功能（林清江，1981）。高級中學教育在社會化的功能方面，旨在指導學生如何待人、處事、認識民族文化，俾將來成為健全的公民。在選擇的功能方面，旨在依學生的個性、能力、輔導其選修適當類組，加強其升學學科之教學，俾為國家選擇人才。我國高級中學法中，規定高級中學的教育目標為：「高級中學教育，以發展青年身心並為研究高深學術及學習專門知能之預備為宗旨。」因之，如何提升高中教育品質，以達成培育優秀人才與健全公民的目標，發揮高中教育功能，實為重要的課題。

自 1970 年代以來，提升教育品質與促進教育機會均等，一直是各國政府及教育學者共同努力的教育目標，於是「有效能的學校研究」（Effective Schools Research）及「學校改革運動」（School Improvement Movement）蔚為教育革新運動的主導力量。

迨至 1983 年美國卓越教育委員會（The National Commission on Excellence in Education）提出報告書《國家在危機中：迫切需要的教育改革》（*A Nation at Risk: The Imperative for Education Reform*）中強調，教育成敗攸關國家未來的命運，教育品質之低落應被視為國家之危機。更使得學校效能的研究達到最高潮，成為未來教育研究的重要領域。

Clark、Lotto 和 Astuto（1984）的研究指出：教育品質低落，影響學校效能的原因甚多，包括校長的領導、學校氣氛、課程內容及組織模式、教學方法及策略、經費、建築設備以及學生家長與社區參與學校教育的情形等，而其中又以學校氣氛（school climate）以及校長的領導行為影響力較大。校長的領導行為與學校氣氛具有密切的關係，在國內外研究中，如 Street 和 Licata（1989）、呂木琳（1977）、林山太（1986）、鄭彩鳳（1991）的研究已獲證實；學校氣氛與學校效能有密切關係亦在國內外研究中獲得證實，如 Cunningham（1975）、游進年（1990）的研究；領導行為與學校效能具有密切關係的研究，如 Hughes 和 Ubben（1989）、林新發（1990）的研究亦獲證實。

至於探討有關校長領導行為、學校氣氛與學校效能三者間之相互關係的研究，國內外並不多見，國內僅林新發（1990）的〈我國工業專科學校校長領導行為、組織氣氛與組織績效關係之研究〉及張德銳（1992）的〈國民小學校長行政表現、組織氣氛、組織效能調查研究〉二篇，在高中階段探討校長領導型態、學校氣氛與學校效能關係者，尚付闕如，值得研究，此乃筆者研究此一問題的動機之一。

有關一所好的國民小學包括哪些指標，國內已有學者從事實證的研究，吳清山（1989）研究指出包括學校環境規劃等十項，劉春榮（1993）研究指出包括學生學習表現等六項，而一所好的高級中學包括哪些指標，國內尚乏人研究，其指標亟待建立，此乃筆者研究此一問題的動機之二。

再者，部分省立高中在軟、硬體各項先天條件相當的情況下，有些學校經過後天的努力，學生的學習表現不斷提升，終於成為校務日隆的學校，而有些學校學生的學習表現仍未有顯著的進步，其校長的領導型態、學校的氣氛及學校效能的現況，值得探討，此乃筆者研究此一問題的動機之三。

根據前述，研究者爰以「高級中學校長領導型態、學校氣氛與學校效能關係之研究」為題從事本項研究。

⑵研究目的

基於上述，本研究擬達成以下幾項目的：

①了解高中校長領導型態、學校氣氛與學校效能之現況及其差異情形。

②探討高中校長領導型態與學校效能的關係。

③探討高中學校氣氛與學校效能的關係。

④探討高中校長領導型態與學校氣氛的關係。

⑤分析高中校長領導型態與學校氣氛兩者共同對學校效能的解釋力。

⑥根據研究結果，提出建議，以供教育行政機關及學校校長辦學之參考。

根據本研究目的，主要在探討下列問題：

①高級中學教師所覺知的學校效能是否因校長領導型態不同，而有顯著差異？

②高級中學教師所覺知的學校效能是否因學校氣氛不同，而有顯著差異？

③高級中學教師所覺知的校長領導型態與學校氣氛是否有關聯？

④高級中學教師所覺知的校長領導型態、學校氣氛是否與學校效能有交互作用？

⑤高級中學校長人口變項、校長領導型態與學校效能是否有交互作用？

⑥高級中學環境變項、校長領導型態與學校效能是否有交互作用？

⑦高級中學校長人口變項、學校氣氛與學校效能是否有交互作用？

⑧高級中學環境變項、學校氣氛與學校效能是否有交互作用？

⑨高級中學校長人口變項、環境變項、領導型態、學校氣氛對學校效能是否有預測作用？

為回答上述研究問題，茲提出下列研究假設：

①高級中學教師所覺知的學校效能因校長領導型態不同，而有顯著差異。

②高級中學教師所覺知的學校效能因學校氣氛不同，而有顯著差異。

③高級中學教師所覺知的校長領導型態與學校氣氛有關聯。

④高級中學教師所覺知的校長領導型態、學校氣氛與學校效能有交互作用。

⑤高級中學校長不同性別、教育背景、服務年資與不同領導型態對學校效能有交互作用。

⑥高級中學不同班級數、創校歷史及校長領導型態與學校效能有交互作用。

⑦高級中學校長不同性別、教育背景、服務年資及學校氣氛與學校效能有交互作用。

⑧高級中學不同班級數、創校歷史及學校氣氛與學校效能有交互作用。

⑨高級中學校長人口變項、環境變項、校長領導型態、學校氣氛對學校效能有預測作用。

(3)方法與步驟

①研究對象

本研究對象係以台灣省未附設職業類科之公立高級中學教師為範圍。取樣方式採全面取樣，計47所公立高中，每校抽25位教師，寄發出1175份，回收914份，有效問卷892份。

②研究工具

本研究以問卷調查研究法為主，而以晤談法為輔，俾能得到較為完整而深入的資料。旨在探討高級中學校長領導型態、學校氣氛與學校效能間之關係，冀能找出三者間的關聯，建立合理的架構，有效預測學校效能。其研究工具有三種：

a. 高級中學校長領導行為描述問卷。

b. 高級中學學校氣氛描述問卷。

c. 高級中學學校效能問卷。

③資料處理

問卷施測完畢，即進行計分及統計處理。根據研究假設，將統計分析說明如下：

a. 雙因子變異數分析（Two-Way ANOVA）：本研究以雙因子變異數分析考驗研究假設一、二、四、五、六、七、八，考驗結果

若達顯著水準，再以 Tukey 法進行事後考驗。

b. 卡方考驗（X^2 TEST）：本研究以卡方考驗來考驗研究假設三。

c. 多元迴歸分析（Multiple Regression Analysis）：本研究以同時多元迴歸分析來考驗研究假設九。

(4)**調查結果**

經過量的研究結果與質的訪談結果，關於校長領導型態，學校氣氛與學校效能的關係可以歸納其結果如後：

①校長領導型態與學校氣氛的關係

校長領導型態與學校氣氛有關聯。本研究發現：教師如肯定、認同校長的領導型態、行政處理方式，均感受學校氣氛是溫馨、開放的；教師對於校長的領導型態，無法認同、接納的情形，則其感受到的學校氣氛是嚴肅的、沈悶的、封閉的，更印證量的研究結果，可見校長領導型態與學校氣氛有密切關聯，大體而言，開放型氣氛的學校，校長採取高倡導高關懷型態較多，封閉型氣氛的學校校長採取低倡導低關懷的領導型態較多。

②校長領導型態與學校效能的關係

校長領導型態與學校效能有關。本研究發現：校長領導型態屬高倡導高關懷者，教師對於學校效能中十項效能指標，感受的滿意度較高，亦即認為學校愈有效能，反之如校長採取低倡導，低關懷的領導型態則教師對於學校效能中十項效能指標，感受的滿意度較低，亦即認為學校愈沒有效能，可見校長的領導型態與學校效能有密切關係。

③學校氣氛與學校效能的關係

學校氣氛與學校效能有關。本研究發現：校長愈支持教師，則教師愈投入工作，挫折感愈低，學校氣氛愈開放，對於學校效能十項指標感受的滿意度愈高，亦即認為學校愈有效能，反之如校長處處對老師表現指示性的行為，教師挫折感愈高，學校氣氛愈封閉，對於學校效能十項指標感受的滿意度愈低，亦即認為學校愈沒有效能，可見學校氣氛與學校效能具有密切關係。

(5)**討論：略**

㈡晤談法

晤談法（interviewing）亦是視導人員作評鑑常使用的方法，我國大學評鑑即採用晤談法作為蒐集證據的方式之一。晤談法由於其對象、目的、時間等因素的不同，而分成若干類型，茲就晤談法的意義、類型，扼要說明之：

1. 晤談法的意義與特性

晤談法又稱為「口頭的問卷法」，其基本要件乃是面對面（face to face）的談話。國內學者呂廷和（1969）認為晤談法乃是：「以面對面的方式，在自然情境下，對被晤談者的語言或語言行為的觀察，並以語言溝通方式獲取研究者所期望的資料。」Fowler（1985, p. 107）認為晤談法乃是：「面對面的對談，最普通的資料收集方式之一。」

蔡保田（1987，頁 18）綜合上述的定義，認為晤談法的特性有三：(1)面對面的談話；(2)不必動手寫字；(3)在察言觀色情境下，研究者可以透過晤談技巧，以鼓勵方式刺激被晤談者將過去經驗逐漸提出，使研究者獲得寶貴資料。

2. 晤談法的類型

在評鑑時常用的類型有五種，當面對團體進行訪談時可稱之為「團體訪談」（group interview）；如一次僅選定一人進行訪談則稱之為「個人訪談」（individual interview）；如果以電話進行訪談則稱之為「電話訪談」；（telephone interview）；如果是一種有組織有計畫的對談，稱之為「結構型晤談法」；如果是一種沒有組織、沒有計畫的對談，稱之為「非結構型晤談法」。

⑴團體訪談法

由評鑑者選取一個團體並邀請接受訪談，評鑑者針對主題與受評鑑團體進行對話，評鑑者可以將對話過程聚焦於所要知道的問題之上，而且深入問題深層之處，可因而蒐集到重要而真實的資料。實施團體晤談有下類三項優點：①節省評鑑者的時間；②被晤談者可放鬆心情，作較周密的思

考回答問題；③由於團體中各份子的交互影響，容易引發更豐富的潛在反應，或者喚起更多遺忘的細節。

例如：評鑑者想要了解某國小健康與體育課程實施的情形，依照評鑑計畫之過程中邀請全校相關之任課教師十二人進行「團體訪談」。評鑑者依照年段區分「低、中、高三個年段之教師」，每次四位同年段的教師進行深度訪談，並且訪問過程中拋出有關「您如何落實學校本位健康與體育課程？」之問題，讓受評鑑者能按照自己課程教學之實務經驗回答，評鑑者除了記錄談話內容之外還摘錄重要談話重點，進行資料編碼以方便進行分析和檢證，進而發現受訪團體中出現相同或不同的重要的教育證據或教育見解。

(2)個別晤談法

當選定一人進行面對面的對話，個人訪談法乃是一對一的談話，團體晤談（group interview）以六至十二人為宜。個別晤談時評鑑者本身需要具備熟練的訪談技巧，注意到事先的訪談時間、地點之約定，並擬妥訪談的問題，準備好訪談的記錄工具——例如使用錄音機、數位攝影機、相機等，清楚的掌握訪談的過程和時間。而訪談中評鑑者和受訪者之民主互動、尊重的表達是訪談過程中必須特別加以注意，因為受訪者可能因評鑑者之言語態度而做不同的陳述，進而影響評鑑者資料蒐集的正確性。

(3)電話訪談法

一般來說，電話訪談是最為方便實施的方式之一，受訪者不受評鑑人員面對面的詢問，能自由的回答問話。但是評鑑者利用電話進行訪談時，有時撥號之後無人接聽，有時是接話者不願意接受評鑑者之訪問，甚至不願意做真實性的回答，評鑑者以電話進行訪談有方便也有許多不便之處。

(4)結構型晤談法

結構型晤談法是一種有組織有計畫的晤談方法。通常在事前擬定統一的題目，以通俗易懂的詞句提出，其優點為答案在標準化的情況下，蒐集到的資料可做統計及比較工作，缺點違背晤談者的背景不同，有時很難達成評鑑者預期的目標。

(5)非結構型晤談法

題目結構較不嚴謹，常使用在結構式問卷調查後，發現答非所問或避

而不答的資料，進一步作深度訪談（depth interview）的情境中，以彌補結構式題目之不足。訪問者可預先準備一些敏感性較低問題，再依學生反應進一步追問。例如問學生：「妳喜歡哪位老師？」再追問：「妳為什麼喜歡林老師？」優點為訪問者也可在不同情境下，隨意進行晤談，而後做事實的描述或歸納，受訪者可自由自在表示個人意見。缺點為量化的比較相當困難。

㈢參與觀察法

觀察法是指評鑑者：意圖了解受評者之現況而進入受評者之現場，直接觀看和覺察受評者生活、行動、情境脈絡中所展現的特徵，進而轉化成文字描述或數據等紀錄，以整理和顯示出受評者的真實現況的脈絡。評鑑者他們的觀察或是參與，結合他們的專業智慧，將觀看或是覺察到的記錄在書面資料（有關觀察法的技能請參閱本章第三節）。

例如：為評鑑某國小一年級生活課程落實九年一貫課程綱要教育政策的現況，評鑑者於是進入生活課程教學現場，透過參與觀察進行蒐集生活課程實施過程的學生表現、觀察課程教材在使用過程中是否能自然融入生活素材、生活課程教學實施時學生反應是否熱烈的情形、教師面對生活案例轉化教材的專業程度表現、生活課程教學是否契合該校願景之實施、生活課程教師進修時間彼此互動的情形等等。

㈣文件分析法

文件分析法（document analysis）乃是針對受評鑑的對象，蒐集其相關的文件資料，以進行了解其特徵和實施的程度。包括：記錄簿、作業簿、書面檔案、電子檔案、受獎懲的紀錄、實作之作品、成果照片、基本資料、手冊、雜記、數據資料、會議資料、討論資料等等相關的文件資料都可進一步加以分析，而成為評鑑過程的真實證據。

茲舉一例說明之：在九年一貫課程綱要公佈之後，教育主管機關為了了解某國小實施學校本位課程的情形，於是進行學校本位課程發展評鑑。除了從現場觀察、深度訪談之外，也進行文件分析。從該國小實施學校本位課程過程中相關的文件——實施的計畫、課程發展委員會的記錄、課程

領導者的課程發展反思札記、校內教師進修計畫和進修主題綱要及教師進修回饋單、學生上課情形的照片、師生上課對話互動的紀錄、學生的作業簿學習單、課程發展行動研究的流程表、課程發展的所蒐集到的文獻、教科書的評選會議資料等等，都是可以進一步可作為交叉比對、發現一致性、分析、解釋判斷的評鑑證據。

三、評鑑資料的分析

不管質化或量化之評鑑過程，評鑑者為了要「分析資料」，以及「解釋判斷」研究結果，必須對所蒐集的資料加以辨別——分出事件的各種類型，針對「事件類型」進行資料蒐集，才能獲得「精簡有效」的資料證據；否則會造成資料太多而導致無法釐清資料的意義，徒然增加評鑑的困難和浪費。

量化分析的方法在於將蒐集到的資料加以統計，以數據來顯示資料的意義，在評鑑中，各種統計的方法均可使用，但平均數、標準差、相關係數、折線圖、直方圖等基本統計方法最常被使用。

有些屬於質性研究的資料經過蒐集之後，需進行篩選及初步三角校正，部分可以摘錄成為書面文字資料，做成摘要並加以編碼以便檢閱。在資料簡化過程中進行編號、轉成有意義的資料，並進行三角校正。逐項分類，修正資料類型和資料的持續比較，並經過「資料提供者」之「意思檢核」後再呈現資料證據。藉以增加質性評鑑資料的內在效度。

為了閱讀質性評鑑資料之方便，評鑑者可將蒐集的資料給予系統化類型，並使用英文字母作為代號。例如（轉引自王瑞輝，2003）：

可自定二碼者如「家長訪談——PI」，說明如下：「家長——P」再加上第二碼「訪談——I」。I：interview（訪談、晤談）以第一個字母大寫表示；

又例如：

如自訂三碼者如「生活課程教材編輯小組會議記錄——LCM」，說明如下：「生活課程教材編輯小組——LC」再加上第三碼「會議記錄——M；訪談記錄——I」以代碼呈現（如表5-14）。

四、評鑑資料的解釋與判斷

針對資料的解釋與分析，就是對資料的邏輯推論的過程，一般可以使用

歸納法（induction）和分析歸納（analytic induction）（林天祐，2004）。歸納法是指從許多評鑑資料中尋找出共同的原則或是共同的特徵，發現事實之後再加以結論和作宣稱。而分析歸納法是指：評鑑者初步依據所蒐集到的資料做初步的假設，之後再繼續蒐集資料進行校正和檢驗初步假設的正確性，修正的層次不斷提升，直到充分受到證據的支持才可以做結論或是宣稱。

表 5-14　研究資料代碼一覽表

項目	代碼	工作說明
生活課程教材編輯小組會議紀錄	LCM	該小組定期召開會議
生活課程教材編輯小組訪談紀錄	LCI	該小組成員接受研究者之訪談
家長訪談	PI	家長會會長接受研究者之訪談
週三會議進修會議紀錄	WM	每週三召開進修和會議
生活課程研究小組觀察紀錄	LRO	該小組進行參與觀察與紀錄
生活課程研究小組訪談紀錄	LRI	該小組接受研究者之訪談
生活課程研究小組會議紀錄	LRM	該小組定期召開會議
協同研究者觀察紀錄	CRO	協同研究者參與觀察和紀錄
協同研究者訪談紀錄	CRI	協同研究者接受研究者之訪談
協同研究者會議紀錄	CRM	協同研究者與研究者召開會議
協同研究者研究日誌	CRD	協同研究者敘寫研究日誌
效度考評小組訪談紀錄	EVI	該小組接受研究者之訪談
效度考評小組會議紀錄	EVM	該小組定期召開會議
諍友訪談紀錄	AFI	研究諍友接受研究者之訪談
校務會議紀錄	SM	每學期定期召開校務會議
讀書會會議紀錄	RM	讀書會定期召開研討會
讀書會訪談紀錄	RI	讀書會接受研究者之訪談
教學群觀察紀錄	TO	教學群教師參與觀察並留有紀錄
教學群訪談紀錄	TI	教學群教師接受研究者之訪談
教學群省思日誌	TD	教學群教師敘寫教學日誌
研究者省思日誌	RD	研究者敘寫研究日誌

註：例如：2001 年 3 月 21 日對生活課程教材編輯小組陳老師的訪談紀錄，記為「LCI900321 陳○穎」。研究者為了不公佈提供資料或接受訪談的夥伴全名，在姓氏之中間加上「○」

資料來源：本表轉引自：王瑞輝（2003），學校本位的生活課程發展之行動研究。

陸、教室內評鑑的重點

教室內的評鑑對視導者而言，是最基本的工作，唯有經由此法才能了解一個方案（program）已發展到何種程度，學生學習表現及行為表現進步的狀況。在實施教室內評鑑之前，視導者應先讓教師了解二種觀念：其一為教師必須將他自己視為課程之一部分。其二為教師必須了解這個方案的用意及教法。若進一步闡明它，可由下列三方面談起：

一、課程目標

教師教學之前要思考下類的問題，諸如：這一套教材想要達成什麼目標？希望把學生塑造成什麼樣子？它要達成的認知目標為何？情意目標又為何？還有哪些潛在課程影響學生？這些都是實施課程與教學評鑑時值得加以檢討的。

二、課程與教學

近年來，很多人認為教學是一種藝術。持這種論點者大多不太能同意用科學化來剖析教學、進而評鑑教學。其實，教學兼具藝術與科學兩種性質，教師在遵守了某些教學評鑑之科學化與系統化基本的要求，仍可在教學藝術上有很大的發揮空間。這些會被用來評鑑教師教學的基本要求包括：
㈠開放的教室氣氛。
㈡人際關係的技巧。
㈢教室經營能力。
㈣計畫性的教學。
㈤執行教學能力。
㈥主修領域的專精程度。
㈦評量學生的技巧。
㈧專業性的程度。

三、教師成長

教師在執行這個方案期間，也要思考下類的問題，諸如：自己是否也

獲得成長的機會？教師花了多少時間和心力在準備執行這項工作？教師和教師之間是否會互相討論？這些都可以作為評鑑教師成長的指標。

　　以上所列舉的課程目標、教學與及教師成長等三項，都是可供視導者作教室內之評鑑時思考的方向。

柒、評鑑在視導上之應用

　　教育視導者除了要能完全了解上述評鑑時所採用的各種研究方法，亦需了解評鑑在教學視導上應用的範圍，以及評鑑的標準，方能促進教學。茲分述之：

一、應用的範圍

　　教育視導者要了解一個方案執行的效果，一定要多方蒐集資料，有組織有系統的進行評鑑研究。下列一些問題都是很需要視導者加以評鑑研究的。

　　㈠學生表現。
　　㈡師生關係。
　　㈢親師關係。
　　㈣學生之追蹤研究。
　　㈤教材之適用性。

二、評鑑的標準

　　視導人員雖不能親自參與每項評鑑，卻要對進行中的個別或整體計量負責，因此各級視導人員應提醒自己需充分了解各項教育計畫的評鑑標準並善加運用（林天祐，2004，頁31；Stufflebeam, 1981）。各項評鑑計畫應具備下列特性：

㈠實用標準

　　實用標準（standard of utility）強調資訊蒐集、分析與使用的實用性，確定評鑑能提供觀眾所需的資訊。包括：評鑑對象之確認、可信賴的評鑑委員、界定與選擇資訊蒐集範圍、明確的評鑑目的與重點以及程序、清楚

與完整的評鑑報告、及時完成報告以供運用、對於受評鑑者實質有益之評鑑結果。

(二)可行標準

可行標準（standard of feasibility）重視評鑑過程以及經費的可行性，確定評鑑是實實在在、小心審慎、圓滿融合、節省經費。包括：盡量不影響受評鑑者之日常作息、取得相關人士的共識以利評鑑之進行、合理的成本效益。

(三)適切標準

適切標準（standard of propriety）確定評鑑合法，合乎道德並顧及與評鑑有關或受評鑑影響的人的權益。包括：以服務為中心、當事人的同意、對相關人員的尊重、提供相關人士必要的資訊、完整與平衡的評估、掌握執行的績效、遵守專業倫理道德、坦承評鑑的限制等原則。

(四)準確標準

準確標準（standard of accuracy）確定評鑑資訊的傳達及具體的建議，正確適當。包括：詳細描述評鑑（方案）對象、逐一分析受評對象的情境與背景、精確描述評鑑目的與程序、可靠與可信的評鑑資料來源、具體明確的資料蒐集程序、兼顧量化與質性資料的分析、客觀與有效的歸納與結論、公正的書面與口頭報告、發現與監控評鑑過程與結果、實施後設評鑑等，均必須詳細說明與記錄。

總而言之，評鑑是促使教育邁向更精緻化上的途徑，教育視導者要設法了解評鑑的方法，及其應用的範圍，在適當時機善加應用，以提升教育品質和實現國家之教育政策。

第三篇

任務篇

第六章

班級教學改進

視導人員必須負起協助教師改進教學的責任，使教師可接受教學後的回饋，而不是讓他們孤軍奮鬥。Dornbush 和 Scott（1975），以及 Natriello（1982）的研究均顯示能接受到回饋的教師是最滿意於自己的教學工作的一群。以下將介紹「臨床視導」（Clinical Supervision）、同僚視導（Collegial Supervision）、發展性視導（Developmental Supervision）、區分視導（Divisional Supervision）等幾種在教室中直接協助教師的方法。

第一節　臨床視導

壹、意義與假定

一、意義

臨床視導中「臨床」的概念，並不是指諮商或治療的型式，而是指密切的觀察、詳細的觀察資料分析，以及視導人員與教師間面對面的互動關係（吳清山，1990，頁 186）。這一點，由 Goldhammer 和 Cogan 對臨床視導所下的定義，可見一斑。

Goldhammer（1969, pp. 19-20）認為臨床視導是：「一種透過對教師實際教學的直接觀察，來獲取資料的歷程；在這種歷程中，視導人員和教師面對面地互動，以便分析和改進教師的行為和活動。」同樣的，Cogan（1973, p. 54）認為臨床視導是：「用來改進教師教室表現的一種設計原理。它搜集教室中所發生的事件及資料，進行資料分析。依據資料的分析結果，透過視導人員和教師間的互動，直接改進教師教室行為，並間接提升學生學習成效。」簡言之，臨床視導是：「視導人員走進教室，現場視察並輔導老師教學的歷程。」

二、假定

㈠教學是由一組值得仔細分析的複雜活動所組成。

㈡教師是一群具有學習能力的專業人員，視導人員是另外一雙協助老師觀察教學現場的眼睛。

貳、步驟

最早提出「臨床視導」（Clinical Supervision）概念的是哈佛大學教授 Moris Cogan，他認為協助師範生改進教育實習是視導人員的首要工作，他將臨床視導的步驟分為八個階段：(1)建立教師與視導人員的關係；(2)安排教師教學；(3)其設計觀察的策略；(4)觀察教學；(5)分析教與學的過程；(6)安排會商的策略；(7)會商；(8)重新安排教學。而大多數臨床視導的學者（如 Goldhammer, Anderson, & Krajewski, 1980）將它劃分為以下五個步驟：(1)和教師開觀察前會議（The Preobservation Conference）；(2)教學觀察（The Observation）；(3)分析與詮釋，包括解釋觀察的資料並決定開會的方式（The Analysis and interpretations）；(4)和教師開觀察後之視導會議（The Post-conference Analysis）；(5)會議後的分析（critique）。本文採用 Goldhammer 等人的觀點加以說明，其過程圖如圖 6-1。

茲就各步驟之重點分述如下：

一、步驟一：觀察前會議

這個行前會議目的在建立視導人員和教師間關係，並為往後的實施階段商訂一個契約或默契。在本階段初期，視導人員必須努力和教師建立良好的人際關係，並試圖了解教師的教學方式、學習方式，以及任教班級學生的學習情況（張德銳，1991）。

此階段同時要決定下列幾件事：(1)教室觀察的理由及目的；(2)觀察的焦點；(3)觀察的方法及形式；(4)觀察的時間；(5)觀察後會議的時間。其中，尤以決定觀察的「目的」最重要，因為決定觀察目的後，才能進而決定觀察的方法、時間、方式等事項。

二、步驟二：教學觀察

在進行教學觀察時，可使用量的觀察法，質的觀察法，或質量並重的觀察法。重要的是，當受視導的老師進行教學工作時，視導者要採用雙方同意的工具，進行教學觀察。視導者在教室觀察時，應勤作筆記，以免遺忘。必要時宜善用錄影機、錄音機等設備，來蒐集最正確的資料。視導人

員對於蒐集到的資料，不要急於遽下結論，因為「描述」及「解釋」是有差別的。

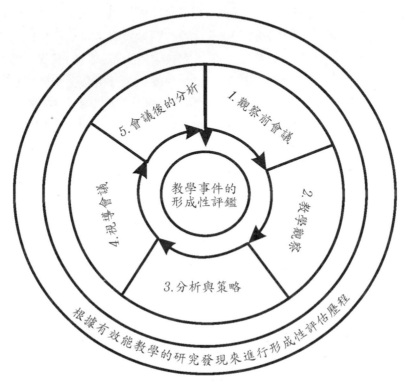

圖 6-1　臨床視導的歷程

資料來源：Beach, D. M. & Reinhartz, J.（1989）. *Supervision: Focus on instruction.* p. 158. New York: Harper & Row.

　　此外，為了確定教師的教學表現與教學問題所在，視導人員在進行教室觀察時，應運用有系統的抽樣方式，使得被觀察的事件或行為具有代表性。並且依觀察的重心不同、工具不同而選用不同的教室觀察記錄方法，一般而言，教室觀察記錄方法有下列數種（轉引自呂木琳，1998，頁138）：

　*1.*書寫記錄：包括文字、符號、圖表、地圖等。

　*2.*錄影或錄音：錄影和錄音是忠實記錄教學情景的好方法，可協助視導人員正確回憶。

3.可攜帶的電腦：可攜帶的電腦甚為方便，可隨時記錄教學過程，如教學時間、教學風格、教學長處、亟待改進事項等。

4.其他：如蒐集相片、教學實物、教案、教學講義、學生作品等工具，以作為視導會議商討或分析的依據。

至於有系統的觀察工具如「Flanders 的交互作用分析類別表」，則有助於將觀察行為或事件，做量化的統計分析。

三、步驟三：分析與詮釋

觀察完畢，視導者離開教室後需找個安靜的地方單獨研究觀察所得，觀察資料的分析是臨床視導活動的中心課題；它協助視導人員對教師教室表現做客觀正確的判斷（Beach & Reinhartz, 1989, p. 157）。在此一階段，視導人員將教室觀察所得到的原始資料，依行為或事件的分類標準，作統計上的劃記；然後就每一行為類別或事件類別的百分比、平均數、標準差，以及其他統計量數，製作圖表，整理出有意義的資料，並加以詮釋，以便於視導人員通盤了解和正確解釋教師教室表現水準及其教學問題所在。如此，視導人員對教師教室表現水準和教學問題之所在所做的判斷，將較為客觀正確。表 6-1 是分析和詮釋觀察資料的備忘錄。

表 6-1 分析和詮釋觀察資料的備忘錄

分析：請將你觀察時的主要發現寫出來，並請只寫出由教室觀察直接記錄下來的資料
1
2
3
4
5
詮釋：你認為這些觀察記錄事件，可提供哪些訊息？
1
2
3
4
5

資料來源：修正自 Glickman（1998）. *Supervision of instruction*. p. 299.

四、步驟四：觀察後之視導會議

　　和教師開觀察後視導會議的目的，是要和他共同解釋觀察所得資料，在此一階段，視導人員首先呈現教室觀察資料及分析結果，以便讓教師能夠充分了解自己的教學表現和問題所在。其次，要擬定一份幫助教師改進教學的計畫，對教師教學的優點，應予以鼓勵和增強；就教師教學的缺點，應鼓勵教師自行提出改進策略。如果教師所自行提出的改進策略和視導人員所提出的策略雷同，則教師往後必須採行的改進策略，便可定案；如果教師所提出的策略和視導人員所提出的策略大相逕庭，那麼視導人員就要考慮使用哪種輔導方法──直接提供改進教學策略的資料供教師選擇參考；和教師合作共同發展改進教學策略；或是直接對教師加以控制，令教師接受視導人員的策略。

　　一個促進教師進步成長的計畫應包括：(1)目標；(2)活動；(3)資源；(4)下次觀察前的會議時間及日期。表 6-2 是一個可用來發展這個計畫書的備忘錄。

表 6-2　教學改善計畫書

觀察後會議的討論日期：---
討論的確切時間：---
接受觀察的老師姓名：---
指導者姓名：---
需要努力改善的目標：
為了達到這個目標所需進行的活動項目說明：
需要使用哪些資源：
下次觀察前的會議時間及日期：

資料來源：陳佩正譯（2002），教學視導，頁 36。

步驟五：會議後分析

這一個步驟提供視導者從頭審視以上四步驟的機會，緊接著視導會議之後，視導人員應該仔細評估和檢討自己的視導行為。視導人員必須捫心自問下列問題：「截至目前為止，我的教學視導措施是否有效率和有效能？」「我的視導知識、技巧、目標，有哪些地方需要修正？」「教師的人格需求和期望，是否獲得適度的尊重？」「教師是否共同參與教學視導有關的決定？」「今後我應如何加強和教師的關係，以利視導工作的推行？」……等等。視導人員在思索這些問題的答案之後，加上來自教師的回饋，視導者可決定進行下一回合的工作時該維持原狀，小幅修改或是大幅改變。可在步驟四的會議結束前進行，也可隔幾天單獨進行，它可在非正式的場合進行，讓教師輕鬆表達己見。

參、視導技巧

從上述五個步驟分析，可歸納有效能的教學視導需具備的臨床視導技巧計有以下四項：

一、人際關係技巧：在臨床視導過程中均需具備此種技巧。

二、會議技巧：在召開觀察前會議及視導後之檢討回饋、會議均需要此種技巧。

三、教學觀察技巧：無論量的觀察或質的觀察，均需作重點觀察記錄。

四、資料分析和詮釋技巧：使用統計或劃記來分析資料，可將其結果以圖表或曲線方式呈現，然後加以詮釋。如「Flanders 的交互作用分析類別表」，最後可將老師的教學風格區分為直接教學及間接教學兩種類型。

肆、功能與困難

一、功能

Wiles 和 Bondi（1986, p. 232）認為臨床視導具有如下的優點：(1)視導人員和教師是為共同的目標（即改進教與學的條件）而奮鬥；(2)視導人員

與教師對教學行為具有更大的影響力；(3)視導人員與教師對於教學視導具有更積極正面的感受。

簡言之，臨床視導的功能有三：

㈠改進教學。

㈡促進教師專業發展。

㈢建立教師與視導人員良好的互動關係。

二、困難

㈠非常花費視導人員的時間和精力。

㈡視導人員欠缺臨床視導的經驗和知能。

伍、臨床視導使用的教室觀察工具

一、Flanders 的教室觀察工具

臨床視導可使用的教室觀察工具很多，如 Flanders（1970）的交互作用分析系統（Interaction Analysis System, FIAS），李柏（2001，頁 251）所發展的有效能教學視導觀察表及張德瑞（1996）所翻譯的有系統的教室觀察工具 DeTek。茲扼要說明 Flanders 的交互作用分析系統如後。至於其他工具，讀者如需使用，可參閱呂木琳（1998）、李柏（2001）、張德瑞（1996）等學者之著作以以及周文欽（1997）主持之「台北縣國小開放教育師生互動語言行為之觀察研究」。

Flanders（1970）的交互作用分析系統在 1960 及 1970 年代廣為利用於教師訓練中，其特徵有三：其一為師生語言交互作用分類，包括老師講（teacher talk）、學生講（pupil talk）及靜止（silence）等三大類，其中老師講及學生講又各分為反應（response）及自發（initiative）二項，共有十大項師生口語行為，如圖 6-2；其二為使用該分類系統作教室觀察；其三為使用時間線標記，如圖 6-3、圖 6-4，以記錄師生互動類型，每一欄位代表三秒鐘（張德銳，1996）。

教師講	反應	1.接納學生的感覺：以一種非威脅的態度，對學生的感覺和態度予以接受或澄清，學生的感覺可能是積極的，或消極的，預測性和回憶性的感覺都包含在內。 2.稱讚或鼓勵：稱讚或鼓勵學生的行為，包括紓解緊張但不傷人的笑話、點頭，或說"Um hm?"及「繼續下去」等。 3.接受或使用學生的觀念：澄清、建立或發展學生建議的觀念，當老師引入更多自己的觀念時，則屬第五類。 4.問問題：以教師的觀念為本，就內容或程序詢問學生，並期待學生回答。
	自發	5.講演：就內容或程序陳述事實或意見，表達自己的觀念，提出自己的說明，引述權威而非學生的意見。 6.指示：指令或命令，希望學生順從。 7.批評或辯護權威行為：企圖糾正學生不可接受的行為，改變到可接受的行為型態，例如：大叫學生出去，解釋教師為何採取這種措施。
學生講	反應	8.學生講——反應：學生對教師的反應，教師引發內容、誘導學生發言或組織情境，學生沒有表達自己意見的自由。
	自發	9.學生講——自發：學生主動說話，表達自己的觀念，引發新的話題，自由地發展自己的意見及思想，問深思熟慮的問題，超過當時的情境。
靜止		10.靜止與疑惑：暫時停頓，短時間的安靜，以及觀察者對師生的溝通不了解。

圖 6-2　師生語言交互作用分類

資料來源：Flanders（1970）. *Analysing teacher behavior*. p.34.

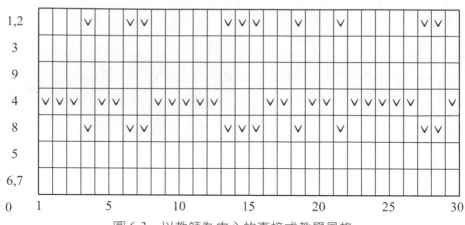

圖 6-3　以教師為中心的直接式教學風格

資料來源：張德銳於 1994 年在台灣省視導人員研習之講授資料。

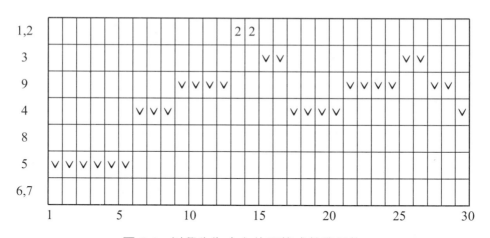

圖 6-4　以學生為中心的間接式教學風格

資料來源：張德銳於 1996 年在台灣省視導人員研習之講授資料。

　　從圖 6-3 可知，在一分三十秒的時間中，全都由老師問問題（4，代表老師問問題），計二十次，而學生回答問題計十次（8，代表學生被動反應），此以一問一答的教學方式，稱為以教師為中心的直接式教學風格。

　　從圖 6-4 可知，在一分三十秒的時間中，由老師問問題（4，代表老師

問問題），計八次，而學生自發性提出觀念式問題計十次（9，代表學生主動引發話題），老師講解五次，老師接受學生觀念計四次，稱讚學生行為有兩次。此種教學方式大多以學生為主，故稱為以學生為中心的間接式教學風格。一般而言，間接式教學風格與促進學生主動學習態度有關。

二、教室觀察原則

呂木琳（1998）曾參考 Beach、Reinhartz（1989）和 Goldhammer 等人（1980）的看法，歸納教室觀察的原則如下：

㈠剛開始對工具不熟時，宜集中在少數特定的教室活動層面，較能蒐集到完整而深入的資料。

㈡以教師通常的教學情況為觀察的對象，視導人員的出現和進出，應讓老師及學生感到自然。

㈢觀察時應做完整、清楚和正確的記錄，如受時間限制，在結束後立即補正。

㈣觀察的態度應力求客觀，不可受情緒及個人好惡偏好的影響。

㈤觀察時不宜與同行的人或少數學生交談，甚至介入學生的活動或擅加批評。

㈥視導人員出現在教室時，教師及學生應視若無睹或表示歡迎之意，可在觀察前會議中取得一致的看法。

第二節　同僚視導

壹、意義

由於視導者要進行日常固定工作，還要抽出時間指導老師，常會有力不從心之感，使他每天排滿太多工作，且教師人數會影響視導者臨床視導的頻率。若視導者本身未能妥善建立自己的工作優先次序，能量支援系統，很難撥出時間來進行臨床視導。根據有關研究指出：教師遇到教學困難時，其主動求助的對象，以「校內相關學科教師」的比例為最多（邱錦昌，1988；Haller, 1968）。因此，美國教育學者 Allan Glatthorn 於 1984 年針對臨床

視導的困境，首先提出同僚視導，又稱「合作性專業發展」模式。Glatthorn（1984, p. 39）認為同僚模式（Collegial Model）是「一種中度組織化的歷程，在此一歷程中，二位或二位以上的教師，為了他們自己的專業成長，同意工作在一起。他們專業成長的手段，則通常透過教室教學觀察，然後給予對方觀察後的回饋，以及透過對教學專業事件的討論等方式來達成。」

貳、步驟

前述臨床視導是由督學或校長擔任視導者，但因視導者非常忙碌，且教師長久以來習於從其他教師獲得協助而少從視導者獲得協助，因此，新進教師可透過資深教師之同僚視導來促進教學專業的成長，專業教師在進行同僚視導時，需掌握了觀察及臨床視導的要領。視導者可把許多視導工作交給資深專業教師來做，此時，視導人員在訓練資深教師期間，所要負責的就是澄清目標、訓練、安排時間及解決問題。其步驟為：

(1)澄清：澄清目標。

(2)訓練：訓練資深或專業教師進行行前會、觀察，觀察後會議等之技巧。

(3)排時間：排定整個過程的時間。

(4)解決問題：對「臨床視導」工作小組的人員諮商或個別教師諮商，以解決他們共同或個別問題。

「同僚視導」的實施，並不是開一次會宣佈開始，就可開始的工作，而是要透過組織，設定目標、訓練、排定時間及解決問題等程序逐步達成。

視導人員在實施同僚視導時，其工作的詳細步驟如下：

一、目標

在開始實施同僚視導（或稱訓練方案）之前，澄清目標是很有必要的。

首先，要澄清問題的本質，這是一個同僚幫助的問題還是單向幫助的問題？

其次，要澄清角色，誰是受幫助者？教師是從觀察中獲得新資訊、新觀念的人？還是在觀察中給別人資訊的人？

第三，要澄清觀察的焦點是一般性的教學技巧？還是被觀察教師特別

關心的教學問題？

　　第四，要澄清觀察及回饋的焦點是教師的能力？還是學生的行為？

　　第五，要澄清觀察的目的是提供教師更多的訊息以便做教學決定？還是提供教師特定的教學技巧？

　　Glickman（1990）認為要以學校或整個教育行政區的視導目標為目標，再來設定一個不違背前提的特定目標。

二、訓練

　　訓練的過程包含了四步驟：

　　㈠了解同僚視導的目標及程序。

　　㈡引導一個行前會議來決定觀察的焦點。

　　㈢引導並分析教室觀察中對事件的「描述」及「詮釋」的差異。

　　㈣示範兩種召開觀察後會議的技巧，包括非指導式及合作式的技巧。

　　通常這樣的訓練課程至少需六小時，以保障能提供最起碼基本的知識及技巧。同時，可使用如臨床視導所使用的表 6-2 簡易標準表，將教學改進計畫填寫在觀察後會議中。

　　在第一次訓練回合結束後，應有一追蹤性會議，來檢討整個過程恰不恰當，需不需要修正或改變，再開始（後續）第二回合，一年可以有四回合，兩次是訓練方案，資深教師與新進教師分享其教學經驗，兩次是實際視導，視導人員實地觀摩新進教師教學演示。這樣的會議，才能提供大家彼此分享互相學習機會，實施一年終了，可再開一次高峰會議，以檢討下一年是否繼續進行。

三、排訂時間表

　　㈠首先同僚視導的方案一定要在「同意」及「志願」的前提下才能展開，因此時間就不該排在下班後，占用教師私人時間，所以我們可以利用一些小技巧來達成這個「所有活動都在上班時間內進行」的目標：例如可以利用午餐時間，雇幾個部分時間的代課老師，讓教師可在上課時間互相觀摩或利用二至三班合班上課方式，以節省人力。

㈡另一個要考慮的是同一組教師配對問題，編組的目的是讓有不同想
法的人，能找出相處得來的教師組成團體，但他們不一定具有相同
層級的教學經驗或教學能力，可將有經驗的老師和新手老師組成一
個團隊，也可將優秀的老師與次優的老師配對組合，例如，將一個
在教室經營管理方面有豐富經驗的老師，搭配一個在學生的學習評
量方面有最新了解的老師，這些都是不錯的組合。他們可利用彼此
共同的時間妥善規劃，使能互相配合。

四、解決問題

視導者要扮演顧問、支援人士的角色，將臨床視導方面可參考的資源
（例如書、錄影帶、觀察的工具……）都分門別類整理，存放於教師專業
的圖書館中，便於教師參用，可隨時解決教師在此過程中所遭遇的問題。
此外，他還可以利用下列方式幫助教師，包括隨意在教室外看看或請同僚
視導者每週交進度報告，以發現問題，並提出解決問題的辦法。

第三節　發展性視導

從發展的觀點來看，老師的經驗或專業成長和學生一樣都具有階段性
發展的特徵。因此，視導人員依照老師其本身不同階段性的專業需求、教
學能力、工作動機等等，採取不同的視導方式，以增進教師工作職場上的
教學效果。1980 年代初，Glickman（1981）秉持發展的新理念提出了此一
發展性視導（developmental supervision）模式。

一、步驟

㈠須知悉所有可能的視導模式。
㈡對教師的發展階段須加以評估。
㈢針對教師不同的發展階段之特點，採取有益於教師發展之視導策略。

二、發展性視導的功能與限制

㈠功能

　　1. 能符合教師工作現場之實際需求。

　　2. 教師能真正受益，並落實在教學效果。

　　3. 視導人員與教師成為夥伴關係，能在專業平台上進行對話。

　　4. 教師的發展特點受到重視，教師的專業問題獲得協助與解決。

　　5. 突顯課程專家、行政人員、家長、教師同儕、學生和視導人員對教師教學之重要性。

㈡限制

　　1. 教師發展性階段之評估工作不易正確實現。

　　2. 對於教育專業承諾偏低的教師，不易產生效果。

　　3. 對同一團體教師採取不同的視導模式，容易產生誤會與摩擦。

　　4. 視導人員意圖採取發展性視導模式，但可能專業程度不足而導致無法實施。

　　5. 教師發展性階段可能出現非單一特點，影響視導人員對發展性視導模式之選擇。

三、發展性視導在教育現場之舉隅

　　茲舉出教學現場中之一則例子，供讀者或實務工作者參考。

㈠針對教師「專業需求」之發展性視導

　　1. 教師專業需求：

　　當教育部公佈國民中小學九年一貫課程暫行綱要（2000）之際，各學校教師面對此一教育政策之作法十分陌生，加上課程改革的社會期盼十分殷切，教師對於「課程與教學革新之專業需求」深感十分迫切。

　　2. 視導人員有鑒於教師發展性之階段的特點，應當採取適當的視導策略。

3. 發展性視導之實施策略：

   (1)引導學校師生和學生家長與社區人士，研討和關注學校本位課程之意涵。

   (2)辦理教師校內進修：研討課程之定義、提升教師課程與教學之智能。

   (3)進行課程發展之行動研究和分享、發表研究結果。

   (4)召開課程發展委員會，引導行政人員和教師在課程改革的基礎上進行專業對話。

   (5)組織讀書會，創新校園內民主開放的文化，引導正確互動與接納的社會觀。

4. 視導人員不斷接受教師或其他人的反應與建議，並且不斷修正視導的策略，以符合教師在發展階段中之專業需求。

5. 視導人員邀請更多的專業夥伴共同檢核此一視導方式之有效程度，以便在未來作更佳的決定。

㈡針對教師「教學能力──教學過程之問題解決能力」之發展性視導

1. 教師「教學能力──教學過程之問題解決能力」需求：

李老師原先不是在國小任教，考上國小教師之後受聘到本校任教，剛新任三年級級任教師時，他對新班級的學生及國小教學過程感到十分陌生，內心十分耽心會耽誤學生之學習。

2. 視導人員有鑒於教師發展階段的特點，應當採取適當的視導策略。

3. 適當的發展性視導策略：

   (1)邀請李老師每週參加其他班級一節教學觀摩，觀摩之後由行政人員、教學者和李老師進行研討。

   (2)由李老師在教學觀摩之際進行問題記錄，作為研討的重點。

   (3)請李老師利用校內週三教師進修提出教學問題，作成討論綱要，邀請其他同仁提供教學建議。

   (4)請李老師規劃辦理一次教學觀摩，並擔任教學者和寫好教學簡案。

4. 視導人員不斷蒐集對李老師進行的發展性視導之建議。

5. 視導者不斷修正此一視導模式之缺失。

6.對其他相同發展性需求者重複實施，以期得到最佳之視導效果。

第四節　區分視導

　　視導的方式應由誰來做決定呢？如果由被視導者選擇一種視導方式來接受視導，是否更能符合被視導者的需求呢？Glatthorn（1984）指出：教師不應接受同一種方式的視導，而讓教師擁有某種程度之權利來選擇適合自己之教學視導方式。例如：可以從臨床視導、同僚視導、自我視導或其他視導方式中擇一而行。茲就區分視導（Divisional Supervision）的步驟、功能與限制，並試舉一例說明如後：

一、區分視導之步驟

　　㈠視導者邀請行政人員、教師凝聚共識，建構區分視導的準則。
　　㈡將共同遵守的準則轉化為書面計畫。
　　㈢依照行政程序，公佈後實施。
　　㈣教師自由選擇視導方式。
　　㈤針對計畫、執行加以評鑑，以做為改進之參考。

二、區分視導之功能與限制

㈠功能

　　1.教師成為專業成長之主體，提升教師做專業決定之能力。
　　2.教師須自己在教學現場反思，有益於改進教學之道。
　　3.視導者居於輔導之立場，不會對教師施以同一類型的視導模式。
　　4.教師受到專業尊重，同時也使得視導的內容符合教師的需求。

㈡限制

　　1.同一教學團體之中，不同教師有不同的視導方式之待遇，容易產生誤解和影響士氣。
　　2.顧及教師之單一視導模式之自由選擇，未接受普遍廣泛之其他視導

模式。

3.部分教師會考量選擇自己認為最省事、省時的視導方式，而逃避理性之選擇決定，使區分視導流於形式化、口號化。

三、區分視導在教育現場之舉隅

茲舉出教學實務之中執行區分視導之一則例子，供讀者及實務工作者參考：

㈠教學情境

1.王老師在國小服務年資只有三年，他參加學校校內週三進修之後，了解教師教學過程常有盲點，他很想知道自己教學過程中有哪些缺失？應該如何改進？

2.學校成立區分視導委員會並依照行政程序公佈視導準則：這學期將實施區分視導，並邀請教師共同定立一些區分視導的準則讓大家共同遵守。

㈡王老師的區分視導方式所做的選擇

1.王老師依照區分視導準則選擇了臨床視導。

2.王老師邀請教務主任和教學組長以及同年級的簡老師，進行視導前會議。

3.王老師準備好教學簡案、教學媒體、教學情境等。

㈢進行教學觀察

1.邀請教務主任和教學組長以及同年級的簡老師，進行資料蒐集。

2.使用數位攝錄影機忠實的記錄教學過程。

㈣教學觀察之資料記錄與分析

1.針對王老師在教學過程中教學方法、師生對話、教師課前準備、增強方式等等請教務主任、教學組長和簡老師提出建議，給予立即性的回饋。

2. 播放數位錄影將上課之畫面呈現出來，重新檢討教學應該改進之盲點。

3. 王老師將可以加以改進的教學技巧，記錄在個人的「教學反思札記」中，做成個人的教學檔案（portfolio）。

(五)召開視導之後的會議和視導後的分析

1. 對王老師請求臨床視導的過程的優缺點給予評論。

2. 本次臨床視導之優缺點列入下一次實施視導的參考。

第五節　其他幫助老師成長的視導方法

臨床視導及同僚視導是幫助教師成長較常用的方法，此外，尚有其他幫助教師的方法，茲綜合張德瑞（1999）及 Glickman 等人（1998）及 Sergiovanni（1987）的觀點，列舉下類數種方法：

一、個人化專業成長模式

(一)意義

「個人化專業成長模式」是 Sergiovanni（1987）所提出，認為教師必須為自己的專業成長負大部分責任。參與此一模式的教師，可以採取獨立自主的工作方式，來達成自己設定的專業成長目標，但是他必須接受視導人員的指導和協助。這種由教師自行設定目標、執行目標，但由視導人員和教師共同管制和評鑑目標的教學視導模式，頗似於目前商業管理界所盛行的目標管理（Management by Objectives）（張德銳，1991，頁 261）：

(二)步驟

1. 設定目標：根據個人需要或教室觀察報告等，教師自行設定二至三個（至多不超過五或六個）教學專業成長目標，而且每一個目標都應附有達成目標的工作計畫及預估時間表。

2. 審核教師所設定的目標：在審閱教師所提的目標以及所附的工作計

畫和預估時間表後，視導人員必須提供教師一份書面的回饋，以確保教師所提的目標具體可行。

3. 召開目標設定會議：在會議中，視導人員和教師根據雙方意見，適度地修正教師所提的目標和時間表。在會議之後，視導人員必須提供教師一份會議結論摘要表，供備忘之用。

4. 進行形成性評鑑：形成性評鑑始於目標設定會議之後，止於目標達成之時。每一個形成性評鑑必須和執行目標時間表相配合。評鑑的資料應由教師提供和彙整，並且經過視導人員的檢視。評鑑的資料可以包括：正式和非正式的教室觀察記錄、教室教學成品分析、錄影帶、學生學習評量結果，以及師生教室互動分析……等等。

5. 進行總結性評鑑：在每一個視導循環（通常為一年）即將結束之前，視導人員必須訪視教師，並和教師共同評估每個目標達成的情形。然後由視導人員和教師根據評鑑結果及教師的教學成長需求，共同規劃下一個視導循環的工作重點。（轉引自張德銳，1991，頁262）

㈢優點

個人化專業成長模式具有幾項優點：第一，它比臨床視導模式省時、經濟，而且較少依賴視導人員的指導和協助。第二，它提供教師自我計畫、執行和評鑑的機會，有利於教師往後的獨立自主和成長。第三，它提供不願意和同仁合作的教師，以及因故無法和同仁合作的教師，一個獨立自主的空間（Sergiovanni, 1987, p. 200）。

㈣困難

此種模式的施行，可能會遇到下列困難：(1)教師所選擇的目標之困難度常不一致，而要判定教師所選擇的目標是否過易或過難，常需視導人員謹慎的判斷；(2)要評鑑教師是否達成目標常引起爭議，因此如果評鑑的標準如果不在事先就訂得很具體明確的話，則爭議屆時難免就會興起（轉引自張德瑞，1999）。

二、「非正式視導」模式

㈠意義：非正式視導模式係指視導人員（通常為行政人員，如校長、主任）對教師實施非正式的、不定期的、短暫的教室觀察與回饋。視導人員進行此種教室觀察活動時，大都不需事先知會教師，但是必須儘量避免干擾到教師的教學活動。

㈡功能：視導人員能夠明訂有效能的教學行為，並將這些行為教導給教師，以矯正教師教學缺失，鼓勵教師良好的教學表現。

㈢方式：視導人員會利用時間到校園四處走動，尤其學校教室，更是他巡視的重點。上課期間，他常會站在教室走廊上，察看學生的學習活動，偶爾也會悄悄地走入教室後面或坐在教室後座，來觀察教師的教學活動（轉引自張德瑞，1999）。下課之後，利用休息空檔的時間把握和每一教師簡短問候，談話的機會，最好每一個老師一週中至少有一次機會談談他的教學生活，他再提供教師適度的觀察回饋。

㈣步驟：(1)根據對教師教學觀察的結果，評估教師教學優缺點；(2)提供教學回饋；(3)再觀察教師的教學以評估教師教學改進情形。

㈤視導技巧：(1)人際關係技巧；(2)教學觀察技巧；(3)提供教師明確指導的技巧。

㈥困難：(1)忽視教學行為的複雜性；(2)無法對教學能力較強的教師提供協助。

三、其他方法

㈠檔案視導

Zepeda（2003）提到檔案視導也是幫助老師成長的方式之一，建議老師將教學過程資料及作品建檔並隨時製作教學反省扎記，製成教學檔案，以讓視導人員檢核。其內容包括：

1.個人資料：有關教學的信念等。

2.課程資料：教學計畫及評量資料等。

3.教室資料：學生作品等。

4.學校資料：如參與委員會工作等。

5.專業成長資料：如職業生涯的目標、發表在期刊資料等。

對於少數未經常進修的老師，宜指導老師多吸收其他同事的經驗，彼此分享教學心得，例如如何使用檔案評量、真實評量等新的評量方法。

㈡示範教學：如前省教育廳國民教育輔導團即為成功的典型例子。

㈢提供教學資源：前省教育廳編印教學法書籍和學習與成長錄影帶即為典型例子。

㈣舉辦讀書會，視導人員給予必要的資源及設備協助。

㈤落實各科教學委員會功能，協助新進教師改進教學。

㈥協助解決問題：視導人員每週排定服務時間，利用一對一的方式，協助解決老師專業的問題。

第六節　臨床視導、同僚視導、發展性視導、區分視導、個人化專業成長及非正式視導等模式的比較

以上已經扼要說明教學視導的六種模式，為了進一步幫助讀者瞭解各種模式的假定、功能、步驟、困難及視導技巧，茲將這六種模式比較如表6-3。

表6-3　六種教學視導模式的比較

模式	假定	功能	實施步驟	實施困難	視導技巧
臨床視導	1.教學是由一組複雜的活動所組成，需精細分析 2.教師是一群具有學習能力的專業人員	1.改進教學 2.促進教師專業成長 3.培養教師與視導人員良好的互動關係	1.觀察前會議 2.教學觀察 3.分析和詮釋 4.視導會議 5.會議後的分析	1.花費視導人員許多時間和精力 2.視導人員欠缺臨床視導的經驗和知能	1.人際關係的技巧 2.會議的技巧 3.教學觀察的技巧 4.資料分析的技巧

（承上頁）

同僚視導	1. 教師具有學習能力和合作意願 2. 視導人員能提供合作機會和開放氣氛	1. 改進教學 2. 促進教師專業成長 3. 培養教師間良好的互動關係	1. 組成合作小組 2. 小組進行教室觀察和回饋等合作活動 3. 評估小組視導成效 4. 重編合作小組	1. 花費教師的時間和精力 2. 教師欠缺合作意願、經驗和知能	1. 人際關係技巧 2. 團體動力及組織的技巧
發展性視導	教師的經驗和成長具階段性的特徵	1. 重視教師專業發展 2. 改進教學 3. 視導人員與教師建立夥伴關係，進行對話	1. 熟悉視導模式 2. 評估教師專業發展階段 3. 採取有益教師發展之視導策略	1. 不易評估教師專業發展的階段 2. 對低專業承諾教師，不易產生效果 3. 教師發展性階段如非單一特點，影響視導模式選擇	1. 人際關係技巧 2. 不同視導模式的技巧
區分視導	教師有權利選擇適合自己的視導方式	1. 教師是專業成長的主體 2. 改進教學 3. 視導內容符合教師的需求	1. 建構區分視導的準則 2. 將準則化為書面計畫 3. 公佈後實施 4. 教師自由選擇視導方式 5. 評鑑計畫實施成效	1. 不同教師有不同的視導方式，易生誤解 2. 教師選擇單一視導模式，未能接受其他視導模式 3. 教師可能選擇省事、省時之視導模式	1. 人際關係技巧 2. 會議的技巧 3. 評鑑的技巧

（接下頁）

（承上頁）

個人化專業成長	教師有能力自我設定、執行和評鑑專業成長目標	1.改進教學 2.促進教師專業成長 3.培養教師對教學工作的投入	1.教師自行設定目標 2.審核教師所訂目標 3.召開目標設定會議 4.進行形成性評鑑 5.進行總結性評鑑	1.教師所選擇目標的困難度難以一致 2.難以評定教師達成目標的程度	1.協助教師撰寫教學表現目標的技巧 2.指導教師執行行動計畫的技巧 3.評估個別化成就標準的技巧
非正式視導	視導人員能夠明訂有效能的教學行為，並將這些行為教導給教師	1.矯正教師教學缺失 2.鼓勵教師的良好教學表現	1.評估教師教學優缺點 2.提供教學回饋 3.觀察教師教學改進情形	1.忽視教學行為的複雜性 2.無法對教學能力較強的教師提供協助	1.人際關係技巧 2.教學觀察技巧 3.提供教師明確指導的技巧

資料來源：作者自己整理。

第七章

課程發展

現代的教學視導工作是個綜合性的工作，Harris（1985）對於視導工作任務之看法，強調有以下十項工作任務：發展課程、安排教學、提供教職人員、提供設備、提供教材、安排在職教育、指引新進教師、提供有關特殊學生之服務、發展公共關係，以及評鑑教學結果等。

上述十項任務中，發展課程是視導人員最主要的工作之一，在課程發展上，他應協助教師發現課程的問題並協助他們尋求解決之道。同時，視導人員也是課程工作人員之一，在課程發展的過程中，他是參與者的角色。在整個課程發展中，視導人員不一定是「發展者」，但為了取得教師對他的信賴度，他必須具備專精的知識與技能，及課程理論的基礎，了解課程發展的動向，才能與教師分享經驗，尋求解決困難的途徑（張清濱，1991，頁57）。

本章分從課程發展的基本認識、課程發展的教育哲學觀、老師參與課程發展的層次、視導人員如何協助老師從事課程發展以及視導人員在課程發展過程中的省思等五方面加以敘述。

第一節　課程發展的基本認識

本節分從課程的定義及課程發展的概念等二方面加以說明。

壹、課程的定義

何謂「課程」？有的學者試圖從一般字典上和教育專門辭典之敘述；或是從蒐集國內外教育學者之解釋加以系統化分類和摘錄定義。因此，對於課程之定義，可說是眾說紛紜、美不勝收。國內學者黃光雄和楊龍立（2004，頁10）曾就諸多定義加以統整——「課程經常被當作：學習經驗、學習活動、學科、知識、內容、結果、成品及有關的計畫等」。遵此觀之，學生的學習經驗、學習活動、學習的學科、所學習的知識、所學的內容、所學得的結果、所學之成品或是有關之學習計畫都可能被稱為「課程」。

由此可見，為課程下定義實非容易之事。如果我們要為課程定義，就要看我們從哪一個「面向」（dimension）來為課程下定義。而課程不只是學校正式課程實施的內容而已；也不只是學生學習的經驗或是學生所使用

的教科書而已。Goodlad 等人將課程種類區分五個層次，從這五個層次所描述的課程種類來探究「何謂課程」？（Goodlad & Associates, 1979, pp. 58-64）

一、理想課程（ideal curriculum）：政府、團體或個人所期望的、理想中的課程，例如多元文化課程、生涯發展課程。通常是尚未具體化的理想。

二、正式課程（formal curriculum）：指經由行政單位認可，形諸文件，由學校或教師照章採用者。通常以課程標準、課程指引、教科書的形式出現。

三、覺知課程（perceived curriculum）：亦即人們心中所感受、體會到的課程。教師體會的正式課程內容，成為本身的課程構想；家長感知學校教學內容，產生某種自行詮釋的想法。這些都是覺知的課程。

四、運作課程（operative curriculum）：係指教育情境中實際出現的課程。

五、經驗課程（experiential curriculum）：學生由教學中實際領受的、獲取的經驗內容。

　　這五個層次所描述的課程意義有所不同。理想的課程偏向於「課程是一種理想的目標」，或者包含達成目標的大致構想。正式的課程偏向於「課程是計畫與學科教材」，是一套具有約束作用的課程綱領與可用的教材。覺知的課程則是教師對目標、計畫、學科教材內容的理解；運作的課程偏向於「課程是學習活動」。經驗的課程則以「課程是學生所習得的經驗」。由上述定義看，視導人員應該審視學校課程發展是否實現課程理想：

一、是否結合部頒課程綱要的要點實施？

二、教科書或教材是否經過公開程序的評選？

三、是否以教師為主要發展的主體，及是否發揮教師專業自主權？

四、是否由教師、行政人員、學生、課程顧問、家長共同參與？

五、是否在教學現場中蒐集學生感受和發現教學成效，以及修正課程內涵？

　　綜上分析，課程約包含「目標」、「計畫」、「學科教材」與「學習經驗」等四種意義，黃政傑（1990，頁68）歸納學者對課程的定義，發現不外乎上述四類意義。

　　以課程為「目標」者，認為課程是教育體系、政府當局或社會大眾希望產生的教育成果，或學生所產生的改變。這套目標即劃定了一個學習活

動與內容的範圍與輪廓，也是課程發展的起點。

以課程為「計畫」者，認為課程是為達成教育目標所擬定的系統方案或策略，大至一個國家的課程政策、法案與指導原則，小至一個學校或教室內的課程安排方式，都是課程計畫。由政策制定者、學者專家到學校行政人員、教師，都可能是計畫的擬定者。教育部所頒佈的中小學課程標準，其中包括課程目標、教學科目與時數的安排，以及實施方法的建議，是屬於全國層次的課程計畫；學校或班級所安排的日課表、課程實施進度、活動設計亦是範圍較小的課程計畫。

以課程為「學科教材」者，視課程為有系統的學科知識與具體的學習材料。所以，談到課程即意指某個學科、該學科的知識結構、教科書、習作、教學媒體等。

以課程為「經驗」者認為：課程乃包括學生在學習指導之下的一切經驗，因此最重視學生與生活情境中的人、事、時、地、物的互動和經驗的獲得。

綜合前述四種定義，筆者以為：課程定義對視導人員的啟示，亦即視導人員應關注：課程目標是否明確？課程計畫是否條理清楚？教材難易度有無問題？是否合乎課程綱要的能力指標？以及是否以學生舊有學習經驗為基礎等問題。課程可以由兩種角度加以定義。其一、課程是依據預定目標，以使學生獲得特定學習經驗的一套計畫或教材。其二、課程是學生由課程設計者特意安排的，或無意圖性的學習材料或過程中，所獲得的合乎目標或目標以外的經驗。

貳、課程發展的基本概念

課程設計和課程發展在實際上常被混用，不同學者分從課程發展的概念歷程、範圍、層次等三方面來加以說明，茲分述如下：

一、從課程發展的歷程言

Pratt（1980）指出：課程發展強調演進、生長的課程觀念；而課程設計則強調精確性觀念。Klein（1985）認為：課程發展不同於課程設計，「課程設計」是指課程的組織形式或結構，例如學科中心、學生中心、社

會中心等組織形式，其課程結構則依上述的組織形式來撰寫教學目標、內容、活動、評鑑等等程序性的科技；而「課程發展」則是實行這項程序性科技之過程，這其間還包括課程決定的互動與協商。

課程設計則比較關注課程的實體和成品，它的產物可能是成套的教學指引、教材或教學媒體等成品；也有可能將課程規劃成為成套的學習活動計畫或文本文件。這些經過設計的課程成品，必須透過教學活動的實施，以實現課程成品的功能，這個過程就稱為「課程實施」。為了檢驗課程設計、課程成品功能、課程實施是否有效，那就須進行「課程評鑑」，評鑑所發現的結果，可以知道哪一個環節出了問題，而加以改進和校正。從不斷的發現課程問題，並加以界定問題，在互動、協商、省思、對話的過程中推出解決課程問題的可能性策略，並一一加以驗證，如果無法找出答案就得從頭開始，繼續發現問題性質和解釋問題所在，繼而推出更新之策略，再循環驗證，找到解決課程問題的答案；最後提升了課程的水準。這種課程的行動研究帶動了「課程發展」和「課程革新」的契機，同時也為教育注入「活水」。

由此可見，課程發展與設計是具有可以尋找的脈絡，例如課程的成品或活動計畫是否經過「課程設計」的選擇和組織的過程，課程實施是否與課程預期的構思相符？課程實施之後的成果是否顯示出哪些地方需要加以修正和增刪？等等問題都是互相關聯而且是互為影響的過程。整個課程發展的歷程如圖 7-1。

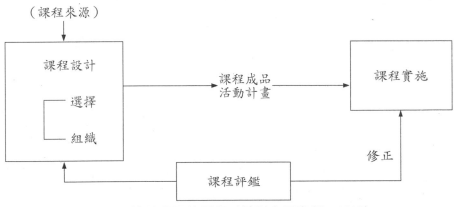

圖 7-1　課程發展的歷程（轉引自周淑卿，1998）

二、從課程發展的範圍言

學者 Beach 和 Reinhartz（1989）以及 Beauchamp（1981）對於課程發展之範圍看法不一，茲分述如下：

Beauchamp（1968）認為課程發展是指：目標和文化內容的實際結合和組織的一種安排，經由學校的教育指導過程，逐步使目標與文化得以進展和實現。他指出課程發展有兩個層面：一是文件文本，是構成課程內容的部分；一是課程各部分的組織形式，特別是文化內容組織的形式。

Beach 和 Reinhartz（1989）認為課程發展有兩大部分：過程和內容。過程涉及課程計畫、課程規劃、課程實施及課程評鑑。而課程發展過程是一個不斷改進的歷程。在內容方面，則涉及課程的結構、課程組織、教材教法的選擇等。

綜合 Beauchamp（1968），Beach 和 Reinhartz（1989）所述，可以發現：課程發展之範圍在過程上、內容上均應不斷的改進和創新；尤其在課程目標、情境中的各殊性文化和組織運作上都有再造、再成長的空間。而不斷的改進和創新或是成長和再造都是意圖使課程更適切化，使課程的品質更臻於完善的境界。

筆者以為：無論對課程發展持狹義或廣義的觀點，視導人員應留意者為：學校課程發展是否是一個永續不斷成長和再造的過程，還是對著陳舊的文件文本抱持著不敢做任何修改的崇奉心理？學校行政體制上是否在課程發展的過程中允許意見開放的空間，還是仍然囿於威權指揮課程發展和設計的窠臼而不自知呢？在教材成品方面如教科書之選用過程是否民主化？學校是否因為進行課程發展而使學校文化提升和革新？諸如此類的問題都須加以留意和加以探究。

三、從課程發展的層次言

課程發展的層次，各家的看法不一。例如：Saylor 和 Alexander（1966）認為：課程發展與設計的層次包括州、學校系統、學校、教學團體和個別教師。Oliva（1984）則指出課程發展有五個層次：教師、地方學區、州教育廳、聯邦政府、商業出版社。黃炳煌（1990）認為課程發展之層次可分

為：決策層次、商業層次、專門及技術層次和消費者層次。

綜合以上學者的說法比較後發現：Oliva（1984）比 Saylor 和 Alexander（1981）多注意到聯邦政府和商業出版社這兩個層次；而黃炳煌（1990）又比 Oliva（1984）多注意到專門技術層次和消費者層次。可以看出時空演進之下，課程發展已經和專門技術（如電子出版）及消費者層次（如學生們）等衍生出密切的關係。

再者，綜合以上學者課程發展之整體概念，課程發展可以簡化為四個層次，亦即：(1)全國；(2)地方；(3)學校；(4)教室等四層次。

（一）在全國的這個層次，主要的是決定課程政策，包括全國課程目標、學習成就標準、各級學校課程設計之實施要點等等。而課程決定者必須依據教育目標、教育理論、社會規範等擬定課程的實施原則和計畫。

（二）在地方的層次方面，則在全國教育政策之下，依據地方特殊需求和特性，協助學校達成學校教育目標。

（三）在學校的層次方面，則在全國和地方政府之授權之下，依據學校行政組織進行課程計畫，包括：學校本位課程發展、課程決定、選用教科書、進行課程評鑑等等。

（四）在教室的層次方面，教師和學生都是課程的使用者也是消費者，教師對於課程的決定、教材教法的選擇、教學過程之安排等等；學生對教師教學之互動、對課程之意見和感想等等都有很大的協商空間，教室中的社會意識、文化品質都是在這個層次中相當重要的議題。

從上述課程發展層次觀之，筆者以為：視導人員應該掌握下述各要點：(1)審慎的了解課程發展須兼顧各層次之要點；(2)把握各層次有利之資源；(3)審視情境中之有利條件因素，以協助學校和師生發展出最適切的課程，達成上述四個層次的課程發展要領。此外，在人本思想和後現代主義抬頭之今日，課程的發展不僅要兼顧上述四個層次外，尤其不可忽視「消費者」和「使用者」之實際需要，亦即師生的接受程度成為課程發展的重要成敗關鍵之一。例如：在課程決定協商之過程，學生或學生家長參與了嗎？課程之內涵是否滿足師生的需求並與社會資源相結合？課程之水準是否合乎家長的教育期望？這些都是視導人員值得深思、明察秋毫之處。

　　我國課程發展的層次，在過去數十年來國民中小學教科書及高中國文、三民主義、歷史、地理、公民等五科教科書均由國立編譯館依據教育部頒行之「中小學課程標準暨實施要點」統一編輯，稱為統編本，高中其餘科目教科書由國立編譯館或各書店編輯，再由國立編譯館依據「中等學校及國民小學教科圖書儀器教具審查規則」審查通過後發行，稱為審定本。無論統編本或審定本的編印均屬國家的層次。近年來，由於社會日趨開放，社會朝向民主化、國際化及多元化發展，對同一事件、同一問題，常有不同的觀點或主張，在教科書方面，已完全開放，由學科專家、業界、學校等三方面來發展，坊間來編印，逐步邁向學校為本位的課程發展。目前九年一貫課程及高職新課程的修訂，賦予學校教師更大的教材選擇權、自主權，擺脫由學術機關宰制的課程發展，提供學校更大的參與課程發展的空間，課程發展的層次已落實至學校及個別教師的層次。

第二節　課程發展的哲學觀

　　課程的發展的學理基礎有哲學、社會學及心理學，其探討重點離不開三方面因素：⑴學生該學些什麼？⑵課程內容的邏輯順序為何？⑶學習如何加以評鑑？

　　課程的發展因設計者不同的哲學觀點、社會學觀點及心理學觀點，其對課程設計的知識取向自有差異。就哲學觀點而言，課程與教材的價值需要哲學的批判，教學的方法需要哲學的指導，由於受到世界觀，專業教育者的價值觀，學生發展所需的知識觀，以及當前社會經濟情況等不同因素的影響，其最後課程內容的決定受到學校教育目的之哲學觀所影響；就社會學觀點而言，課程發展需要配合社會的變遷及科技發展，正確地分析與評估社會的走向。諸如如何確保教育機會均等、如何在學校及班級體系中實施課程、學生在社會中成長之所需、社會對知識的看法……等，均需面對的課題；就心理學觀點而言，課程發展需要掌握學生的發展特徵、認知結構及教師的特性，如動機、興趣、態度、能力、性向、智力、人格、記憶、知覺等，亦即心理學觀點可幫助我們釐清學習的特性及學習的過程，因此課程發展者宜掌握學習方面有關的知識，針對課程目標、內容、方法

與評量設計出符合學習者需求的課程（黃光雄、楊龍立，2004）。

　　由於視導人員不同的哲學觀將影響其對課程發展的看法，而本節旨在探討視導人員不同的哲學觀對課程發展點的差異，故僅就哲學觀加以說明。依 Glickman（1990）的觀點，課程發展主要受到三種哲學觀的影響，即精粹主義（Essentialism）哲學、實驗主義（Experimentalism）哲學、存在主義（Existentialism）哲學，此三種不同的教育哲學對教育領域之教材、教師角色、學習、學生作為、教學、教育目標……等概念有其特定的主張，彼此各有其課程發展觀，充分影響課程發展的實質內容和發展取向，茲分述如下：

壹、精粹主義哲學的課程發展觀

一、重點內容

　　有關精粹主義哲學已於第三章第一節說明，茲就精粹主義的課程發展觀部分加以補充如下：

　　精粹主義的哲學主張一種永恆的知識應兼具歷史和現代，亦即重視經久不變生活的價值。精粹主義強調外在變化之後不變的部分，文化中較恆常不變且有價值者為其所肯定，這些文化精粹的部分即學校課程之主要內容，經由學校教育使精粹的部分得以維護並延續。

　　精粹主義的視導強調，督學如同教老師真理的一個人，視導者在傳遞絕對標準的知識給教師，而老師也機械性、系統性的將這些知識傳授給學生。具精粹主義哲學觀的課程發展者，認為下列四個問題宜加以留意：(1)課程應重視機械式的學習，背誦事實的資料，重視學術的成就；(2)課程發展者決定學生應學些什麼，將事先決定的知識、事實及技能等，以線性式因——果型式（linear cause-effect format）編在課程指引中，闡明學習是一種行為——目標的過程；(3)教師教與學生學的活動；(4)學習評量，了解目標是否達成，依據這四個問題可以簡化為一種直線型的課程發展模式，即以 目標 —— 活動 —— 評量 等線性方式進行課程發展（Glickman, 1990, p. 344）。

　　簡言之，精粹主義哲學的課程發展觀，以行為——目標的模式來發展

課程，重視 Bloom 知識結構分類中的記憶及理解方面的成分。課程發展者將單元細分成最重要的事實及技能，編在課程指引中，提供老師使用，他們被期待遵循活動的次序來施教及實施評量，對於未通過評量的學生再重複實施那些活動，直到通過評鑑為止。每一個行為目標計畫緊密地次序結合，一個行為目標精熟後，學生再學習下一個行為目標。茲以國小學生學習數學進位加法為例說明如表 7-1：

表 7-1　國小學生學習數學二位數十進位加法之行為目標

單元目標：在本週末，所有學生需學會數學二位數十進位的加法

　　活動：　1. 老師施以實物說明講解

　　　　　　2. 學生實際操作實物

　　　　　　3. 以數字表示二位數十進位加法

　　　　　　4. 指定作業

　　　　　　5. 抽取學生作答

　　評量：命題考察學生學習情形

二、對視導人員的啟示

　　筆者以為：視導人員視導過程中，應重視下列數項要點：(1)學校課程之目標是否清晰？(2)教學內容是否達到課程綱要中的能力指標基準？(3)教學內容是否能實現認知目標、技能目標、情意目標的同時學習原則？(4)所擬定的教學目標是否具有普遍性的原則？(5)教學活動是否能使學生精熟學習的內容？(6)教師如何進行評量？(7)是否依照實際需要或學生特性進行多元評量？是紙筆測驗、診斷性評量或安置性評量？是形成性評量或總結性評量？(8)視導人員宜進一步去關注教師在進行教學之後，有無能力去省思教學目標、教學活動、學習評鑑的深層問題，進而提升自己的教學品質，達到卓越教育品質的產出。

貳、實驗主義哲學的課程發展觀

一、實驗主義（Experimentalism）簡介

　　實驗主義係Dewey所創立，源自實用主義、進步主義及重建主義。實用主義（Pragmatism）哲學是 Pierce 和 James 所發展，強調人影響自然更甚於自然影響人，主張知識是依據經驗，使用科學方法而得到的，所謂的實體就是個體和環境的互動及變化的結果，世上無永恆知識或科目，課程的重點為傳遞文化及為個體改變做準備，而提供適當的經驗，以便應用解決問題。進步主義（progressivism）源自實用主義，認為知識是引導個體成長和發展以及生活學習的過程，重視學生主動及適切的學習；其對課程的取向為重視人文教育。重建主義（reconstructionism）是實用主義與進步主義進一步的旁支，認為學校學生是社會的改革者，知識是改進社會問題所需的技巧和學科，學習應是主動的，並且與現在及未來社會有關；其對課程的取向為重視教育機會均等及國際教育。

　　實驗主義認為所謂的實體：就是人能從一個假設上加以證驗（justify）而為一種暫時的真理，實驗主義反對精粹主義有關知識真理在人群之外絕對的存在的觀念，不主張有絕對的真理，人的環境是變化的，人的行為也無時無刻在變化，今天和明天不同，例如過去牛頓的定律是真理，但今日已被愛因斯坦相對論取代。在人類社會中道德的觀點也應是相對的，所謂的賢能（wise）就是知道環境如何影響人自己，人如何影響環境和對以上之關係了解的人。知識是科學的，是人和環境交互作用之成果，它不是絕對的永恆的。

　　實驗主義思想應用在教學視導上，認為教師應學習當代的真理，但不應停留在傳遞學生包裹知識（the parcel of knowledge）的層次上，視導者應以實驗室的觀點看學校，和老師一起驗證假設，嘗試新真理。視導者應以民主的方式和老師共同達成合作協議的目標，並協助每個人適切的發展。視導者不必是傳統文化的傳遞者，他們傳送當代初步知識並引導嘗試錯誤，探究學習。

二、實驗主義的課程觀

實驗主義的課程發展觀認為在計畫活動時，課程發展者考慮學習的多元方式，如經由閱讀、寫作、聆聽及建構等方式學習，而後環繞某一主題統整各領域的知識。例如環保主題可以統整社會學、數學、經濟學、歷史、物理及生物等方面的知識，而教材資源可以來自錄音機、報紙、書籍、社區及義工等多元樣式。

實驗主義的課程發展觀，係使用網狀格式（webbing format）及概念地圖（concept mapping）格式，以發展課程，茲分述如下：

㈠網狀格式

網狀課程內容包含每一相關主題的活動，及其衍生出可能的結果及所需的資源。其與行為目標課程不同之處，乃在於行為目標的課程係經由控制，以導向預懸的目標。而網狀課程及活動導致可能的及非預期的結果。需特別注意者，網狀課程包括可能的結果，和容許其他可能的結果。

網狀課程對於某些重視培養良好態度的學科及社會科學的學科而言是有用的。例如，藝術、音樂、社會科學及語言。Dewey的實驗主義課程觀，強調先決定主題，打破學科限制，相關的主題環繞某主題來學習。此派的課程觀可以以圖 7-2 示之。

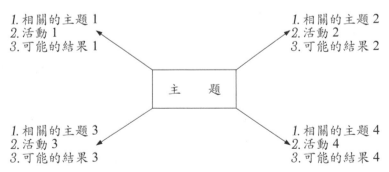

1. 相關的主題 1
2. 活動 1
3. 可能的結果 1

1. 相關的主題 2
2. 活動 2
3. 可能的結果 2

主 題

1. 相關的主題 3
2. 活動 3
3. 可能的結果 3

1. 相關的主題 4
2. 活動 4
3. 可能的結果 4

圖 7-2　實驗主義的課程發展觀

資料來源：Glickman（1990）. *Supeurion of instruction*. p. 345.

　　茲以鴉片戰爭為例，進一步將實驗主義課程發展觀以圖 7-3 示之。

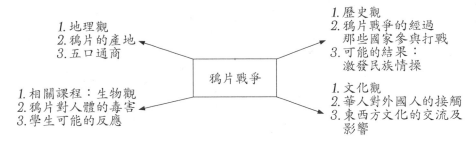

圖 7-3　實驗主義的課程發展觀的應用

資料來源：作者自行整理。

(二)概念地圖格式

　　概念地圖是一種在兩個向度上，使用命題形式的概念圖，來表徵所欲教學和學習的概念與概念間的階層連結關係。它不僅可以當作一種學習評量的工具及一種學習策略，對於各學科的教學、學習、研究、評量和課程發展均可應用。（余民寧，2002，頁 413-415）

　　概念地圖格式乃規定教學目標，而非注重行為目標，在教學過程中，老師擁有很大的彈性。Posner 和 Rudnitsky（1982）已發展一套課程的格式——概念地圖，整合網狀格式及行為目標，包括以下各項：

　　(1)學科的動機，包括整體教育目標；(2)依學生學習的速率，列出想要的學習結果（教學目標）；(3)說明課程中學生將要學習的重要的觀念及它們之間的關係；(4)教學計畫宜說明每一單元的內容、單元目標及教學策略，以達成學習的結果；(5)評量計畫宜說明行為的目標（預期的主要效果），非預期的學習結果（次要效果）。

　　茲以某所國小六年級自然與生活科技學習領域為例，運用概念地圖舉例說明課程之格式，如圖 7-4。

　　簡言之，實驗主義哲學的課程發展觀，可以網狀格式及概念地圖格式來發展課程，重視 Bloom 知識結構分類中理解、應用、分析的成分。同時我們可以發現：實驗主義哲學的課程觀，其重點並非要學生學習「零碎知識的記憶」，而是透過對主題活動的探索，進一步驗證假設，師生在互動的過程中嘗試建構、發現新的知識。

261

學科動機	一、主動注意生活情境中植物的生態,但缺乏系統化的探索,想進一步研究。 二、對校園植物名稱與生態形態產生興趣。 三、想與本校師生分享植物研究的樂趣。
教學計畫	單元一:在校園角落栽培植物,成立植物園區。 單元二:進行單位面積、種類、數量之生態調查。 單元三:每位學生面對師長做一次心得報告。
重要概念	一、課程之內涵以生活為中心,從學生經驗中建構知識和能力。 二、自然領域教材注重統整性,引導學生在自然中反思和學習。 三、發展學校本位的自然課程,鼓勵學生主動建構和自主探索。 四、教師進行行動研究以發展本校自然與生活科技學習領域之課程。
教學目標	一、認知:認識草本植物、知道草本植物的小常識。 二、情意:對植物產生感情,並養成主動學習的習慣。 三、技能:學習科學探究方法,並能應用所學於日常生活,對師生民眾解說。
能力指標	自然領域主要能力指標: 1-3-5-5 傾聽別人的報告,並做適當的回應。 2-3-2-1 察覺植物根、莖、葉、花、果實、種子各具功能。光照、溫度、溼度、土壤影響植物的生活。不同棲息地適應下來的植物也各不相同。發現植物的繁殖的方法有許多種。 環境議題主要能力指標: 1-3-1 藉由觀察與體驗自然,並能以創作文章、美勞、音樂、戲劇表演等形式表現自然環境之美與對環境的關懷。 4-1-1 能以清楚的言語與文字,適切描述自己的自然體驗與感覺。

(校園植物巡禮（課程主題）

圖 7-4 以概念地圖來發展某所國小六年級的自然與生活科技學習領域的課程格式為例

資料來源:王校長瑞輝提供。

三、實驗主義的課程觀對視導人員的啟示

筆者以為：視導人員進行教學視導時，在協助審視課程之際，下類幾項正式、非正式及潛在課程內涵的特質，是值得關注的議題：

1. 學校、班級是否為一個民主開放和富於創造的組織，接納不同意見和富於批判氣氛的教育社區？或是一個封閉型的結構型態？
2. 課程的選擇和安排是否引導學生成為主動的知識探究者？或是仍停留在由教師單向的對學生進行知識的「灌輸、說教」等記憶、背誦教學？
3. 教師對於課程之實施是否具備研究、省思和創新的能力？是否樂於改善教學現場的問題，使課程不斷改革，以符合現代社會之需求和使用者的期望？

參、存在主義哲學的課程發展觀

一、存在主義（Existentialism）簡介

存在主義來自於對精粹主義及實驗主義反制。它們輕視以理性、實驗、系統的思想來獲得知識，如前述精粹主義者相信理性思考能提升心靈以發現絕對的本體；實驗主義者相信以理性、科學思考來探究、建構當代知識；然而，存在主義者相信理性思考會限制人發現「存在」。

存在主義哲學的基本教義在於個人是實體的來源，世界所有的存在意味著個人收入自己的經驗。宇宙中無絕對的本體或機械的運作的求知方法，也無先前制定的知識法則。超出個體的存在僅是一片紊亂，唯一的實體存在於個人自己的存在中。人恆最高，人的價值尊嚴最重要，他們是「真實」的來源，一個人因存在及獨特性而獲得尊重。因此，人群關係變得重要，保護個人權力，肯定個人價值去發現自己的真理、信仰、直覺、想像和超驗經驗，都用來作發現的方法。人是整個自由的，不必役於別人或限制於時間之流中，他們保有自己的能力，以塑造自己的命運。

二、存在主義的課程觀

　　存在主義的課程發展觀重視老師在使用教材、活動及方法時最具彈性的自由及空間。其焦點在於目標及學科、主題或課程的一般學習。例如，以結果為主的小學閱讀重點，老師有權決定何時及如何教以下各類技能，其項目包括：

　　㈠發展觀察的能力。

　　㈡依名字、顏色、形狀、大小、位置、用途加以分類。

　　㈢預期故事的結局。

　　㈣區別事實及想像。

　　㈤了解人、地、時、事等及原因的片語。

　　㈥回憶故事的次序。

　　㈦閱讀以發現故事的主要中心思想。

　　㈧閱讀以了解結局。

　　㈨比較及區別各種故事內容的異同。

　　簡言之，存在主義哲學課程發展觀，老師重視以結果為導向（Results-Only Format）的模式來發展課程，只依結果負責，不必為使用的過程負責。在上述教導學生閱讀技能的學習中，老師關注的焦點在學生是否真正學習到閱讀的技能。

三、存在主義課程觀對視導人員的啟示

　　筆者以為：就存在主義哲學觀，看課程之問題時，視導人員應注意下列數項：

　　㈠存在主義主張「人存在的價值」、「天下沒有絕對的本體，個人才是實體的來源」，因此學校課程發展的動力，乃是由共同願景來促動，而非完全依政令或行政力量來指揮。因此，學校如何營造出富有成就動機的課程願景，才是有價值的行動。

　　㈡存在主義主張「無先前制定的法則」，因之，班級或學校規章制度應由大家共同制定，共同凝聚共識。由情境中的個人感受生活的價值，才建立班級公約或校規。

㈢存在主義允許擁有個殊性和獨特性，亦即肯定「人是自由的」，而且自塑命運，保有自己之能力。因此，課程發展之過程、結果，會因投入的因素不同、情境不同、人員不同、文化不同等等而有不同的產出。視導人員不能對不同的學校一視同仁或等量齊觀，做一致性的要求。

㈣由於存在主義哲學觀主張教學只重視學習技能之獲得，和最後結果的負責，因此，課程的目標、學科之分類及課程之選擇是否配合技能培養，而加以設計規劃？能否充分地透過教學過程，引導學生培養能夠發現知識、培養直覺、想像和超越經驗的功能？都是值得視導人員重視的重點。

肆、三種哲學的課程發展觀的比較

以上精粹主義哲學、實驗主義哲學及存在主義哲學三種哲學的課程發展觀，Ornstein 和 Hunkins（1993）曾整理如表 7-2。

表 7-2　Ornstein 及 Hunkins 主要哲學觀概述

哲學	知識	教育角色	課程重點
精粹主義	基本的技巧和學術性學科，精熟教材的概念和原理	視導人員在學科領域是權威；明白教導傳統知識之價值	基本技巧（3R）及基本學科（如英文、科學、數學）
實驗主義	依據經驗使用科學方法	視導人員培養老師批判思考和科學過程	無永恆知識或科目；為個體改變提供適當經驗；以問題解決為主題
存在主義	個人選擇的知識	視導人員培養老師作選擇和個體自我認定	重視選修有關感情、美學和哲學的科目

資料來源：修改自黃光雄、楊龍立（2004，頁 115-116）。

　　綜合上述之哲學觀概述，筆者發現：精粹主義哲學觀較容易偏向「教師本位」的課程設計；實驗主義較容易偏向「能力本位」之課程設計；存在主義容易偏向「兒童本位」之課程設計。

　　以目前中小學學習領域觀之，類似傳統富有價值的知識可以透過「教師為本位」之規劃設計，而直接引導學生學習，例如英文之學習；而有一些需要學生主動探究和親身體驗的學習領域，則應該偏重「能力本位」之課程規劃設計，避免教師直接傳授，而是需要讓學生親身體驗和發現，教師只是一位引導學生學習和發現的教育夥伴，以培養主動探究和科學態度與方法，例如自然與生活科技之實驗或觀察記錄；另外有一些需要由學生本身運用知覺，去體會感受與審美，或是去做價值的判斷或選擇，則應偏重「兒童本位」之課程規劃設計，這時學生成為知識的價值取捨的主人，教師安排學習情境並尊重學生在學習過程中高度主體性的地位，例如藝術與人文或是品德教育等課程。

　　事實上這種區分方法不是絕對的，許多科目之學習都是無法完全以一種哲學觀點去套用或是強加區分。如果教師能依照學習內容或知識結構的特性，適當的選取某些哲學觀點去適用則較為可行，而運用之妙存乎教師之心。

第三節　老師參與課程發展的層次

　　本節分就老師參與課程發展的層次，及視導人員對不同課程發展層次教師的協助的問題等二部分加以說明：

壹、老師參與課程發展的層次

　　Tanner & Tanner（1980）認為老師及地區的學校，因個別差異的事實，可以下列三種層次從事課程發展：(1)模仿—維持（imitative-maintenance）；(2)居間協調（mediative）；(3)衍生—創新（creative-generative）。在第一層次的老師關心維持及遵照既有的課程。第二層次的老師關心將現存的課程再精緻化。第三層次的老師關心改進及改變課程。

一、第一層次　模仿─維持

此層次的老師依賴教科書、工作手冊、習作及教學媒體。導致學生學到多種孤立的技能發展活動，使支離破碎的課程更加支離破碎。老師認為自己對課程發展有較少的彈性及自由，將學者專家發展的課程視為萬靈丹，拿現成的材料來使用而不加以批判。教學時最期待的情形，是將課程視為單向的知識的灌輸，忽略了實際上有課程改進的自由，而沒有注意到產生的交互作用，此層次的老師抗拒改變，教學無法適應地區的需要。尤其是中學階段的老師對於課程的發展指關心本身學科領域的知識，忽略與其他領域學科知識所產生的交互作用。我國剛實施九年一貫課程之際，遭致部分學科本位之專家及老師的抗拒，墨守傳統式的教學，不願嘗試協同教學，那些老師即屬於此層次的人員。

二、第二層次　居間協調

此層次的老師了解需要統整課程的內容，處理立即的情況（社會的問題，如能源危機及引起兒童興趣及關心的問題都是立即性的問題），雖然此層次的老師具有課程聚集的概念，在施教時未超越某些學科偶然案例的關係。課程的焦點仍是片段的，理論與實際呈現分離的狀態。課程的改進停留在將現有的實況加以精緻化。

然而，此層次的老師並未盲目地將課程視為一種完全無彈性的材料，也不會視為不可修改的標準化內容。他們已經作了必須的適應、同化及調適，了解到課程發展的重點應放在課程改進的資源上面，其中包括學生、父母及同儕關係，跨地區學校資源的共享等。

此層次的老師能接受新觀念並適應新的環境，但是對於改進課程的努力，卻無法對於實際問題提供解決之道。他們教學時主要的資源，除了教科書、多媒體、套裝軟體及專業的文獻外，同事、視導人員、家長、課程學者、校長等人力資源與訓練課程也常是教學重要的資源。

在這個層次的老師雖然仍接受既有的課程教材，但是他能夠在既有的課程教材中發揮本身專業理念和教學經驗，進行改革和補充，使既有的課程能發展出彈性的空間，能在課程教材中取得橫向的聯繫以及縱向的連貫，

在有限的空間發揮教學更多正面的功能。

回溯「九年一貫課程暫行綱要」（2000）尚未公布之前，國中小學教師普遍都扮演這個層次的角色。他們累積多年的教學經驗，發現既有的課程教材是不完美的，有些部份內容需要加修改、補充及統整，教學的過程或結果才比較合理和有效。這些教師就不是第一層次「維持──模仿」的角色，而是「居間協調」的角色。視導人員如能協助使課程教材更為合理和教學結果展現有效的預期目標，成為教師對課程教材的選擇和期待；這些教師也因而成為「課程改革」的潛在動力，亦即自然趨向第三層「創造──衍生」的目標。

三、第三層次　創造─衍生

此層次的老師採取集體的方式從事課程發展，最理想的方式是有關課程決定由任課的個別老師及全校教師和相關人員來共同負責，探討課程問題的優先順序及關係。

個別的老師通常不能創造新的全校性的課程，個別的老師能夠在他本身的教學領域與其他老師建立連續性互動關係。在此層次的老師運用類化的策略及選擇問題作為課程組織的核心，強調專門的學科享有共通特性的特質的概念，因此，他們必須具備橫跨學科領域課程研究的能力。

在此層次課程發展的老師，常常思考他們正在作什麼，並且想要找出更多有效的工作方法。他們能夠診斷問題，形成解答問題的假說，於是在教室中作行動研究的實驗並且與其他老師溝通和分享自己的見地（insight）。

居此層次的老師是研究的消費者，尋求在學校及教室中具有課程決定較大的責任。在選擇課程材料時他們運用獨立的判斷，使得課程材料能夠適合地區的需要。他們自視為專業人員，不斷地將精力投入有關為學生學習經驗做決定的問題。其最終的目的，在於使他們的觸角向外延伸到廣泛的學科資源領域，使學生獲得完整的知識（Tanner & Tanner, 1980 pp. 638-639）。

以上教師參與課程發展的層次，可以圖 7-5 示之：

層次	關心的焦點	工作及任務	重要資源
層次一：模仿——維持	1. 微觀課程。 2. 學生學習條件的建立。 3. 片斷處理課程。	1. 例行工作 2. 接納專家編製的課程，予以施教。	1. 教科書、工作手冊。 2. 學校校長等視導人員。
層次二：居間協調	1. 微觀課程。 2. 學生學習條件的建立。 3. 片斷處理課程。 4. 了解處理鉅觀課程的迫切性	1. 解釋課程。 2. 適應課程。 3. 將課程精緻化。	1. 教科書、多媒體、修改部份課程套裝軟體。 2. 教師同僚、社區資源、在職訓練課程。 3. 學校校長等視導人員。
層次三：創造——衍生	1. 鉅觀課程。 2. 統整課程，以應付緊急需要。	1. 解釋課程。 2. 適應課程。 3. 評鑑課程，包括問題診斷及問題解決。 4. 改進課程現況。 5. 提供解決方案。	1. 教科書、課程計畫（跨學科及跨年級）。 2. 變通的課程設計方案。 3. 社區資源、在職訓練課程、專業會議及研討會。 4. 學校校長等視導人員。

圖 7-5　教師參與課程發展層次

資料來源：Tanner, D. C. & Tanner, L. W.（1980）. *Curriculum development: Theory into practice*. p. 637.

貳、視導人員應關注的問題

筆者以為：就以上三個層次的教師參與課程發展情形而言，視導人員應關注下類問題：

一、審視課程改革問題：例如學校行政人員應主動去發現並輔導抗拒課程改革之教師、過度依賴繼承教科書教學指引、照本宣科單向灌輸的教師、無法進行課程行動研究的教師、不願在課程教學過程中協同研究者、不能批判現有教材缺失者等等。此外，視導人員宜引導教師和學校行政人員，共同創造一個富於課程發展動力的學校環境，重新注入新的理念，開放校園文化，型塑新的教育社區。

二、協助課程發展人員、組織運作或資源運用問題：例如教師是課程發展的主要人員，可是當教師能力遇到瓶頸時，是否能夠進行專業進修？當行政運作無法順利推動時，又將如何？資源取得不易時，又如何充分支援課程發展？等等這些問題，均有賴視導人員之協助和傾力相助，也是視導人員協助課程發展的重要方向。

三、塑造與教師的夥伴合作關係，以協助教師研究能力的發展：在面對課程發展過程中，難免會出現實務的問題，視導人員可以協助教師發現問題、診斷問題性質，進而形成假設，以行動研究去突破困境，獲得答案和提升課程品質，甚至引導教師發展「合作方案」，例如全校性的主題探索等，以「讓學生獲得完整知識為目標」的專家來編寫。

第四節　視導人員如何協助老師從事課程發展

　　視導人員如欲協助老師從事課程發展，宜根據老師發展的特性來決定課程的型式及發展。當課程發展者由學校體系之外的專家來編寫，且課程是以一種特定的型式出現時，課程發展主要是模仿的，其特性為老師照著編訂的課程施教；當課程發展者是由地區的學科專家所領導，並且課程內容依據目標及老師建議的活動來編寫，課程發展主要是思考性的，其特性為老師修正課程，以適應學生需要；當課程發展的主體是老師，並聘請專家作為資源人物時，老師知道學生應該學什麼，有權決定提供學生哪些活動，於是課程發展是衍生的，其特性是不斷地創造。茲以圖 7-6 加以說明老師的特性與課程的發展相配合。

老師的特性	低	中	高
課程改變的能力	不想改變	想做一些改變	渴望改變
對課程抽象思考的能力	少有能力去思考改變	能想到一些可能的改變	有許多建議
課程發展專精的程度	不知如何進行	不知道如何寫課程	知道如何進行

課程的發展			
發展者	專家來寫課程	由專家領導一群老師實質地來修正課程	以專家作為資源，由內部一群老師來發展課程
型式	以行為目標高結構的型式來呈現	使用行為目標、網狀及概念化地圖的型式來呈現	僅考慮結果的型式，專家提供一些建議，老師有權決定如何教
發展原則	模仿的原則來實施，較少作修正	老師與專家彼此調適，老師針對外面專家所發展的課程提出討論	課程係可以討論，不斷的改變，以臻完善

圖 7-6　課程發展與老師的發展相配合

資料來源：Glickman, et al.（1998）. *Supervision of Instruction*. p. 390.

壹、視導人員對不同課程發展層次教師的協助

　　從上圖可知：視導人員宜從老師對工作的承諾，抽象思考能力及對課程專精的程度去思考，如何協助老師從事課程發展，而後決定現在的課程與老師的水準是否相符合，如果目前的課程不適合老師的發展，視導人員協助老師對於課程的調適是必須的，其作法為：

　　㈠假使某位老師對於課程發能力很低，或囿於原有知識的限制，無意願改變，沒有能力建議可能的改變，則適合由外在的專家作決定，以行為——目標，及模仿的方式來發展課程。老師在教室中教學，宜允許按專家所設計的課程施教，對課程作較少的修正，使老師從編製良好的課程中受益。

　　㈡如果老師具有中級程度的課程發展能力，宜配合外部專家所發展的課程，但實質上，可由課程專家所領導的教師群對課程內容作適度的修正；課程的型式可能是兼具行為目標，網狀及概念地圖的折衷型，透過課程發展、實施及課程的適應，協助老師召開問題解決的會議，從兩種以上的教科書或指引中加以選擇其精華，使老師及學生因而受益。

　　㈢假使老師具有高度課程發展的能力，則宜配合內部的力量去發展課程，讓老師可以自由選擇、創造他自己的課程計畫，課程的型式應重視結

果及提出建議的活動,持續不斷地修正。

　　視導人員宜牢記在心的事情,就是如何增進老師課程發展的能力,假使課程發展能力低的老師,能成功地執行專家所發展的課程,那麼,視導人員應計畫下一階段的課程發展,賦予老師額外的責任,在課程專家領導下,去做課程發展的工作。如此,可增進教師對課程發展承諾的能力,抽象思考的能力及專精的能力。

　　簡言之,課程是繼續不斷改進、發展的過程,其發展的結果是學生的學習,因此,課程發展的潛力來自老師,只有老師最清楚課程是否適應學生的能力及社會的需求。而視導人員協助老師從事課程發展時,宜基於老師先前的經驗及課程的知識,考慮課程編寫的型式(行為目標、網狀、結果導向),課程發展的型態(老師、地區、中央、出版商)及老師參與課程的型態(模仿的、思考的、衍生的)。方能增進老師對課程實施的選擇及承諾,真正落實課程發展,使學生實質受益。

第五節　視導人員對課程發展應有的省思

　　目前國內課程改革的呼聲幾近白熱化,社會和學生家長對課程品質的期盼日益殷切,而課程發展的問題不斷被發現,也不斷檯面化;因此,視導人員和學校課程發展人員應該妥善的扮演相關之角色,發揮角色的功能,以落實課程發展的重責大任。尤其視導人員身負課程發展之督導、引導、社會支持和激勵的責任,更是需要審慎為之。茲就視導人員對課程發展應有的省思,提出若干具體可行之建議或做法:

一、扮演適當的課程發展協助者角色,達成課程發展之任務

㈠引導教師對課程決定之慎思熟慮

　　課程之選擇和教師的教育理念和專業能力有關,課程決定之後影響學生學習至深且鉅:諸如課程的意識形態問題、課程之灌輸、課程哲學觀等等,都需要再加以思考和在實際教學情境中驗証。

㈡強化行政組織運作，以利課程發展歷程

課程發展需要發揮整體組織力量，群策群力調整組織的運作，排除組織成員對課程發展的抗拒心理和消除疑慮，讓組織發揮統合的力量，齊一步調，完成課程改革的任務。

㈢型塑學校文化，裨益課程發展

課程發展是永續發展的歷程，是學校文化成長、再造的契機，如果課程發展領導者能夠以專業代替權威領導，接納教師專業自主的權利，在平等、理性的平台上（platform）進行對話，改變教師對教科書權威的崇奉心理等等，那麼學校文化可以透過課程發展而得到重塑，建構出專業和民主的教育社區。

㈣透過教師進修，提升課程發展能力

教師是課程發展的主要成員，需要具備教育的新知，例如教育哲學、課程設計能力、發現課程問題進而提出解決策略，以及驗證回饋校正等等能力。而如何規劃教師繼續進修和研習，以獲取課程發展相關的知識和技能，係值得視導人員深思的課題。

二、熟悉課程發展之哲學觀，引導教師適切運用於課程和教學

㈠引導教師熟悉重要的教育哲學理論，以便課程發展過程中能夠適當選用

視導人員宜秉持「哲學是課程教學的指導原則；課程教學是哲學的實驗室」的理念，引導教師能進一步在教學過程熟悉教育哲學觀點；將適當的哲學觀應用於課程發展上，而非在無哲學基礎之上，盲目的進行課程決定，影響學生學習品質。

㈡引導教師善用不同的哲學觀點，融入課程與教學經驗之分享

例如目前建構式數學教學應該是「實驗主義哲學」之應用，從學生經

273

驗中建構自己的數學知識和技能，但是在透過建構式數學教學之後，教師應再回到「精粹式的傳統數學教學」，以維持學生數學最佳能力。因此必須引導教師視課程性質之不同，善用和慎選有關哲學觀點，並且願意和教育夥伴共同分享心得，以利課程教學之實施。

㈢引導教師跟隨時代社會脈動，發展順應社會需要的課程

視導人員應該重視時代的需求，不墨守陳舊迂腐，能引導教師注意時代脈動和社會需要，面對後現代教育的主張，在課程發展上注意人文價值和個殊化、個別化的條件，以及自由選擇的權利，透過學生個人價值澄清，建立自己願意珍惜的價值，並永遠繼續將價值化成行動，在生活中實踐，達成課程發展之目標。

㈣引導教師培養有教無類因材施教的精神，實現課程發展的目標

視導人員應重視學生在民主社會生活中的權利，因此，必須引導教師尊重生存個體的獨立性、平等原則、權力義務並重、合作共享以及尊重他人等民主生活的涵養，從教育的哲學觀點，落實民主尊重、有教無類因材施教的課程發展目標。

三、重視課程發展過程中教師參與之關鍵影響因素，以提升課程品質

㈠引導教師創新學校文化，發展民主對話和專業互享的氣氛，以克服對專家課程教材崇奉心理，積極修正補充或統整教科書，去除不合適的內容，正確建立課程決定的信念，發展出情境中適切的課程。

㈡引導教師積極參與教師在職進修，從結合教育理論和實務經驗中，讓教師獲得更高深的專業能力、課程發展技能和願意從事創造思考，使教師面對課程決定時能獨立判斷，讓學生獲取完整的知識。

㈢重視教師對提升課程發展層次抗拒的心理，激勵教師面對社會需要、家長期望以及學生需要，克服心理障礙和建立專業形象，發展自己對課程評鑑、課程決定、課程選擇等課程發展能力和行動。

㈣督導教師面對九年一貫課程之教育政策，落實教師應有的責任和實

踐課程改革的理想，不但能評選既有的課程內容、將現有課程教材去蕪存菁而且對專業知能創新發展，實現學校本位課程發展，進行課程之行動研究，發現課程問題和診斷問題，達到課程發展之最高旨趣，實現課程發展的最後目的。

第八章

教師發展

　　學校的發展有賴於教師的成長，欲健全學校組織，提升教育品質，教師知能、見識的不斷更新、累進乃是重要的一環。視導人員要增進學生學習成效、激發教師工作滿足、達成學校組織目標，應該將「教師發展」（staff development）列為重點任務，深切體認教師發展的涵義、規劃教師發展的方案，協助教師在個人和專業上獲得充分的成長。本章即在介紹教師發展的基本概念，並闡述視導人員在教師發展中的角色與任務。

第一節　教師發展的基本概念

壹、教師發展的涵義

　　師資培育的奠基工作主要是在養成機構接受訓練、陶冶，學習教育的相關知能。然而資訊日新月異，教師實際投入學校教學工作後，面對諸多挑戰，不論在教學知能的學習、充實，人際關係的增進、圓融或個人心理的建設、調適，都需要借助不斷的進修，以求勝任、愉快。因此，學校中「教師發展」的規劃，便益顯其要。在文獻中，「教師發展」與「在職進修」（in-service education）常常交替互用，兩概念雖有相通之處，在重點、範圍上仍有區別。Orlich（1989）認為凡是能擴展教師知識、鑑賞、技能，並了解其工作的經驗，都屬於「教師發展」的範圍，因此，「教師發展」包括所有與教師專業工作直接或間接相關的學習經驗；而「在職進修」係指由學校或學區所認可、支持，且與教學目標直接相關的個別學習經驗（Glickman, 1990）。

　　Sergiovanni 和 Starratt（1988）認為傳統的「在職進修」過於正式化、科層化，流為例行公事，它先假定教師貧乏不足，再預設一套應發展的理念、技能和方法，因此，活動設計常陷於劃一，而忽略教師個別需求，其中的「訓練」意味多於「教育」；而「教師發展」是成長取向的，植基於人在工作上有成長與發展的需求，教師的成長不全著眼於教學技能，更重在教師身為一個「人」的不斷蛻變。Heideman（1990）指出：「在職進修」只是「教師發展」的一部分，「教師發展」是教育專業人員成長的過程，它影響教師的知識、態度或技能，以改進教學活動，提升學生學習成

就。它同時兼顧個人、專業和組織的需求。其他學者如 Wideen（1987）亦將教師發展的概念與傳統的在職進修劃分開來。

　　由上可知，教師發展的重要性已無庸置疑，「教師發展」關係教師個人、教師專業和學校組織上的需求，提供教師多樣化的成長經驗，目的在促進教師個人的成熟、滿足和教師專業知能的精進、充實，並使教師的成長成為提升學生學習成效，健全學校組織及革新教育發展的最佳動力。視導人員若能了解教師發展涵義，方可體認自身在教師發展中的任務，掌握活動規劃的重點與目標。

貳、教師發展動態循環

　　學校中教師發展方案的規劃實施可以圖 8-1 表示（Jones et al., 1989），它不僅說明了教師發展的動態循環歷程，也指示了學校視導人員在教師發展中的角色與任務。

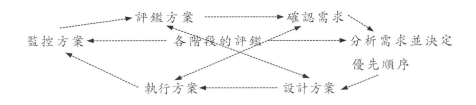

圖 8-1　教師發展的動態循環

資料來源：K. Jones, et al.（1989），p. 10.

　　當然，教師發展循環可能依目的、層次、範圍……等呈現不同的複雜度，上圖說明的是一個最簡單清楚的歷程，它明白的提示我們考量幾個問題：教師發展的現況如何？想達到什麼目標？怎樣才能達成目標？怎麼確定目標是否達成了？下一個目標是什麼？這個循環的過程包括下列各階段，它說明了教師發展活動規劃與執行的步驟，也顯示了每個階段中，視導人員應負的職責與任務。

一、進行需求評估

㈠確定教師發展活動的層次與參與對象。

㈡了解參加對象的特質、能力、價值觀等。

㈢決定需求評估的策略。

㈣分析、歸類需求評估的結果並作優先性的排序。

二、依需求評估結果進行方案設計

㈠請行政人員、教師等共同參與方案規劃會議，以獲取支持。

㈡決定教師發展方案的目標。

㈢考量方案的基本要素，包括時間、經費、資源、活動型態……等。

㈣選擇方案執行的可行途逕。

三、執行教師發展方案

㈠了解影響方案執行的因素。

㈡監控教師發展活動是否依計畫進行。

㈢隨時提供最佳服務，確保活動品質與成效。

四、進行形成性與總結性評鑑

㈠慎選或發展評鑑工具與程序。

㈡進行總體成效的評鑑。

㈢針對主題的選擇、活動安排、人選聘請、情境佈置、資源利用、學
習氣氛、成長獲得……等進行評鑑。

㈣對方案的影響進行追蹤評鑑。

五、提供回饋

㈠綜合評鑑結果，召開檢討會。

㈡歸納具體之改進意見，作為日後教師發展計畫之參考。

第二節　教師發展與教學視導

　　促進教師成長，帶動教師發展乃是視導人員的重要職責。在教師發展方案的規劃中，視導人員至少要扮演需求的評估者、方案的設計者、方案的執行者、方案的評鑑者等角色，以下說明視導人員在教師發展中的任務。

壹、教師發展的需求評估

　　教師發展活動的舉辦有時會發生主辦人辛苦投入，卻遭致埋怨或成效不彰的窘況，其問題往往在於活動設計無法符合實際需求，造成主辦者與參與人員心、力、時間上的浪費。由於教師發展活動涵蓋之目標、範圍甚廣，為避免上述憾事發生，並正確掌握教師發展方案設計的方向，事前的需求評估就益顯其要，而視導人員正需要扮演這種掌舵者的角色。

　　教師發展的需求評估乃是一種連續、有系統的過程，目的在使教師發展活動的設計滿足教師身心成熟、專業發展或生涯規劃上的需求，並切合學校發展的整體目標。有時受限於時間、經費、方式……等因素，活動的設計難以兼顧多方的需求，則基本上應先確定評估的重點在於「個人」或「學校」（地區、國家……）層次，著重個別的或共同的需求，然後再了解其中各項需求的優先性，以使教師發展方案的設計切合期望。茲就需求的分析及需求評估的方法說明之：

一、需求的分析

　　學校需要發展？學校發展方向為何？哪些教師需要進修與發展？何時接受進修與發展？要回答這些問題，學校必須進行教師進修與發展需求分析，而教師發展需求的評估（needs assessment）可以從組織、工作以及個人等三方面向度來進行評估、分析（修改自黃英忠等，1997，頁98）。茲說明如下：

(一)組織分析（organization analysis）

　　學校組織分析係針對一所學校組織目標和教學績效未達一定標準時，

所作的整體性分析：包括目標是否明確、資源是否充足，如何使用資源以及完成目標的方法。這個分析的目的是在找出學校面臨哪些教學及管理上的問題？如何利用教師進修訓練來解決這些問題？筆者以為學校組織分析最重要的方法有二：

　　1.透過學校效能問卷，以了解學校整體效能。

　　2.透過學校氣氛描述問卷，以了解學校組織氣氛。

　　上述問卷可參閱本書附錄二、三。

(二)工作分析（task analysis）

　　工作分析之目的在於發現工作的績效需求，和透過了解成員工作表現和其績效標準，進而促使工作之績效提升。這種分析是檢查要擔任某一個工作所需具備的知識、技術和能力。同樣的道理，當老師的知識、技術和能力不足以勝任教學工作時，即需將教學需具備的知識、技術和能力納入在職進修課程之內，以協助教師發展。

　　工作分析可藉由問卷調查老師，以及透過視導者的觀察與晤談予以了解。

(三)個人分析（person analysis）

　　個人分析主要是檢查教師在工作上的表現如何？然後分析教師必須如何加強知識、技能與態度，才能改進教學品質。個人分析主要是對教師個人表現作診斷工作，其目的不只是檢查教師工作表現的好壞，而是在了解影響表現的原因，哪些原因影響教師的教學表現？能力？動機？環境？人際關係？筆者以為：有關教師個人工作的分析，可就教師特質、班級經營、教學表現、人際關係及專業精神等五方面加以分析，其中教師特質、班級經營及教學表現等項的分析方法請參閱第二章之教師技能檢核表。

二、需求評估的方法

　　需求評估的方法很多，視導人員可依學校特性（規模、地區……）、教師經驗，或各項資源的配合等因素，採行或搭配不同的方式進行需求的評估，也可以讓教師同仁參與選用的過程，並作成決定，一來使教師了解

需求評估的目的在「協助」而非「考評」，獲致教師的共識與支持，二來整個協調、溝通、決定的歷程本身已成為教師發展活動的一種方式，擴充教師的經驗與成長。以下介紹幾種參考方式。

㈠檢核表或問卷

透過檢核表或問卷來了解教師的需求，是較常被採行的方式。調查主題可依評估層次與範圍作調整，除了了解教師對發展活動內容的需求，也可以含括教師對活動時間、方式、人選……的期望。設計形式從結構式到開放式，可依需要靈活變化。

〈例一〉請由下列改進教學的技能中，選取您最需要或有興趣的五項，並依優先順序排定①②③……

_____ 教學單元活動設計。
_____ 價值澄清教學技巧。
_____ 閱讀的指導。
_____ 學生諮商技術。
_____ 教具設計與發展。
_____ 小組教學的技巧。

〈例二〉您希望參與下列何種活動？（可複選）
_____ 1.促進人際關係的技巧。
_____ 2.教學科目的課程發展。
_____ 3.班級經營的策略。
_____ 4.團體活動的指導。

〈例三〉不論你個人或學校，若有任何（有關××××）的需求，請列舉於下列空格。

_____
_____
_____

㈡晤談

晤談的方式在了解教師個人的需求上特別有用，除了能了解教師私人深層的興趣、需要或對學校的期望、看法，還有助於增強信心，激勵士氣，提升歸屬感與尊榮感。不過，視導人員在實施晤談前，應注意與教師作觀念的溝通：晤談的目的在了解教師需求與期望，而非刺探隱私或進行考評；另外，並非教師所傳達的需求都能完全滿足，還需考量學校整體資源、設備和其他教師的需求等。如此，才不會導致教師負面情緒或覺得不受重視。

晤談時，視導人員可運用各種技巧，如傾聽、面質、澄清……等，讓教師在安全、溫暖的情境下描述工作狀況、自我評鑑、生涯規劃……等，尤其了解教師在自身設定的努力目標下，遭遇的困難或需要的支援。若是教師同仁能化被動為主動，與視導人員在平等、夥伴的關係中，進行專業的討論，則更有助於個人與學校需求的達成。

㈢團體會商

團體會商的方式較適用於小規模學校或在大學校中分年級、學科……等單位實施。為達成共同會商的效果人數不宜過多。目的除了解教師個別需要，更重在探討共同需求，或協調個人與學校整體的需求。會商重點如下：

1. 各自考量關注事項，推薦一到三個可由大家共同發展的主題或領域。
2. 彙整眾人資料，逐項討論對教師個人和學校全體教師的重要性。
3. 在需求檢核表上分別評定各項目在教師個人和學校全體教師的等級，並針對評定結果作進一步討論及最後決定。

由於教師在校繁忙，不允許做冗長的會商，上述步驟可分段實施，一來配合教師時間，二來可利用會議間的空檔時日作充分考量或非正式溝通。會商的作用除了對教師發展的重點作排序，更要藉討論澄清主題對教師的意義，由於教師年齡、興趣、知識背景或身心成熟度的不同，可能關心同一主題的不同層面，視導人員不能忽略此種可能存在的個別差異。而在會商取得共識後，更要鼓勵教師從事資料的蒐集或經驗的分享。

藉團體會商來進行需求評估，不但能同時考量個別與團體的需求，且

讓教師同仁能暢所欲言，每個人的意見都能獲同等的重視與充分的討論，這種成就感和參與感有助於形成積極合作的氣氛，並激勵教師的動機和對學校的承諾。

四自我評鑑

教師自我評鑑最大的作用在省察或分析自己的價值觀與實際工作狀況，避免被動因襲舊法，主動尋求觀念的更新與自我的充實，並應用於學校工作的改進。而教師自我評鑑結果可反映教師的需求。

自我評鑑或可檢視自身價值、態度對實際教學的影響；或可分析教學目標與活動，以了解教學過程與成果；也可以依據「有效能教師」的規準或特徵，檢核自我的表現。例如，Moyles（1988）即依此假定設計一個檢核模式，內容包含：(1)課程內容；(2)師生關係；(3)學生進步情況與成就；(4)紀律與學生管理；(5)教室管理、組織和布置；(6)教師專業態度與人格等六大項目，每項目下列有相關細目，由教師個人逐項評定分數（從非常不勝任的 0 分到優良的 10 分）。每大項目可合計得一總分，依此總分做成側面圖或長條圖（如圖 8-2），則可大致看出教師自覺的優點，或認為哪些主題該充實加強。這種自我評鑑的方式植基於教師自我的認定，與真實狀況雖可能有所差距，但仍不失為協助視導人員快速掌握教師需求方向的方法（Jones et al., 1989）。

在找出教師需求方向後，若想了解主題下的細部需求，還可回頭比較大項目下相關細目的得分情形。此外，尚可藉助其他方式蒐集實況資料，例如，要知道師生關係、班級氣氛，或學生行為態度等教室中的情形，可設計問卷或檢核表供學生表達他們的看法，也可使用錄音、錄影、拍照、觀察、晤談等方式獲得資訊，作為自我評鑑的參考，並進一步了解教師個別需求。

需求評估若要成為有效的教師發展方案設計的基礎，需顧及教師的關注點、價值觀及教師個人與學校的發展。視導人員負責主持或規劃需求評估活動，應營建良好的氣氛，讓教師同仁有共同參與的機會。依需求的優先順序，決定教師發展的重點，進而作為教師發展方案設計的依據。

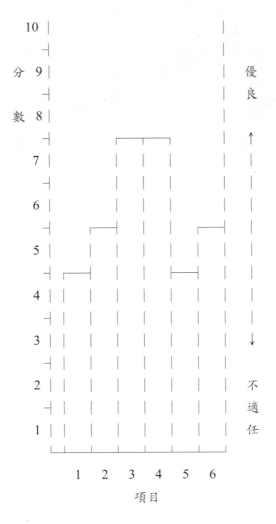

圖 8-2　教師自我評估的優缺點長條圖

資料來源：K. Jones, et al.（1989）, p. 70.

貳、教師發展方案的設計

　　教師發展方案的規劃是否周密，影響成效至鉅。視導人員作為方案的設計者，首先要能掌握有效方案的特徵，再考慮教師發展方案的要素，以利確切體認自身所扮演的角色與任務。

一、有效教師發展方案的特徵

　　視導人員在規劃教師發展方案前，應了解有效方案的基本前提與特徵，雖然方案的設計應依目的、層次、對象……等作適切的考量，但歸納學者的看法，優良的教師發展方案普遍具有下列特徵，可作為視導人員方案設計之指導方向（Beach & Reinhartz, 1989; Blase, J., 2003; Sergiovanni & Starratt, 1988; Wiles & Bondi, 1991）。

　　㈠讓教師了解自我成長是自己應負的責任，視導人員致力於教師發展方案的設計與活動的規劃，旨在協助教師提升自我、充實自我，以促進學生學習成效與學校教育發展。

　　㈡方案設計要能顧及教師心理感受，反映教師與學校的需求，處處以協助教師為前提，而非例行公事或機械作業。

　　㈢多讓教師參與方案的計畫與執行，舉凡目標的設定、資料的蒐集、時間的選擇、活動的安排……等，都可多提供教師意見發表或實際參與的機會，這種方案設計的成效有時甚於外來專家學者的規劃。

　　㈣教師同仁間彼此教導觀摩更能切乎實際需要或取得彼此的信任，也是教師發展活動的好方式。

　　㈤能夠針對教師個別需要提供不同學習經驗的教師發展活動，比所有參加者都接受共同的活動容易達成目標。

　　㈥方案的設計應確定中心主題或主要目標，使發展活動的安排圍繞主題或目標，作緊密的結合。例如：以課程、教學或教學媒體作為教師發展的主要內容。

　　㈦提供老師行動研究（action research）的訓練。

　　㈧組織讀書會（study group），並支持其活動。

　　㈨視教師發展為教師成長的持續性歷程，方案的設計除了顧及當前的需要，應進一步考量未來的需求。

二、方案設計的考慮要素

　　教師發展方案的成功與否，受到多方因素的影響，視導人員在方案規劃中應考量下列要素，力求設計的周全詳盡（Pfeiffer & Dunlap, 1982; Sergiovanni & Starratt, 1988）。

㈠目標：方案設計首要認清意圖與目的，需求評估的結果往往是方案目標設定的重要依據。教師發展活動的安排究竟旨在提供教育新資訊？增進教學技能？或促進教師心理衛生……；內容的層次是在知識？理解？應用？或結合價值、態度的澄清？活動主題涵括範圍多大？強調共識的凝聚？或重在滿足個別的需求？簡而言之，設計方案要先釐清「想做什麼」的問題，而最終目的當然要直接或間接地幫助學生的學習。

㈡對象：視導人員要問：「方案是為誰設計的？」參加教師發展活動的人員具有什麼特質？他們的專業知識與經驗背景、身心成熟度、成長動機與需求、人生理想與價值觀有何異同？參加人員是初任教師？新調校教師或資深教師？他們參加教師發展活動的主要目的為何？了解這些因素，方能在方案設計時仔細考量活動型態、內容……的選擇。

㈢型態：教師發展活動的型態應該依據目標、對象、資源等因素加以考量。舉凡講解、討論、座談、參觀、技能演練、觀察、角色扮演、腦力激盪、模擬、觀賞影帶、微縮教學、行動研究……等都可能採行，若能適當結合不同型態，使教師學習經驗更多樣化、生動化，則效果更佳。

㈣時間：教師發展活動需要多少時間？選擇什麼時間舉行？除了顧及參與教師的方便，也要配合學校重要活動的安排，事先在學期行事曆上排定時間。活動進行的時間、程序或空檔的休息也應在考慮之列。

㈤資源：包括場地的提供、經費的贊助、人力的支援……等，有何資源可充分利用？如何使每分資源發揮最大效用？能自給自足或需尋求教育行政單位、基金會、教育專業組織、師範院校，甚至社會熱心人士、社區家長的贊助？此外，活動的主持人、主講人等人選問題，是否針對目的、對象、主題、型態等因素作適當考量，也影響成效至大。在人力的資源上，尤其不要忽略本校中資深優良或學有專長的教師。

㈥地點、設備、媒體：場所的選擇應配合活動的目標型態、人數的多寡，並考慮舒適性、安全性；器材設備的供應或使用是否充足、方便？媒體的選擇，如錄影帶、錄音帶、幻燈片、投影片或書面資料……等，是否有助活動的品質與效率？

㈦評鑑：教師發展活動的安排是否切合目標、需求，必須藉評鑑的程序獲得訊息與回饋，方案設計時應一併考量適用的評鑑程序或策略，以作為方案檢討修正與未來設計改善的參考。

㈧誘因：一般校內的教師發展活動以教師成長與學校發展為目的，是每位教師應負的責任，很少提供實質的報酬，但某些教師發展活動的參與可予以學分證明、研習證書、累計積分、擔任某種職務或升遷的機會，甚至口頭的讚賞。事實上，個人進修願望的滿足、自我實現的促成，或同仁間的肯定，也都是有力的激勵因素。

參、教師發展方案的執行

面面俱到的方案設計固是確保教師發展活動成效的必備條件，但方案的執行關係計畫的落實，也在在影響目標的達成。視導人員作為方案的執行者，不僅在主導整個方案的推動，也在過程中身負品管、監控之責。方案設計時設想得愈周詳，方案的執行、活動的實施自然愈是順利，但是有時仍不免有掛萬漏一的現象發生，如何處理突發狀況，作適當因應調整，隨時為教師提供最佳服務，確保教師發展活動的成效，乃是視導人員在方案執行過程中的基本任務。

首先，視導人員須衡量方案執行所涉及的因素，例如：

一、方案本身的明確度：方案目標是否清楚適切？方案設計是否周全？執行程序步驟是否合理明白？方案執行者或遵循者是否了解方案的內容？

二、溝通協調的管道：方案執行過程中若有誤解存在或不合作的情形產生，有哪些有效的溝通管道可資利用？溝通管道是否暢通？各單位的工作協調整合有無障礙？

三、資源的控制：方案執行所需的資源是否充足？經費的取得與運用、人力的安排與分配、相關資訊的獲得有無困難？

四、學校組織的特性：學校制度是否健全？學校團體的凝聚力如何？學校

對教師的規範力怎樣？

五、人員的能力與態度：視導人員本身是否具充足的專業知識與技能？能否針對執行情況作快速、明確的判斷？能否切要提示問題處理原則？教師同仁的動機、能力與態度如何？

當然，影響方案執行的變數很多，方案的執行仍有賴視導人員與教師共同參與推動，克服過程中的困難與問題。因此，視導人員在教師發展方案的執行與活動的實施中，應該發揮以下的功能（Doll, 1983; Joyce & Showers, 1980）。

一、提供指導，幫助成長：對於初任教師或欠缺某些知能的教師提供直接的指導與幫助。例如，告知新的教學法。

二、增進交互作用，鼓勵相互學習：讓教師在互動中發展彼此信賴的親密關係，並互相觀摩學習。

三、與教師建立友善的夥伴關係：與教師共同參與教師發展活動，用謙虛、平等的態度互相切磋、共同成長。

四、了解困難，給予支持：不論是方案執行上的困難，或教師個人發展中的特別需求，都應加以了解，協助解決，讓每位教師覺得受到尊重、鼓舞。

五、協調溝通，達成目標：讓教師了解教師發展的真義，積極參與學習活動，如：研討會（seminar）等，並在方案執行的過程中協調各項資源的分配與人員的合作。

肆、教師發展方案評鑑

評鑑工作乃是教師發展的動態歷程中一個重要的環節，事實上教師發展歷程的每個階段都需要形成性的評鑑，以隨時修正或導引方案的進行；方案實施後需要總結性的評鑑，以了解總體成效。評鑑的目的不僅在評斷教師發展方案本身的成敗，更在為確定未來的需求提供訊息，使未來的方案設計更完美合宜。

視導人員作為方案的評鑑者，不能不了解評鑑的真義。評鑑的工作也應該由教師共同參與合作進行。評鑑的重點除了教師發展方案本身的規劃與活動，還要了解方案對教師表現與學校產生的影響。不論採用哪種評鑑

方式，都在了解教師對活動內容、安排的看法、滿意程度如何、怎樣改進、有什麼收穫或啟示、打算怎樣應用所學、對他們的實際教學有何影響、應用新知時需要什麼樣的協助……等。而評鑑的實施除了正式的評鑑外，非正式的評鑑，如活動空檔的聊天，教師反應的觀察……等，也可獲得參考的訊息。以下介紹幾種蒐集評鑑資料的策略（Bradley, 1991; Jones et al., 1989）：

一、問卷

不論是封閉式或開放式的問卷，儘量以最簡單明確的問題來呈現。呈現的方式可依目的加以選擇，諸如：課程計畫、訓練設施、訓練師資、教材內容及進修發展的成效等，均可透過問卷加以了解。茲舉數例說明之：

〈例一〉活動內容是否符合您的需求？□是　□否

〈例二〉在此次發展活動中您學得什麼新知或技能？

_____

_____

	非常滿意	滿意	不滿意	非常不滿意
〈例三〉您對此次活動安排的課程內容滿意嗎？	□	□	□	□

	非常同意	同意	不同意	非常不同意
〈例四〉我覺得本次課程設計的目標清楚明確。	4	3	2	1

二、討論與晤談

藉面對面的討論或晤談進行評鑑，有時能獲得較深入的資訊，評鑑者必須記錄教師的意見，必要時加以錄音，重要的是營造一種開放、無威脅

的氣氛，使教師的意見能充分表達。不過，此種方式較為耗時，有時只能作抽樣評鑑。討論時可以先作自由討論，但為免意見集中在少數人身上，也可採輪流的方式，鼓勵每個人發言，接著讓教師兩兩或分組針對大家發言內容加以討論，再將結果向全體教師作口頭報告。另外也可作個別的晤談，某些人也許更能無顧慮地暢所欲言。而非正式的討論或晤談在自然的情境中進行，在了解教師發展活動對實際教學改變或學生學習狀況的影響方面，尤其適合。

三、觀察

在教師發展活動進行中可藉觀察了解教師的參與反應、活動的安排是否合宜週到；活動結束後則可藉觀察了解教師工作態度或表現上的變化，以評估教師發展活動的較長程影響，若能參與觀察，效果更佳。不過，這需要維持一段時間的觀察記錄。觀察者可以是視導人員、教師同仁、甚至教師本人。不過，觀察員的角色往往被視為帶有考評成分，使被觀察教師覺得受到威脅，尤其國內教師並不習慣外來者留在教室，因此，實施前應多予教師心理建設，讓其了解觀察評鑑的真義，並盡可能選取被觀察教師足以信任或較感輕鬆自然的觀察員，並且在事前與被觀察教師蹉商觀察的規準。為便於事後的討論，可考慮輔以錄音、錄影器材，但應徵得同意。

四、教學日誌

教學日誌主要在讓教師本人記錄教學過程中自我觀察的結果和自我的評論，這種方式讓教師免除外在壓力，自我檢視教師發展活動的所得在教室中實際應用的情形：能否應用？成效可好？有何困難？需要什麼補充資訊？學生反應或學習結果有何改變？不但可供教師自我反省改進，更可了解教師發展活動在實際應用層面產生的效果。

Bradley（1991）綜合了一份教師發展評鑑的檢核表，有助於視導人員對教師發展的整體計畫作一省視，以下略加修訂如表8-1，供作參考。

表 8-1　教師發展評鑑檢核表

┌─────────────┐
│　準 備 工 作　│
└─────────────┘

■ 需求的評估是否正確？需求是否達成共識？

■ 學校是否做好需要的準備工作，以使教師充分獲益？

┌─────────────┐
│　活動的計畫　│
└─────────────┘

■ 活動計畫者是否具備相關知能？

■ 活動的目標是否界定明確？是否隱晦不明致使教師無法掌握活動的重點？目標是否由參與者共同決定？

■ 活動方式是否能達成目標？是否適合成人學習？

┌─────────────┐
│　活動的實施　│
└─────────────┘

■ 參與者是否肯定各部分活動的目的與價值？

■ 參與者真能達成預定的目的、目標嗎？

■ 參與者覺得活動的過程愉快嗎？

■ 參與者認為活動對他們的專業有助益嗎？

■ 參與者覺得活動能充實他們協助同仁的能力嗎？

┌─────────────┐
│　影　　　響　│
└─────────────┘

■ 學校能善加利用參與者的經驗嗎？

■ 教師發展活動導致學校的改變嗎？

■ 改變有效嗎？是否符合學校的需求和優先性？

■ 教師的專業知能、態度有所增進或改善嗎？

■ 教師的身心成熟度是否有所提升？

■ 教師能將所得應用於教學實際工作嗎？是否能改善學生學習狀況？

資料來源：修正自 Bradley（1991）. *Staff development*. p. 158

　　總而言之，教師發展係教學視導的重要任務之一。教師發展的目的一方面在增進教師個人與專業的成長，一方面在提升學校教育的功能。教師發展是一種動態循環的歷程，教師應該深切體認個人與專業的不斷充實發展，乃是自己應負的責任；視導人員更要了解教師發展的涵義，以及自身在教師發展中應盡的職責：有效評估教師的共同需求與個別期望；掌握有效教師發展方案的特徵與考慮要素，進行方案的設計；協調溝通方案的執行，確保方案的落實與品質；最後進行方案的評鑑，檢討教師發展活動的成效與影響，作為改進之參考。因此，視導人員應倡導教師發展的正確理念，鼓勵教師共同參與，扮演好教師發展需求的評估者、方案的設計者、方案的執行者、方案的評鑑者等角色，以協助教師同仁擴充成長經驗，導進學生學習成效與學校教育革新。

第九章

行動研究

　　教育研究旨在發現事實、理解現象、建立及證驗理論，其目標為致力於知識的推廣及問題的解決。行動研究（action research）為教育研究的一環，是一種特定情境中特定問題的研究，重視研究結果的立即應用。在學校教育中運用甚廣，舉凡行政、課程、教學、訓導、環境、設備等問題，均可採用行動研究，尋求解決問題的辦法。尤其教師在實際教學的過程中，更可將行動研究的方法應用於教室情境中，以解決實際的問題，促進學校教育品質的提升。本章分從行動研究的簡史、行動研究的意義與特徵、行動研究的模式、行動研究在教學上的應用及研究人員實施研究應有的省思等五部分予以說明，以供教師參考。

第一節　行動研究的簡史

　　行動研究的概念係 Lewin 於 1948 年所提出的，當時因戰後出現許多的社會問題，Lewin 認為透過行動研究，可以促進理論的發展，解決主要的社會問題，促進社會的變遷。爾後行動研究的概念被美國哥倫比亞大學師範學院教授 Corey 應用在教育研究上，Corey 在 1953 年於其著作《行動研究以改進學校現況》（*Action Research to Improve School Practice*）一書中引用行動研究的概念，認為教師即為研究者，讓教師參與有關的研究過程，以改進教育的現況。Corey 的主張立即成為當時美國教育界的主流，其他學者如 Taba 等人，亦主張讓教師參與教學改進的研究，界定自己的問題，形成改進教學情境的假設，考驗較為優良的教學程序，並蒐集資料確定該程序之效果。

　　在英國，Lewin 行動研究的概念，對於 Kemmis（1986）、Elliott（1991）及 Ebbutt（1985）教育研究的取向亦有深遠的影響。克米斯將勒溫行動研究的概念更精緻化、細膩化，並將行動研究的概念徹底運用在教育研究上，同時鼓勵使用「教育的行動研究」這個名詞；Elliott 則是「教師即研究者」觀念的積極支持者，Elliot 與 Adelman 曾經一同與教師在教室中合作進行有關改進教學的研究，幫助教師使用調查法等科學方法進行行動研究，解決教室中的問題；Ebutt 原則上同意 Kemmis 及 Elliott 有關行動研究的觀點，對於行動研究的步驟略作修正。

　　行動研究在美、英兩國蓬勃的發展，到了 1960 年代同時受到許多阻礙。在美國，當時因韓戰、越戰等戰爭的影響，逐漸堅持科技掌控一切系統的觀念，認為行動研究只是地方性的研究，小規模的研究，使個人成為理論的中心。於是行動研究的概念由新興的研究模式「研究、發展與傳播模式」（Research, Development and Diffusion Model）所取代，反對個別化、小規模的行動研究計畫，傾向支持由中央補助教育經費，從事大規模的研究計畫。

　　到了 1970 年代以後，由於英、美政府中央教育經費的緊縮，以及反對「研究、發展及傳播」由上而下的研究模式，教育研究重視的方向逐漸從以學術為中心（academy-based）的研究轉移到以教師為中心（teacher-based）的研究，英國學者Stenhouse（1983）主張「研究」與「發展」具有密切的關係，必須結合具有反省性的老師，以進行實際問題的研究。Stenhouse自 1967 年至 1972 年主持學校人文課程計畫，他的中心信念就是「老師應該認為自己也是研究者」，老師在專職研究人員支持、指導下，彼此合作研究，以改進課程及教學的實際問題，對自己的表現作最佳的裁制，證實認定自己有能力從事研究。

　　近來，由於Harbermas（1979）等學者主張教育行動研究「批判性的典範」（critical paradigm），此種典範基本上是以教師為中心的研究，目的在增進教師在教室中有關教學活動的詮釋及反省能力，進而促進教學的專業性及教育的研究，於是行動研究再度受到重視。

第二節　行動研究的意義與特徵

　　「行動研究」是近年來教育研究上逐漸且普遍受到重視的術語，它是鼓勵老師對於教學，從事反省性的思考，以增進本身教學及學生受教的品質，亦即是一種自我反省性的研究（self-reflective enquiry），常使用在學校為本位的課程發展（school-based curriculum development），不同於傳統式以理論為本位的方法（theory-based approach）。行動研究將教育視作整體性的活動加以研究，將教師視為在班級教學活動中最佳的研究者、省思者，是一種補正教育理論與實際落差很有用的方法。因此，學界常鼓勵教

師在班級教學活動中，從事行動研究，以發展本身的教育理論以及可行性的作法。

那麼，行動研究的意義是什麼？行動研究的意義，在文獻上許多學者對其定義有不同的看法（如 Rapoport, 1970; Brown & McIntyre, 1981; Ebbutt, 1985; Cohen & Manion, 1989; Carr & Kemmis, 1986; Elliott, 1991），茲分別說明如下：

Rapoport（1970, p. 11）對行動研究的觀點是：「行動研究的目的，一方面有助於人們解決立即情境中的問題，另一方面經由彼此的合作關係，有助於社會科學目標的達成。」

Brown 和 McIntyre（1981, p. 245）兩人，將行動研究定義為：「實際工作著，對於情境中的問題加以分析，了解問題，形成暫時性的假設，擬訂並嘗試行動方案，蒐集行動的影響，修正假設，確立更合適的行動方案，經由不斷修正原理，形成假設，採取行動的過程，以達成解決實際問題的方法。」

Ebbutt（1985）對行動研究的觀點為：「行動研究是一種系統性的研究，經由一群參與者運用實際的行動及對行動效果的反省，以改進教育的現況。」

Cohen 和 Manion（1989, p. 223）兩人將行動研究定義為：「設計現場的程序，以處理立即情境中具體的問題，亦即透過不同的工具（如晤談、個案研究等），經常監控不同時期所發生的問題，經由逐步的過程，不斷修正、調適、改變、再定義等回饋的過程，使過程益臻完善。」

Carr 和 Kemmis（1986, p. 165）兩人對行動研究的看法為：「行動研究是由在社會情境中的參與者（老師、校長或學生）所使用的一種自我反省式的研究，目的在增進參與者本身的社會或教育實際中的理性（rationality）和正義（justice）。」

Elliott（1991, p. 69）將行動研究界定為：「行動研究是一種社會情境中的研究，其目的在提供具體情境中作實用的判斷，幫助人們更有智慧、更有技巧地去行動。在行動研究中，理論不是單獨地被證驗，而是透過實際的行動加以證驗。」

以上列舉數位學者有關行動研究的意義，雖然他們的觀點略有差異，

但詳加分析，可發現其有幾個共同的特徵。第一，行動研究是在特定的情境中發生（如教室），針對教育情境中立即、具體的問題（如教學方法）予以研究。第二，行動研定的主體是實務工作者——老師，老師本身就是研究者，有時後可以在專門的研究人員指導下做研究。第三，行動研究的目的，在增進理性及改進社會或教育實際中，特殊情境中的特殊問題。第四，行動研究是經由計畫、行動、觀察、反省等步驟，週而復始不斷回饋和校正的過程，以解決實際的問題。第五，行動研究的經驗，提供老師檢驗心目中所謂「好的行動模式」的假設，使得老師願意不斷修正教學現場模式，以改進教學。第六，一般教育革新的過程是從中央到地方，而行動研究的過程強調研究與教學相互關聯性。第七，實施行動研究的結果，使得老師得以發展有關教室教學的理論，愈有能力的老師對於教室的教學監控自如，因此愈能改進教學。第八，行動研究是教師自我反省式的活動，研究成果可以立即應用，解決教室或學校中實際的問題，而傳統式的研究者對於教學的概念不同，無法應用其發現以解決教室中實際的問題。

第三節　行動研究的模式

　　Lewin（1948）是第一位提出行動研究概念及行動研究模式的學者，爾後克米斯（S. Kemmis）、Elliott 及 Ebutt 等學者亦分別根據 Lewin 行動研究的模式，稍作修正，使其更精緻化，唯均與勒溫的模式大同小異，Lewin 行動研究的模式主要包括四個步驟：(1)起初觀念（initial idea）；(2)整體計畫（general plan）；(3)付諸行動（implement）；(4)評鑑（evaluation）。評鑑後如認為計畫中的行動步驟未盡理想，則再修訂計畫（amend plan），再實施（implement）……，是一種螺旋式循環的過程，直到最後達成預期的目標。而後 Kemmis 將 Lewin 行動研究的模式精緻化，其步驟為：計畫（plan）、行動（act）、觀察（observe）及反省（reflection）重視行動研究的反省過程。Elliott 更進一步將 Kemmis 的模式精緻化如圖 9-2 使行動研究的階段更具彈性化步驟更細緻。茲將 Lewin 的行動研究模式及 J. Elliott 的行動研究模式列如圖 9-1 及圖 9-2。

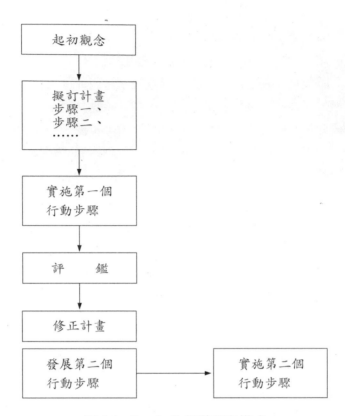

圖 9-1　Lewin 的行動研究模式

資料來源：引自 Scott, D. & Sealey, A.（1995），p.3.

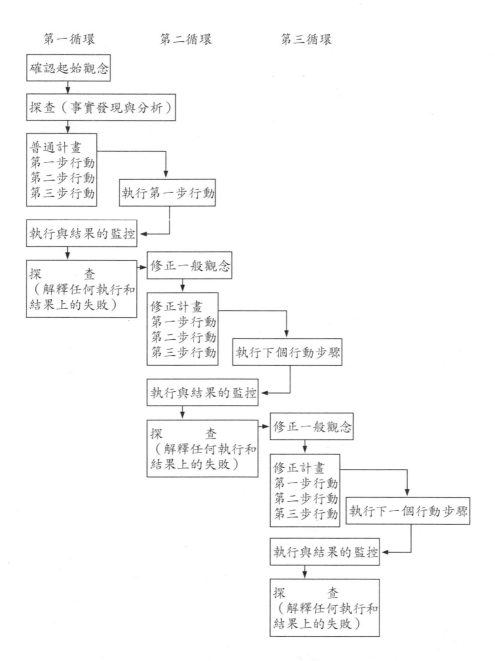

圖 9-2　Elliott 的行動研究模式（行動研究螺梯過程圖）

資料來源：Mc Niff（1997）. *Action research*. p. 30.

第四節 行動研究在教學上的應用

在學校教育中，最常使用行動研究的情境乃是教室中有關教學方面的問題。在教學上，教師可能碰到教學方法與技術，學生閱讀能力低落等問題。此時，教師即可運用行動研究的模式予以研究，尋求解決之道。

例如××老師為提升班上許多學生的閱讀能力，於是根據行動研究模式的步驟思考並研究，其步驟如下：

一、確認及澄清觀念

㈠確立目的

1. 為提升學生閱讀之技巧，並且使學生樂意從閱讀中找到閱讀的樂趣，發展出自動閱讀的習慣。
2. 改變目前班上學生閱讀能力不足，無法善用閱讀環境，蔚為閱讀風氣的困境。

㈡澄清問題（界定問題和問題性質分析、進行情境分析）

有些問題來自學生本身，如不會主動閱讀，不知如何使用圖書室查閱資料；有些問題受限於外在因素，非教師所能掌控，如班級學生數的多寡，學校圖書不足以吸引學生閱讀，學生家長不會主動鼓勵其子女閱讀……等；有些問題源自老師本身，如拙於使用教學方法，不善於記錄學生、閱讀進步的情形等。

㈢待答問題

1. 使用一些不同的教學方法，以教導學生閱讀，學生能因而學會閱讀的技巧嗎？
2. 有系統、有組織地準備閱讀教學，學生閱讀之後能會做摘要、心得嗎？
3. 與研究夥伴共同推動學生閱讀指導之後，可以檢證出進步的資料紀

錄嗎？

4.多與家長溝通兒童閱讀問題，家長能否重視並督導學生在家閱讀？

5.設計並充實班級教學資源，以及教室佈置，使學生方便閱讀，能否讓學生形成閱讀的風氣嗎？

二、擬訂行動策略

廣泛思考研究領域的範圍，諸如(1)閱讀技巧；(2)班級閱讀文化；(3)班級閱讀時間的分配；(4)兒童讀物的選擇；(5)兒童利用圖書室之情形；(6)家庭與學校溝通兒童閱讀的問題。例如××老師經思考後，決定集中於班級閱讀教學有關的問題，於是將重點置於前述各項範圍，和依照待答問題擬訂行動策略，茲扼要說明如下：

㈠邀請研究夥伴

1.研究樣本：以本班學生為對象。

2.研究小組：將教學組長、教務主任以及家長二名、學生二名納入研究小組，以便召開相關會議、提供建議或協助觀察。

3.協同研究者：請教學組長和教務主任擔任協同研究者，協助資料蒐集、擔任諍友（critical friend）以及計畫策略之審查。

㈡推動閱讀行動方案

1.提供本班閱讀情境：增設本班學生書櫃，充實兒童文學類、科學類、歷史類的書籍，並成立閱讀管理辦法，開放學生借閱。

2.辦理閱讀競賽：邀請研究小組進行閱讀心得比賽，並頒發獎品、獎狀鼓勵。

3.推動「閱讀數量進級獎勵辦法」：訂出閱讀十本課外書籍並記錄其摘要和心得者為小學士；五十本為小碩士；一百本者為小博士。並授予證書和公開表揚。

4.邀請家長在家中擔任閱讀心得寫作的協同評量者、指導者。並落實學生在家閱讀習慣。

5.邀請教學組長、教務主任擔任臨床視導的指導人員，進行「閱讀指

導教學」的臨床視導，教學過程中全程錄影，教學之後研討改進事項，創新閱讀教學方法。

6.召開閱讀研究小組會議，探討行動內容和訂定行動時間。

(三)進行資料蒐集和檢核

1.資料蒐集方法：觀察法、訪談法、文件分析法和研究者的省思日記。

2.資料蒐集人員：所有研究夥伴。

3.資料蒐集時機：進行閱讀計畫方案之後隨即進行。

4.資料處理：

(1)和同時蒐集者進行三角檢核（triangulation），比對資料之可信度。

(2)列出資料對照相同之研究發現資料，以便形成研究結果。

(3)系統化處理研究發現的資料並編碼。例如：94 年 2 月 10 日與陳姓○銘先生訪談資料記為（PI940210 陳○銘）；研究者的省思日誌記為（RD940125 研究者）。

(四)回饋和校正機制

經過協同研究夥伴檢核後發現未達研究假設之初步研究，則形成第二次研究策略，修改初步行動方案，繼續推動第二次研究循環（circle），如此進行回饋和校正，直到檢核發現達到研究之目的。

三、付諸實施和蒐集資料

開放民主對話氣氛，蒐集研究過程中的有力和不力的資料證據，據以形成結論和建議。

四、研究資料轉化為書面資料報告

將研究資料轉化為書面報告時，可從研究動機和研究問題開始陳述，接著敘寫研究的參考文獻、研究方法、研究的過程和結果，最後歸納研究結果和建議，並附上研究過程中的附件。在撰寫報告時宜對研究資料作條理的敘述，才能顯示出其可讀性，以此來分享其他研究者。記得在研究開始之際就應該加以書面化記錄，轉化成書面報告時才不至於雜亂無章。

第五節　視導人員實施行動研究應有的省思

行動研究既是研究解決教學現場或學校現存的問題，因此，視導人員在實施行動研究時宜省思下列的問題及過程。

一、探究研究者本身行動研究之後設認知能力問題

研究者本身是重要的研究工具，如其後設能力低拙，則本研究可能空忙一場，所以研究者本身推出之各個步驟都需要和研究夥伴或邀請研究顧問相互對話、協商，以確立研究之可行性和研究結果之可信度或價值性。

二、整個行動研究流程有關的實務情境的相關重大問題

例如研究夥伴之開放和民主文化將左右研究之信效度問題，研究夥伴在非民主氣氛中常會出現「符合社會他人期待」的研究行為，做出非真實性的反應，影響研究結果非常深遠，研究者須多注意。

三、行動研究是不斷評鑑和資料蒐集的過程

在實務中從發現問題開始，研究者就不斷進行評鑑，然後發展策略以解決問題，包含邀請研究夥伴、推動組織運作、情境分析和進行研究，而且要隨時蒐集證據加以檢核。評鑑之後發現未達研究目的，則再進行第二回的循環，形成行動研究的「程序效度」，提高研究之實用性和可信賴程序，方不使本研究失去研究之意義。

四、行動研究是教育工作者之有效專業發展利器

教師可以視為實務專家，以其專業知能可以解決教育中的實務問題，提升教育品質，從行動研究中教師可以因研究的發現，使自己成為「教育專業知識的生產者」，成為真正的實務專家。在行動研究成為熱門的研究之際，教育工作者更應熟知和充分應用，就教學實務、課程發展、行政處理等教育相關問題，進一步深入探究。

第四篇

實務篇

第十章

視導行爲

　　視導人員在從事實際行政視導或教學視導的過程中，與學校中的個別教師或一群教師產生有目的性互動的行為，稱之為視導行為。依 1990 年 Glickman 在其所著 *Supervision of Instruction: A Developmental Approach* 一書中將視導人員和教師會談或會議可能的行為分為下列十種，茲說明如下：

一、傾聽（listening）：視導人員保持緘默，或以點頭表示他正在傾聽。

二、澄清（clarifying）：指視導人員以問答或陳述的方式澄清說話者的觀點，如「你的意思是不是這樣」，「可否說得更詳細點」等。

三、鼓勵（encouraging）：指視導人員以積極的回饋鼓勵說話者繼續發言，如「我了解你所說的話，請告訴我多一點」。

四、回應（reflecting）：指視導者綜合說話者的意見，以確認其正確性。如「我了解你的意思是……」。

五、呈現（presenting）：指視導者就所討論問題，提供他個人的觀點作為參考。如「我認為……」，「我希望我們來考慮……」。

六、問題解決（problem solving）：指視導人員對問題初步討論後採取主動的方式，要求所有參與討論者列出可能解決的途徑，類似腦力激盪法，如「讓我們停止討論，每人記下所能做的事情」。

七、妥協（negotiating）：指視導者藉著討論每種所提行動的結果，從各種可能的解決途徑尋求彼此具共識的平衡點，如「我們能否找出彼此雙方各取所需的妥協」。

八、指導（directing）：指視導者告訴參與者可能的選擇途徑。如「依我看，有三種變通方案，你能夠採取甲或乙、或丙的方案」。

九、標準化（standardizing）：指視導者對於所做的決定設定預期的指標及時間。如「我希望下次開會時，要縮短開會時間為三小時」。

十、增強（reinforcing）：視導人員應激勵教師的信心，以達成預期的目標，如「我想你能夠做這件事」。

　　茲以圖 10-1 示之如下：

1.傾聽 2.澄清 3.鼓勵 4.回應 5.呈現 6.問題解決 7.妥協 8.指導 9.標準化 10.增強

T   t

s   S

行為分類 （clusters of behaviors）	非指導式 （nondirective）	合作式 （collaborative）	指導資訊 （directive informational）	直接控制 （directive control）

T　表示老師負最大的責任 　　　　S　表示視導人員負最大的責任

註：t　表示老師負最小的責任 　　　　s　表示視導人員負最小的責任

圖 10-1　視導行為的連續系列

註：視導人員採用左邊的策略為非指導式的。視導人員負較小責任，老師負更大責任。視導人員採用右邊的策略為指導資訊式或直接控制式的。視導人員負更大責任，老師負較小責任。

資料來源：Glickman（1990）. *Supervision of instruction*. p. 107.

　　在十個視導行為中，傾聽、澄清、鼓勵、回應等四項行為是屬於非指導式（nondirective）；呈現、問題解決和妥協等三項行為是屬於合作式（collaborative）視導行為；而指導、標準化和增強等三項行為則是指導式（directive）視導行為，指導式視導行為又分為指導資訊式（directive informational）及直接控制式（directive control）視導行為。以下分四大部分予以說明：

第一節　非指導式視導行為

　　非指導式的視導係植基於以下基本假定：老師最清楚教學需要作什麼改變，並且有能力去思考、去完成，決定應該由教師來作。當教師專業知識豐富，奉獻意願強時，視導人員最好以非指導式的方式幫助老師。視導

人員所表現的視導行為主要在使教師自己設法觀察、解釋、界定問題、解決問題。此種基本假定類似於諮商學者 Rogers（1951）所提的「當事者中心治療法」，同樣假定個體有能力去發現自我，解決自身所面臨的問題。強調當事人建構解決問題的方法，諮商者只是以溫暖、接納、擬情的方式，與當事者建立互相信賴的關係，站在從旁協助、輔導的角色。茲分三部分予以說明：

一、對個人的非指導行為

在班級教學活動中，教師偶會碰到一些頑皮搗蛋，不聽教誨的學生，於是下課後怒氣沖沖地跑到校長室訴說原委，這時校長（視導人員）如能使老師平息憤怒的情緒，並協助其自己作下結論，此即非指導途徑的特徵，在此過程中，校長（視導人員）除了發問外，並不使自己的想法介入討論，只是給予回饋並不斷擴展老師的思考。茲舉一例說明校長（視導人員）對老師的非指導行為的運作狀況：

張老師：無論如何，不願再上那個班級的課。

校　長：喔！請坐，你在生氣了！發生什麼事？

老師（拒絕坐下）：學生利用校方三不政策（不留級、不體罰、不退學），為所欲為。

校　長：學生做了些什麼事？

老　師：剛才我有事離開教室十分鐘，回到教室發現亂七八糟，學生跳到講桌坐。

校　長：你怎麼辦？

老　師：你想我會怎麼辦？我聲嘶力竭大聲訓斥，可是有位王同學竟然取笑我。

校　長：王同學取笑你嗎？是否經常如此？

老　師：那個小壞蛋，真讓我氣昏了頭，是班上最頭痛的人物，如能擺平他，其他同學均無問題。

校　長：那主要問題是王同學了。當他不乖時你怎麼辦？

老　師：我把他趕出教室，但那解決不了問題。

校　長：王同學可曾做對任何事。

老　師：幾乎沒有。他在學校對任何事不感興趣。假使他能生活在電動玩具及迪司可的世界中，對他再好也不過了。

校　長：那也許我們需要一間擺放電腦的視聽教室，讓他感到興趣，以改進他的行為。

老　師：其實他並不是個壞孩子，我需要坐下來跟他談一談，也許可以將課程與電腦相結合，或者約法三章，要他守規矩，則可聽迪司可音樂。

校　長：我覺得對你今天的教學所發生的狀況感到很遺憾。對我而言，王同學似乎是主要人物，而你如有好主意，願盡力協助。

　　以上這個例子所顯示的是校長對老師的非指導式視導行為，校長先是傾聽，然後鼓勵老師分析問題，而後藉重述以澄清老師的問題，繼而呈現可能解決的方案。簡言之，非指導式視導行為運用傾聽（listening）、鼓勵（encouraging）、澄清（clarifying）、呈現（presenting）及問題解決（problem solving），激發老師自我計畫，解決問題的能力。有關非指導式視導行為的步驟，茲以圖 10-2 示之：

二、對團體的非指導行為

　　視導者除了面對個別的老師外，另外在團體會議或座談會中，亦須面對一群教師針對某些問題協助促成團體的決定，視導者通常不能參與決定，表示意見或影響選擇。茲舉一例說明視導人員在教師座談會中運作狀況：

　　在某所大專有位經驗不足，不了解自己應扮演何種角色的守衛人員，有時當著老師的面，訓起學生來，甚至老師帶隊外出也質問為何學生不回到教室，開車進出校門的老師有時也會受些莫須有的窩囊氣。某天視導人員到學校召開座談會，以非指導式的方式終於解決問題，以下為座談會的對白：

1.傾聽	2.澄清	3.鼓勵	4.回應	5.呈現	6.問題解決	7.妥協	8.指導	9.標準化	10.增強
T									t
s									S

1.等待老師
 的反應

　　　　　　2.說明對問
　　　　　　　題原始的
　　　　　　　感覺

　3.探索界定
　　問題

　　4.表示進一
　　　步傾聽的
　　　意願

　　　　　5.經常複述
　　　　　　了解老師
　　　　　　的信息

　　　　　　　　6.要求老師
　　　　　　　　　思考可能
　　　　　　　　　的行動

　　　　　　　　7.要求老師
　　　　　　　　　思考不同
　　　　　　　　　行動可能
　　　　　　　　　的結果

　　　　　8.要求老師
　　　　　　做決定

　　　　　　　　　　　　9.要求老師
　　　　　　　　　　　　　為行動設
　　　　　　　　　　　　　定時間及
　　　　　　　　　　　　　標準

　　10.重述老師
　　　的計畫

T　表示老師負最大的責任	S　表示視導人員負最大的責任
註：t　表示老師負最小的責任	s　表示視導人員負最小的責任

圖 10-2　視導行為的連續性：非指導式行為

資料來源：Glickman（1990）. *Suervusion of instruction*. p. 124.

視導人員：你們對學校有何意見？

老　　師：守衛人員不了解本身的角色。

視導人員：你們認為守衛人員，無權管教學生或對待老師態度欠佳。
　　　　　那該怎麼辦？

王 主 任：應該請校長明確告訴他有關的工作項目。

陳 教 授：我們應該先跟他談一談。

孫 教 授：我贊成，但究應以團體或個人方式跟守衛人員談？

林 教 授：我想應該個別的跟他談，老張最了解他，是最適合的人選。

老　　張：好！那我就明天下午跟守衛談。

視導人員：你們都已同意老張明天下午跟守衛談，那麼要談些什麼，
　　　　　結果何時回報？

老　　張：我要告訴他，我們一些教授不希望他對學生大聲吼叫，學
　　　　　生若有問題的話，告訴老師或訓導人員，同時要告訴他態
　　　　　度要和善，守衛人員不是警察。晤談結果下週向大家報告。

在此例中，視導人員表現的非指導行為與前述相仿。其步驟如下：

詢問、傾聽團體討論事項→鼓勵成員表達自己的意見→澄清、回應成員陳述之問題→請每位成員提出可行方案以解決問題→將可行方案列表→探討可能之後果，並確定每位成員都了解方案內容→如果成員不了解，要求澄清、重述→討論各方案之利弊得失並比較成功率→詢問成員對所決定之方案有無共識→若無，應進一步討論並決定如何打開死結→討論此決定之各項規準→若不能達共識，應再行討論。

三、非指導式視導的問題

非指導式視導存在一些爭論或問題：

㈠視導人員真能保持中立、不作判斷，不影響老師或團體做決定嗎？

㈡如果教師或團體請求視導人員介入，怎麼辦？

㈢視導人員若碰到不願意或沒有能力解決問題的老師或團體，該怎麼辦？

㈣非指導性行為的先後順序有多確切或變化無常？

針對上述問題，Mears，Shannons 和 Pepinsky（1979）在一項由 Rogers, C. R.所主持的研究中指出：

㈠即使一個人小心地避免褒貶、發表觀點或提出解決方案，影響還是會產生。視導人員視線的接觸，發問的時間、臉部表情、重述的方式都具有影響力，因此，視導人員只能力求小心，使影響減到最低程度。當老師或團體要求視導人員提供意見時，要視時間作不同的處置。

㈡在初始階段，當老師未仔細思考問題，則提出建議，將影響他們的決定；若是老師在縮小選擇方案的範圍以後仍要求視導者表示意見，此時視導人員影響力雖較小，但應儘量避免表示意見，視導者可強調成員的想法比他的想法重要。若是視導人員不提出意見，成員就不做決定的話，則可嘗試合作式的視導方式。

㈢對於不願或無能力解決問題的老師，非指導式的視導應如何實施？對缺乏意願但具有能力的老師，可代之決定，但要耐心地傾聽、等待、多予鼓勵、接受。若是教師缺乏能力，且不論視導人員如何耐心、鼓勵，成員都表示無法了解問題。則非指導性行為對做決定無益，則應考慮改採其他途徑。

㈣前述非指導行為的十個步驟仿如彈鋼琴時的左手鍵，始自傾聽，終為回應重述，但其間的步驟可能依據教師聲音中潛存的調子前後移動，不是固定不變的。

四、非指導行為的應用時機

在何時以及對什麼對象採用非指導行為呢？可考慮下述原則：

㈠專業知識：當老師或團體成員具有豐富的專業知能，而視導人員反而缺乏這些知識時，即放手讓他們自己解決問題。

㈡責任歸屬：當老師或團體成員對決定具有充足的責任感，而視導人員較少涉入時。

㈢關注：當老師或團體成員對問題的解決抱持關心態度，而此問題與視導人員較無關時，讓他們自己去做決定。

第二節　合作式視導行為

　　合作式視導之基本前提是視導人員與老師站在平等的立場，去做有關教學的決定。視導人員或老師單獨所作有關改進教學的決定，其效果不如彼此合作決定。Glickman此種合作式視導行為的基本前提與Cogan（1973）所倡臨床視導的理論假設相類似，且與Cooper（1982）所主張將視導人員與教師間的關係看成是相互對等的，彼此均是以同事關係，而非以主從關係。視導人員與教師均視為教學的專家，因此視導人員應就教師所關切的事，去協助教師共同分析及改進教學的情形，茲分四部分予以說明：

一、對個人的合作行為

　　根據 Ginkel（1983）的調查研究顯示：從 210 位幼稚園到高中老師中取樣問他們較喜歡何種視導方法時，63 位（30%）較喜歡視導人員以非指導式與他們一起工作，141 位（67%）較喜歡視導人員以合作式與他們一起工作，只有 6 位（3%）較喜歡視導人員以指導資訊或控制方式與他們工作。由此一調查結果發現合作與相互尊重是人類社會行為中最受歡迎的，也是促進生產效率，人類社會進步的動因。茲舉一例說明視導人員對老師採取合作式視導行為，解決某位學生偏差行為的運作狀況：

　　某校有位王同學情緒不穩定，適應欠佳，常與同學打架，近又與其他同學互毆，面臨轉班的命運。導師與訓導主任開始均持不同的看法，導師堅持王同學繼續留下，而訓導主任要學生改變環境，轉班就讀。導師認為最近一次的打架是偶發事件，王同學不是有意的，其違規行為已漸減，可是訓導主任認為王同學留在原班對導師及其他同學是種威脅，需轉班特別輔導，經過坦誠的溝通，導師同意讓王同學留在班上接受專人輔導或部分時間到教室外之其他地方接受輔導。

　　以上這個例子所顯示的是視導人員（訓導主任）對老師的合作行為。有時在改進教學的例子中，視導人員與教師對於改進教學的過程，預期達成的目標彼此有不同的觀點，然而經過雙方長時間不斷地溝通、修正，提出可接受的方案，彼此雙方均應信守方案，並簽訂教學合約（Instruction

317

Contract）。下表為視導人員與老師簽合約的格式如圖 10-3：

教學合約
（2005, 10, 10）

　　視導人員張ＸＸ（甲方）與老師李ＸＸ（乙方）為減輕教師工作負擔，雙方同意簽立教學合約，協議內容如下：

甲方要進行的活動項目：
　1. 協助老師選擇小老師（資優班學生），並發展一份拼音作業的評分指標。
　2. 到教室參觀教學活動，和老師討論評分指標的使用方式。並要求小老師遵守更改規則，違者受罰。
　3. 要求小老師在家改正拼音作業且要保密。

乙方要進行的活動項目：
　1. 舉行小老師會議，告訴正確進行程序。
　2. 每週抽驗一次小老師更改作業。
　　p.s.約定下一次會議時間為 2005 年 12 月 10 日

　　　　　　　　　　　　　　　　　　　　　　_____
　　　　　　　　　　　　　　　　　　　　　　　　　視導人員簽字

　　　　　　　　　　　　　　　　　　　　　　_____
　　　　　　　　　　　　　　　　　　　　　　　　　老師簽字

圖 10-3　視導人員與老師簽合約的格式

資料來源：修改自陳佩正譯（2002），頁 101。

　　視導人員表現合作式視導行為之方式，首先則由老師表達其對問題學生改進的知覺，繼而請其表示改進的方式，並傾聽其觀點，爾後視導人員與老師提出對問題解決的不同方案，最後經討論，彼此接受改進問題的方案。質言之，其步驟為呈現（presenting）、澄清（clarifying）、傾聽（listening）、問題解決（problem solving）、妥協（negotiating）。

有關合作式視導行為的步驟，茲以圖 10-4 示之：

| 1.傾聽 | 2.澄清 | 3.鼓勵 | 4.回應 | 5.呈現 | 6.問題解決 | 7.妥協 | 8.指導 | 9.標準化 | 10.增強 |

T　　　　　　　　　　　　　　　　　　　　　　　　　　　　　　t

---

s　　　　　　　　　　　　　　　　　　　　　　　　　　　　　　S

1.由老師界
　定問題

2.了解老師
　的知覺

　　　　　　　　3.確認老師
　　　　　　　　　的知覺

　　　　　　　　　　　　4.提供視導
　　　　　　　　　　　　　人員的觀
　　　　　　　　　　　　　點

5.尋求老師
　了解視導
　人員對問
　題的知覺

　　　　　　　　　　　　6.交換不同
　　　　　　　　　　　　　方法的建
　　　　　　　　　　　　　議

　　　　　　7.接受衝突

　　　　　　　　　　　　8.找出可接
　　　　　　　　　　　　　受的行動

　　　　　　　　　　　　　　　　9.同意細部
　　　　　　　　　　　　　　　　　計畫

　　　　　　10.同意最後
　　　　　　　　計畫

| T　表示老師負最大的責任 | S　表示視導人員負最大的責任 |
| 註：t　表示老師負最小的責任 | s　表示視導人員負最小的責任 |

圖 10-4　視導行為的連續性：合作式行為

資料來源：Glickman（1990）. *Suervusion of instruction*. p. 138.

二、對團體之合作行為

視導人員在領導一群團體共同做決定時，最重要的角色功能就是讓大家充分表達自己的意見，感受、想法等，他也可鼓吹自己的主張。但大家都有一共識，最後選舉或投票的結果，就代表了這個團體的共同決定，大家必須共同遵守，若結果與視導人員之期望不同，他可無法扭轉局勢。茲舉一例說明其運作狀況：

在某省中採用教科書會議上，討論下學年究應繼續採用原來ＸＸ科課本或採用新版本，教學研究會的老師對於採用何種版本已心裡有數，在投票的前一刻，視導人員（校長）說：「是否需再討論一下。」八位老師中七位搖頭表示反對，其中一位老師沒反應。這時視導人員就問這位林老師。林老師說：「我想另外七位老師已決定採用舊版本，因為不必重新擬訂教學計畫，準備教材，媒體及作實驗……。」在仔細聆聽之後，視導人員相信林老師的話是對的，接著繼續說：「至少有三種其他不同的版本，可以討論採用。」最後在其他七位老師相繼發言同意經由團體決定後，仍贊成舊版本，只一位贊成新版本。

以上例子即說明視導人員對團體所表現合作式視導行為。視導人員不論在和一個人或一個團體溝通時，他的目的都是要幫助個人、團體作成最好的決定，而不論自己的地位、身分、權力。和團體共事的過程其實和個人一樣，主要的差別在於需花費更多的時間與團體的每位成員溝通以確認問題及討論每位成員的建議。其步驟為：

㈠澄清：在開始討論之前他要澄清問題所在，指出此次會議之重要任務。

㈡反應：反應大家意見。

㈢呈現：呈現自己意見。

㈣解決問題：大家朝向問題本源思考。

㈤鼓勵：大家充分溝通。

㈥標準化：最終的答案出來。

㈦增強：視導者提出最終的答案徵求大家的共識或者使用投票作多數決。

三、合作式視導的問題

合作式視導是視導人員最常使用的視導行為，也是最受歡迎的視導方式。實施合作式視導宜注意下列原則：

(一)民主：以民主的方式共同做決定。

(二)平等：視導者和每一位參與者同等地位，享有同等的投票權。

(三)公開：讓大眾的事公開在大眾面前。

(四)鼓勵表達：破除以往老師不敢發表自己意見，害怕權威之積習。

(五)若民主、平等、公開投票表決仍不能解決問題時，就要嘗試其他方法。

四、合作式行為的應用時機

合作式的行為表現在視導者與被視導者對問題的態度與行為具有民主與平等的共識，其使用時機為：

(一)視導者與被視導者在專業認知上大致相等，不致有太大差距。

(二)他們涉入同樣情境，遇到同樣問題。

(三)他們對這個問題的嚴重性有同樣的認知。

第三節　指導資訊式視導行為

指導資訊式的視導行為，乃是視導者站在指導的觀點幫助老師專業成長，通常視導人員是老師訊息的主要來源，為老師界定教學目標並經常為老師指引方向，提供一些建議，供老師選擇。茲分四部分予以說明：

一、對個人的指導資訊行為

視導人員（校長）在從事教學視導工作時，有時會發現少數教師經驗不足，上課時無法照顧到全部同學，這時可以嘗試使用這種方法，茲舉某位國小張校長的經驗談予以說明：

張校長平日對於本身須扮演教學視導的角色認識甚深，尤其對新進教師的輔導更是不遺餘力。某次巡堂發現三年甲班有六位同學靜坐不參與討論，乃請該班老師多鼓勵那六位同學發表意見，但老師說那些同學程度低

落，無能力參與討論，自己也不知所措。這時張校長建議老師使用省教育廳正在推廣的合作學習法，經過老師思考後願意嘗試合作學習法，結果逐漸改進那六位同學參與討論的能力。以下為對個人的指導資訊行為的步驟：

(一)呈現：六位同學未參與討論是個問題，目標在使他們參與。

(二)澄清：要求老師為達成目標，考慮一些可行方案。

(三)傾聽：設法了解老師的觀點。

(四)問題解決：決定可能的行動。視導者提供變通方案給老師參考。

(五)指導：請老師考慮視導者所建議的方案。

(六)傾聽：要求老師對所建議的方案，陳述其看法，在最後做決定時，可依方案予以修正。

(七)指導：視導者指導老師作最後的選擇合作學習法。

(八)澄清：要求老師做決定。

(九)標準化：採取細部行動方案，支持老師發展特殊的活動（如合作學習法的教學步驟及方法）。

(十)增強：視導者重述目標，活動及成功的指導，並繼續追蹤。

有關指導資訊視導行為的步驟，茲以圖 10-5 示之：

二、對團體的指導資訊行為

通常學校對於偏差行為，適應欠佳轉學生的安置很困擾，不同學年的老師有不同的看法，有的認為轉學生應與老師的專長配合，有的認為要常態分配給每位老師，有的老師拒收這類學生，這時視導者可提供一些變通方案供老師參考，經過不斷討論，修正建立共識，最後解決問題。茲舉一例說明：

甲校七位適應欠佳的國小一、二、三、五年級學生欲轉學至乙校就讀，視導人員（校長）召集各學年級主任討論如何安置的問題，以指導資訊的方式解決問題。以下為其對白：

二年級主任：轉學生應分配到具有特殊輔導能力的老師。

校　　　長：不宜集中在某個老師班上。

二年級主任：異質分班中也要有彈性的作法。

1.傾聽	2.澄清	3.鼓勵	4.回應	5.呈現	6.問題解決	7.妥協	8.指導	9.標準化	10.增強

T   t

s   S

1.確立目標

2.要求老師
　投入目標

3.了解老師
　的觀點

4.決定可能
　的行動

5.告訴老師
　考慮不同
　的方案

6.要求老師
　對不同方
　案作考慮

7.提供最後
　數種選擇
　方案

8.要求老師
　作選擇

9.決定採取
　的行動

10.重複並追
　蹤計畫

T　表示老師負最大的責任　　　　S　表示視導人員負最大的責任

註：t　表示老師負最小的責任　　　　s　表示視導人員負最小的責任

圖 10-5　視導行為的連續性：指導資訊式行為

資料來源：Glickman（1990）. *Suervusion of instruction*. p. 154.

323

校　　　　長：有三種方案可資選擇。其一為依班級註冊人數的多寡予以安置轉學生。其二為由學年主任與該學年老師決定安置的方式。其三為要求每位老師確認有能力輔導偏差行為學生的類型，以及哪類偏差行為的學生無法輔導，使轉學生能安置到適當的班級。

一年級主任：第三種方式不佳，易造成互相推諉的毛病。

三年級主任：讓那些想要自己安置的年級老師自己做決定，而不願做決定者，校長幫忙做決定。

校　　　　長：不宜由各年級自行其是，學校需有一致的安置程序，也許可由校長本人依班級的人數做決定，或由個別的老師依專業知識做決定。

三年級老師：也許校長所提的方式可以組合運用。暫時依班級人數的多寡安置轉學生，而後與學年主任討論被安置的班級老師是否有能力輔導，如無能力，再討論其他的安置方式。

校　　　　長：在校務會議告知所有的老師新的安置方式，如有不同的意見其他的老師仍有發言權。

五年級主任：爭議時校長有最後決定權，就試著照校長所提的兩種方式組合試試看。

校　　　　長：明天的校務會議報告後，如無更好的意見就照辦。

　　以上對團體的指導資訊行為步驟與對個別的指導資訊行為相若，視導者提供變通方案，供學年主任討論，捨去不可行方案，經由再考慮變通方案的可行性並予以修正，最後作成決定。

三、指導資訊式視導的問題

　　視導者為專家，信任最重要，視導者必須知道老師在他的方案中選擇任一實際的方案，可以幫助他，而老師認為視導者要為指導的結果負全責。因此建立彼此間的信任、信心、互助很重要。不只視導者對於他的專業知識優於老師具有信心，而且老師也必須相信視導者確實擁有一些他所沒有的知識及經驗。猶如吾人登山一樣，如此座山從未探險過，必先聽取專家

的意見,如何攀登,以省時、省力、避免危險,獲致安全。

四、指導資訊式行為的應用時機

Greiner（1967）曾指出,指導資訊式的行為與專業知識、信心、信任度及有限的選擇有關,因此其使用的時機為:

㈠老師未具備視導者所擁有的有關問題的知識。

㈡老師感覺迷惑,無經驗,視導者知道成功的行為。如教師期望,比馬龍效應。

㈢視導者願為老師選擇負責任時。

㈣當老師相信視導者的知識、背景、人格是可以信任時。

㈤時間短暫,限制於一定時間內解決（如三天內做決定）迅速、具體的行動方案必須採納。

第四節　直接控制式視導行為

直接控制式視導行為比指導資訊式視導行為更使用權威,其基本前提為教師經驗不足,意願低落,而某些教材必須教,但老師卻不願教時,最後不得不訴諸直接控制式視導行為。

一、對個人的直接控制式行為

茲舉某國中二年級數學老師不願使用電腦來幫助學生學習幾何的例子予以說明,以下為視導者與教師的對白:

視導者:你使用過電腦嗎?我未曾見過學生在使用。

教　師:我不以為電腦在二年級學生的數學上是重要的,學生需要基本幾何訓練,而非玩電腦。

視導者:你了解部分的幾何課程和電腦有關,它不是遊戲,學生學會操作電腦時也學會幾何。

教　師:太強調電腦是荒謬的,那只是另一種教育時尚,我還有太多的事要做。

視導者：我了解你在使用電腦上的限制條件，但是我們的學校課程說明二年級必須使用電腦，我們也花了錢用在硬體上。

教　師：我認為這很荒謬。

視導者：這是偏頗的看法，你的學生應使用電腦。

教　師：我不以為然，他們教科學學科的不能教嗎？畢竟電腦是科學的呀！

視導者：我們可能在每學科試看看電腦的使用情形，但是現在要用在你的數學課，下週五你應開始你的電腦課程。

教　師：我不懂使用，誰來操作？

視導者：你上次暑假參與了電腦課你應該會。

教　師：我並不懂，張教授是個不好的教授，他只注意到有電腦背景的老師。

視導者：我叫陳校長，輔導團視聽媒體的召集人，演示使用電腦讓你了解。

教　師：我需要一些協助。

視導者：我們保持聯繫，學生下週五開始電腦課程。

前述的對話顯示視導者使用直接控制的行為，首先視導者以蒐集的資訊和對教師的觀察、討論來認定問題，其次他告訴老師做些什麼並提供他的建議理由，視導者決定其主張行動並將其期望反覆傳述給老師，其步驟為：

1. 呈現：界定問題，視導者告訴老師問題在哪裡。
2. 澄清：要求教師對問題發表其觀點。
3. 傾聽：了解教師的觀點。
4. 問題解決：想出解決問題的最佳途徑，視導者為此方面的專家。
5. 指導：視導者將他的期望告訴老師。
6. 澄清：要求教師對期望表達看法。
7. 標準化：詳述及修正期望。
8. 增強：重複及追蹤期望的執行情形。

有關指導控制式視導行為的步驟，茲以圖 10-6 示之：

1.傾聽	2.澄清	3.鼓勵	4.回應	5.呈現	6.問題解決	7.妥協	8.指導	9.標準化	10.增強
T									t
s									S

1.界定問題

2.要求老師
　投入問題

3.了解老師
　的觀點

4.思考決定
　最好的解
　決方式

5.告知老師
　對他的期
　　待

6.要求老師
　對期待作
　反應

7.細部化並
　修正期待

8.重複並追
　蹤期待

T　表示老師負最大的責任	S　表示視導人員負最大的責任
註：t　表示老師負最小的責任	s　表示視導人員負最小的責任

圖 10-6　視導行為的連續性：指導控制式行為

資料來源：Glickman（1990）. *Supervision of instruction*. p. 164.

二、對團體的直接控制式行為

在ＸＸ專科學校有四位體育老師，因為其他老師無法配合或其他原因，有時上體育課不能準時，視導者就對四位體育老師講話，以下為其對白：

視導者：我留意到我們的體育課不能準時，有的遲到五分鐘，早十五分鐘下課，我們必須上足體育課，不要遲到早退，別的老師抱怨這造成了一些問題，學生閒蕩、散漫……等等。

張老師：教室內老師比較好，只是整天任何時間送學生來。

視導者：你們都認為如此嗎？（其他人點頭同意）有其他問題嗎？陳老師？

陳老師：我不是故意讓學生遲到早退，但是教室的鐘和午餐室的鐘不配合。

視導者：我會檢查，還有其他原因嗎？

王老師：學生整個學期上我的課，我不以為有何問題。

視導者：我想強調遲到早退的事，我會要求管鐘的人準時，及教師送學生來準時，但每人都了解我的要求嗎？林老師？

林老師：我希望我們留意不讓學生早退，我們可利用這時間完成一些事。

視導者：我不認為我們可縮短上課時間，從現在起必須有足足五十分鐘的課，我也會去看看。

張老師：我們不必再討論此事了，談其他有氧運動選課的事好嗎？

前述的對話顯示視導者使用直接控制的行為，給予老師清晰的訊息，希望他們作何種改變，其步驟為：

㈠呈現：視導者說明他對問題的看法。
㈡澄清：問體育老師有什麼補充意見。
㈢傾訴：聽取老師的意見。
㈣問題解決：再評估問題及可能解決方式。
㈤指導：指導體育老師做些什麼。
㈥澄清：請老師再表示意見。

(七)標準化：採取具體的行動。

(八)增強：追蹤預期的表現。

三、直接控制式的問題

直接控制式的行為主要有三方面需要注意的：其一為率直，其二為權威的來源，除法職權威外，尚需佐以專業權威、人格權威，其三為時間的考慮，當時間緊迫，影響層面小。

視導人員要老師做什麼事，必須明確，坦誠地告訴老師，但權威的使用，有時忽視了人際的關係，會引起老師的不悅。因此使用直接控制式的視導行為，必須考慮上述三問題。

四、直接控制式行為的應用時機

以下四種情況較適合使用：

(一)有些事對於學生、社區或有關的人非常重要，但老師不了解時，則可考慮使用。

(二)當老師無參與意願時，視導人員要負全責來做決定。

(三)當所作的決定與老師無關，寧可由視導人員做決定。

(四)時間緊迫而影響層面小（如舉辦運動會），視導者無充裕的時間與老師溝通時使用。

本文提到四種視導行為，即非指導式、合作式、指導資訊式與直接控制式。為了有效地進行視導工作，對於不同投入及思考能力的老師，Glickman（1981）認為應採行不同視導風格。在一所典型的學校，以「高投入、低思考能力者」（即幹勁十足，經驗不足）及「低投入、高思考能力者」（即經驗十足，幹勁不足）為數最多，大約共占所有教師之60%至70%，「低投入、低思考能力者」（即幹逕、經驗均不足）大約佔5%至10%，其餘10%至20%的老師則為「高投入、高思考能力者」（學識、經驗、意願均佳）。因此Glickman認為視導人員的教學視導風格如能顧及老師投入意願及思考能力的高低，適時適切表現視導行為，相信對於教師專業成長一定有所助益。

第十一章　英國教育標準局的視導制度

　　制度的設計係為滿足人類生活的需要，英國視導制度的設計係為滿足教育的需求。本章主要就英國教育標準局的視導制度的設計加以說明，至於國內部分教育部、台北市政府教育局、高雄市政府教育局的視導報告格式及內容可上網一閱。

　　本章分為二節，第一節說明英國視導制度的歷史沿革，第二節介紹教育標準局的視導制度。

第一節　英國視導制度的歷史沿革

　　英國教育視導制度的歷史源遠流長，其演進約可分為二階段：其一為皇家督學時期（1839～1992），約有一百五十餘年的歷史，其二為教育標準局設置時期（1992～）茲分述如下：

一、皇家督學時期

　　英國皇家督學設置迄今已有一百五十餘年的歷史，原在 1839 年即設置皇家督學，其發展歷程，各家分類不一，Rhodes（1981）分為三個時期，十九世紀為第一期，1902 年至 1944 年為第二期，1944 年以後為第三期。Lawton 和 Gordon（1987）分為二個時期，第一期為自 1839 年至 1939 年，第二期自第二次世界大戰後以迄教育標準局成立；楊維坤（1991）則分為五個時期，即創立期（period of initiation, 1839～1861）、緊張期（period of tension, 1862～1902）、塑造期（period of shaping, 1902～1944）、挫折期（period of frustration, 1944～1968）、再振興期（period of revitalization，1969～1992）。為便於說明起見，本節採用楊維坤的觀點，茲簡述如下：

㈠創立期（1839～1861）

　　在 1833 年以前，英國的教育事業全靠一些博愛為懷的私人及宗教團體經營，國家從不過問。到了 1833 年 8 月 17 日，時任眾議院撥款委員會主席 Althorpe 主張：為了貧窮兒童的教育，由國庫撥款二萬英磅補助大不列顛（Great Britain）境內二所私立教會學校的校舍建築。當時英國政府並無專門負責補助款發放的機構，因此經由國家會社（the National Society）、

英倫和海外教育社（the British and Foreign Society）及教會來管理辦學補助款。

　　爾後由於補助款不斷增加，有人開始質疑政府有權派員監督工廠，卻未派員了解教育補助經費的用途，然因國會內部及外部亦有異議，恐懼政府控制教育及私人事務，故未立即實施。

　　到了 1839 年 4 月 10 日，由於要求監督補助款使用的聲浪甚大，英國以樞密院令（an Order in Council）設置一樞密院教育委員會（Committee of the Privy Council for Education），負責督導補助金之分配，並促進公眾教育的發展，同時經費補助不再限於二所教會學校及建築經費。其成員由樞密院院長（the Lord President）Lord Lansdowne、掌璽大臣（the Lord Privy Seal）Viscount Duncannon、內政大臣（the Home Secretary）Lord John Russell 及財政大臣（the Chancellor of the Exchequer）Thomas Spring Rice 等四人所組成。並選舉對社會問題及教育問題甚感興趣的 James Kayttleworth 醫生為該委員會秘書，以處理日常事務。

　　同年（1839 年）11 月 29 日，這個樞密院委員會以英王名義任命兩位皇家督學，一位是牧師出身的 Rev John Allen，負責視導國教會的學校（Anglican Schools），另一位是律師出身的 Seymour Tremenheere，負責視導非國教會的學校（Nonconformist Schools）。此即英國皇家督學（Her Majesty's Inspector, HMI）的濫觴。

　　皇家督學開始視導學校後，需提供充分的資訊給樞密院教育委員會，以供未來補助金發放的參考，為了達成此項任務，在 1840 年樞密院教育委員會頒佈學校視導人員訓令，將視導人員的責任分成三部分：其一為調查經費的申請及使用，其二視導接受經費補助的學校，其三為調查某些特別學校辦理小學教育的情形（Instruction to Inspectors, 1840）。

　　起初，接受國庫補助的學校強烈反對政府介入學校業務，當時宗教勢力仍然很強，政府與教派之間為達成協議，乃由樞密院院長 Lansdowne，內政大臣 Russell 和三位主教舉行會議共同商討問題，最後草擬成協定，而以樞密院院令發佈。協定中幾乎完全有利於教會，這些協定對於督學處的特性和發展有著深遠的影響。其中規定在任命皇家督學前必須與 Canterbury 二位總主教協商，且有權隨時把他們解散。此外，關於視導教會學校的報告要送至總主教及學校所在地教區的主教核閱。

1846 年，由於自荷蘭引進教師訓練學徒制度，教育委員會對皇家督學賦予一項新的任務，亦即視導師資訓練的品質。皇家督學被要求選擇合適的老師以訓練學徒，每年對小老師在學科上的知識予以考試，並且觀察小老師教學，根據皇家督學的視導報告及其他指標，來決定補助金發放給學徒及老師。因此皇家督學不僅影響學校補助金的提供而且影響學徒制補助金的發放。

由於小老師制的建立，學校數量不斷增加，因此開始派任助理督學（assistant inspector），1852 年增至二十四位皇家督學及九位助理督學。到了 1858 年，由於學校數量及教師員額急劇擴增，為了有效處理教育業務，以及鼓勵科學與藝術業務，成立教育處（Education Department）以統籌樞密院教育委員會業務。

簡之，創立期之皇家督學的角色是政府介入教育事業的反映（Rhodes, 1981），因為政府唯一介入方法是提供補助金，皇家督學主要的工作是視導及檢查補助金的使用，報告並處理個別的學校、地區或老師的教育情況，以供政府決定發放獎助金及修正經費用途的依據。此外，皇家督學亦扮演中央與學校間橋樑的角色，視導的範圍限於小學，無權批評學校及老師的工作，只是提供鼓勵及諮詢性建議。當時的皇家督學被視為「經費的守護者」（financial watchdog）及「當局的耳目」（ears and eyes of central authorities）。

㈡緊張期（1862～1902）

自 1839 年之後，由於小學教育迅速的成長，政府對私人及宗教團體所經營學校的補助款不斷增加，至 1861 年補助款由每年二萬英磅增至每年八萬英磅，又逢克里米亞戰爭（Crimean War），使得財政緊縮，加速政府決定以較少的支出，獲致更大效率的決心。在 1862 年，根據紐加索委員會（Newcastle Committee）的建議，修訂新的教育法條，規定三分之一的補助款應依據學生出席率的高低來發放，三分之二的補助款應依據每位學生在每年一度的讀、寫、算等三科考試成績的表現發放。這項決定確實對學校就學人數、學生出席率及確保所有學生最低的學習成就有助益。再者，增加政府對抗教會的籌碼。然而，亦招致使用經濟的誘因及學校相互間的

競爭，以操弄教育，將窄化課程及扼殺學校革新之批評。

皇家督學負責執行法規，定期檢查學生出席率，實施年度的考試，報告成績結果，卻被譏評為中央政府控制的工具，雖然偶亦從事視導工作，但只是工作的一小部分。由於定期舉行考試，增加督學的工作負擔，於是自 1863 年，設置督學的助理（Inspector's assistant）協助皇家督學執行考試的工作。起初督學的助理是由小學校長中選任，而後皇家督學有權選擇他喜歡的老師來擔任。此種將皇家督學工作窄化的決定，使得學校老師與皇家督學的關係變得緊張，皇家督學由過去協助老師改進教學方法的角色變成可以決定學校及老師命運無限權威的人。

1870 年福斯特法案（the Act of 1870）通過後，皇家督學解除了報告宗教教育的職責。從那時起，督學處即依區域性來組織，而不再根據學校的教派性質來組織了。全國因此被分成若干地區，每一位皇家督學對其區內的所有學校都要負責，不論私人自願團體（Voluntary bodies）提供經費的學校（即私立學校）或地方選舉的學校董事會（School boards）提供經費的學校（即公立學校）均接受皇家督學的視導。後來教育處（Education Department）為了使全國有統一的視導標準，於 1871 年將這些地區組成八大管轄區，每一管轄區有一首席督學（Senior inspector）管理，每位首席督學並負責八至十個區域以及監督其屬下的督學。當有必要時，這些首席督學們即集合一起召開會議。此外，1882 年開始又恢復年度區域視導會議，每一位首席督學必須安排與其管轄區內的區域督學（District inspectors）每年舉行會議一次。在會議中，首席督學與其同僚討論這一年來所發生的困難問題或改進補助款分配問題，然後首席督學須向教育處呈交報告。

同年，政府了解到將教育限定在讀、寫、算是不智的，學校管理、班級經營及其他學科教學的品質，同等重要。於是開始實施績優獎助，導引學校重視學生行為輔導及其他學科教學工作，皇家督學負責考核學校績效。

簡之，緊張期間的皇家督學角色，不僅作為經費的守護神，且作為中央政府的工具，在這段期間，皇家督學處的科層組織結構逐漸形成，唯其工作方法亦未改變。

㈢塑造期（1902～1944）

自 1895 年進步主義（Progressivism）運動興起以及學齡人口不斷增加，視導人員工作負擔過重，依考試結果付費的制度終於 1898 年取消，皇家督學也調整其角色，以適應外在社會的變遷。

皇家督學調整其角色的因素甚多，其一為皇家督學了解到有效能視導，必須透過說服及影響，而非透過控制來達成預期的目標；其二為自 1970 年教育法案通過後，中等教育蓬勃發展，督學處必須使用新的方式視導中學；其三為地方教育局（LEA）直接介入學校事務，開始發展其本身的視導單位；其四為自 1870 年法案通過後，教育被視為社會政策發展不可或缺的因素，對國家社會的影響不亞於軍隊，以兒童為中心的理念反映在福祿貝爾及杜威的著作當中，成為世界的思潮，對學校的老師及視導人員產生重大的影響，更加重視以兒童為中心的教法與學習，重視活動及經驗的課程，而非累積一些事實的知識。

皇家督學處受到內外在變遷的影響，對於皇家督學的角色及工作方法也重新調整。在 1898 年對皇家督學的訓示中提示三方面。第一為從評鑑學生成就的角色改為觀察老師的教學與學生的學習；第二為視導的目的調整為評鑑整體教育的標準，並確實發揮教育經費的整體效益；第三為視導重點為觀察老師的教學法。

皇家督學角色改變之後，其功能亦跟著改變。除了更關心整體教育的品質及教育經費在全國使用的績效外，皇家督學必須到中等學校了解學校管理，學校教師及教學組織、設備的提供等實質的問題，提供訊息給中央及地方教育當局作為擬訂改進計畫的參考。再者，皇家督學須運用專業的知識，影響及鼓勵教育局作適度的創新。

督學處的組織也跟著調整，分為小學、中學及技術三部門。英格蘭及威爾斯被劃分為九個區域，每區設置主任督學及分區督學。同時，皇家督學的素質也開始提高，神職人員不再是成為皇家督學的必備條件，晉用更多具有大學學歷及教學經驗者充任皇家督學。

簡之，此時期皇家督學處的重要工作為重新塑造其角色、功能及形象。提供資訊建言，專業的知識及判斷，傳播優良教育的事蹟，重視教學法及

管理的問題。

㈣挫折期（1944～1968）

1944年教育法案通過後，教育不再被視為慈善事業，而被視為政治及經濟安全的必備條件，具有社會凝聚的功能。同時法案通過後，中央教育部與地方教育局的關係朝向夥伴的關係發展，彼此合作、協商，中央政府不再干涉課程及學校組織的事務，課程、教學方法及學校內部的組織由學校教師自行決定，教師專業自主受到重視，教師聯盟地位與日俱增，教師逐漸成為吸引人的工作。

在此時期，皇家督學被中央政府、教學團體及地方教育局期許為輔導的角色，而非控制的角色。皇家督學的工作重點是透過視導、訪問、出版刊物及提供教師在職訓練課程，以增進影響力。由於皇家督學輔導的角色與地方教育局工作產生某種功能重疊的問題，以致1961年全國教師聯盟（National Union of Teacher）會議要求教育部設立學校輔導服務處，以替代皇家督學（Lawton & Gordon, 1987）。於是中央政府於1968年設置選擇委員會，以考察教育科學部及皇家督學的活動，考察結果認為皇家督學的功能與地方輔導人員功能重疊，應調整其角色。

此後皇家督學開始從核心課程的角度來發展全國性的課程計畫，並開始採用科學性的調查法來了解學校。例如就1967年卜勞登報告書（Plowden Report）而言，全體的皇家督學參與小學的視導並抽取二千所小學進行視導。雖然事後被批評抽樣的方法及評鑑的指標未臻完備，但是皇家督學處朝向全國性及專業性角色的發展已踏出了第一步，無疑地，選擇委員會的報告不僅未影響皇家督學處的發展，更激勵其邁向新境界的基礎。

簡之，挫折期皇家督學大部分視導的角色被地方教育局督學所取代，皇家督學不再擁有考核的權力，但其使用科學的方法了解學校的教育，為其奠定再度受到重視的基礎。

㈤再振興期（1969～1992）

皇家督學歷經與地方教育局分享權力，作為工作夥伴之挫折期之後，自1970年代起，中央之教育科學部權力日增，尤其在課程及教育經費之全

國性政策之制定更具影響力，地方教育局權力日減。造成此種結果的原因約有三項因素：其一為 1970 年代發生石油危機，造成經濟恐慌，年輕人失業，社會秩序失調等問題，英國人開始懷疑由地方教育局及教師專業團體所主導的課程、教學法及學校管理的績效問題。同時，進步主義教育的思潮也被指為造成教育水準低落的原因。此外，一些研究顯示傳統式的教學方法更具有效能（Richmond, 1978; Sockett, 1980）。1976 年首相（Prime Minister）著名的魯斯金演說（Ruskin Speech）顯示政府對於進步主義思潮態度的改變。於是由地方教育局及教師專團體主導三十年的專業自主權逐漸地被剝奪。此外，學齡人日減少，教師人力過剩，使得情勢變得更為複雜，教師這行業不再是吸引人的工作，其地位也日微。

隨著中央教育科學部權力增加，皇家督學所扮演的角色益形重要，必須隨時提供專業的建議以供制定政策的依據。皇家督學處的功能可從教育科學部（DES）出版的刊物：《皇家督學的今日與明日》（HMI: Today and Tomorrow）一覽無遺。皇家督學被形容為是幫助蒐集教育事實及證據，成為教育科學部長（Secretary of State for Education and Science）最有力的助手：（DES, 1970），1978 年教育科學部的管理評論宣稱皇家督學處的主要角色是評鑑整個教育系統的水準及趨勢，向常務次長（Permanent Secretary）及教育部長（Secretary of state）報告，並對全國教育系統的狀況提出建議（DES, 1979）。而後在 1983 年教育科學部出版的刊物：《皇家督學處在英格蘭及威爾斯：政策的說明》，清楚地界定皇家督學的角色為：第一，評鑑教育的水準及趨勢，並向教育部長提出有關全國教育系統表現的建議。第二，確認並使大眾周知優良的教育事實及待改進的缺點。第三，經由每天的接觸，對教育系統的成員提出建言及支援。

在此一時期，皇家督學參與各項教育計畫的施政，採用調查方法作為蒐集資料的工具，減少全面性完全的視導學校，採用抽樣的方法，抽取具代表性的學校進行視導，以了解各地區教育的品質。在 1997 年皇家督學所做的全國性抽樣調查「英格蘭的小學教育」及「英格蘭的中學教育」被認為相當成功，對教育政策的決定提供第一手的事實資訊，專業性的建議及判斷。

除了影響政策制定的過程，皇家督學參與課程計畫，致力於課程理論

及研究，基於研究結果及第一手資料，皇家督學經常出版對課程表示專業意見的刊物。如 1980 年出版的《課程的觀點》（*A view of the curriculum*），1983 年出版的《十一歲到十六歲的課程》（*Curriculum 11-16*），1985 年出版的《較好的學校》（*Better School*）及《五歲到十六歲的課程》（*Curriculum 5-16*）等刊物，有效地影響地方教育局及老師。1988 年實施的「國定課程」（National Curriculum），皇家督學扮演重要的專業性角色。

　　簡而言之，自 1960 年代末期，皇家督學的工作被教育科學部認為不可或缺的基礎。皇家督學以前所扮演輔導的角色留給地方輔導人員，故其功能與地方教育局輔導人員是互補而非重疊。亦即皇家督學是中央教育科學部的「耳目」及「專業的顧問」，而非個別學校及老師的顧問，為了充分扮演好角色，皇家督學調整工作方法及重點，在課程領域扮演領導者的角色，可於全國性的刊物及教師在職訓練課程中一窺究竟（OFSTED, 1997）。

二、教育標準局時期

　　在 1988 年國定課程頒佈以前，學校自行決定課程內容及教學方法，因此各校教學重點不一，水準不一，政府為了有效地實施品管，齊一各校教學內容，乃訂頒國定課程，全國統一施行，為了全面了解全國各校執行國定課程之狀況，於 1992 年通過教育法案（The Education Act 1992），成立教育標準局（Office for Standard in Education, OFSTED），委託專業機構訓練一批註冊督學（Registered Inspectors）及一批團隊督學（Team Inspectors），來執行視導工作，原有的皇家督學則負責訓練及監控視導品質。

　　教育標準局設成立之後，即出版《學校視導架構》（*Framework for Inspection of School*），建立視導的指標，以供督學遵行。並出版《學校視導手冊》（*The Handbook for the Inspection of Schools*），以供學校參考，自 1993 年開始實施中學的視導，1994 年實施小學及特殊學校的視導，截至 1997 年全國四千所中學，兩萬四千所小學均已接受第一循環的視導及評鑑。

　　六年來教育標準局每年均出版一本《教育的標準及品質》年度報告書（*Annual Report of Her Majesty's Chief Inspector of Schools-Standards and Quality in Education*），由皇家督學長（Her Majesty's Chief Inspector）向國會報告。同時，出版各類專書、研究報告、刊物等，目前已出版兩百五十

餘種專書。

　　教育標準局成立迄今，已建立新的視導制度及模式，運作順暢，為了持續發展，建立更完善的法規，1996 年修正 1992 年的法案為學校視導法案（the School Inspection Act 1996），新制訂幼兒及公立學校法案（the Nursery and Grant-maintained School Act 1996），及 1997 年教育法案（the Education Act 1997），這項法案賦予教育標準局視導地方教育局（Local Education Authority, LEA），師資訓練機構的法源基礎及法定職責。

第二節　教育標準局的視導制度

　　英國自 1992 年通過教育法案（The Education Act 1992）及 1993 年頒佈教育（學校視導）法令（The Education Regulations, 1993）以後，即開啟了教育視導的新紀元。原棣屬於英格蘭教育部之皇家督學處（Her Majesty's Inspectorate）獨立為教育標準局（Office for Standard in Education, OF-STED），由皇家督學長（Her Majesty's Chief Inspector, HMCI）領導，此項新政策的改變，將以往的視導與評鑑措施做更密切的結合，而且大幅地改變人事、視導的方式及視導結果的導向，對於監控視導的過程與結果，更有助益。本節介紹教育標準局視導制度的設計，分從教育標準局設置的背景、法源基礎、組織、工作任務、視導的模式、指標、視導的架構、視導人員的選擇、簽約、視導的程序、視導後的追蹤、視導的資料庫、品質保證及學校自我評鑑等十四項加以說明：

一、教育標準局設置的背景

　　提供品質保證的教學及有效能的教育是英國政府近年來努力追求的教育理想，為了實現這種理想，需要客觀及公正的視導，以監控並評鑑老師教學的水準及學校辦學的績效，而原有皇家督學數目有限，無法全面進行視導，教育標準局乃應運而生，其設置背景可從以下三方面來說明：

　　㈠國定課程的實施：1988 年國定課程頒佈實施以後，為了解全國各校實施狀況，遂成立教育標準局，訓練一批合格專業的督學來執行視導及評鑑的工作。

㈡公開資訊的政策：英國有一項公開選擇學校的政策，父母可以自由為其子女選擇學校的權利，為了提高學校間競爭的壓力，以及提供家長有關學校辦學的訊息，乃成立教育標準局視導及評鑑學校。

㈢績效指標的導向：為了提供學校遵行的標準，乃成立教育標準局，訂定各項教學及資源管理績效的指標，並授權簽約的機構（contractor），組成視導小組到校視導及評鑑學校經營的績效，找出經營不善的學校及教學欠佳的老師，由校管會（school governing body）監督學校改進。

二、法源基礎

依 1992 年教育法案第九款之規定，教育標準局賦予註冊督學（Registered inspectors）具有從事視導學校的權責，就下列四項重點內容提出視導報告：其一為學校教育的品質，其二為學生達成教育水準的程度，其三為學校經費資源是否有效運用，其四為學生的精神、道德、社會及文化發展情形。

註冊督學必須經過教育標準局嚴格、特殊的訓練且通過考試，類似領有執照之專業人員，這些督學的背景大部分為現職的大學教授及退休的皇家督學，少部分為地方教育局的督學。他們必須嫻熟 1992 年教育法案所規範的法定責任，在教育標準局皇家督學長指導監督下，依教育標準局頒發之學校視導架構（Framework for the Inspection of Schools）所界定的標準從事視導。

三、組織

教育標準局設置皇家督學長一人，與教育就業部長同向國會（Parliament）負責，皇家督學長與首相辦公室（Prime Minister's office）及教育就業部長保持密切的聯繫，可以根據視導的證據獨立地發表意見，其主要的任務有三項，其一為確信每一所學校每隔四年接受一次正式的視導，其二為鼓勵 Mill Wharf 等私人企業機構，同為視導工作參與競標及簽約，其三每年向國會及首相報告學校教育的品質、標準及效率。皇家督學長下設二位視導部門的主任（Director of Inspector）督學，一位負責綜理視導學校業

務（Regulatory Inspection of Schools），另一位負責綜理諮詢視導業務（Advisory Inspection of Schools）。學校視導業務部門下設有額外督學計畫組（Additional Inspector Project）等八組；諮詢視導業務部門下設有溝通、媒體及公關組（Communications, Media & PR）等十組，每組各設一位組長（由皇家督學或行政官員兼任）及若干位皇家督學負責該組業務，諮詢視導業務組，主要視導特殊的主題（Topic）或問題（Issue），例如部長欲了解師資訓練品質，即由諮詢組負責調查，以提供部長諮詢服務工作。教育標準局之組織架構如圖 11-1。

目前教育標準局共有約五百位行政人員及四類視導人員，第一類為皇家督學，計有一百八十位，分別派駐倫敦（London）、劍橋（Cambridge）、布里斯托（Bristol）、曼徹斯特（Manchester）、里茲（Leeds）等五處，其主要工作包括四項，其一為參與管理及規劃學校的視導工作，其二為蒐集視導時所發現的證據，其三為報導教育系統內的問題、趨勢、標準及品質，並提供改進的建議，其四為繼續視導師資訓練機構，私立學校及義務教育後期（post-compulsory education）有關事宜，皇家督學直接或間接為教育就業部，學校課程評鑑機構（School Curriculum Assessment Authority）及師資機構提供建議。第二類為註冊督學（registered inspectors），計有二千一百位，這類督學有權擔任領隊督學或成為團隊督學（team inspectors）的一員，其主要工作為在視導前及視導中蒐集視導證據的紀錄（Record of Evidence of Inspection），此項紀錄描述視導團所蒐集道的相關證據，作為三方面的用途：其一為提供紀錄視為證據的格式作為撰寫視導報告的依據，其二作為視導報告判斷的證據，以防萬一外界質疑報告的可靠性，其三為提供皇家督學長查閱正式的視導證據的紀錄，作為教育標準局確保品質程序的一部分。教育標準局根據視導報告及使用部分視導證據的紀錄作為皇家督學長撰擬年度報告的依據。視導證據的紀錄包括六方面：

（一）教育標準局的資料（Data from OFSTED）：包括視導前學校的指標報告（Pre-inspection Context and School Indicator, PICSI），其內容包括：(1)學校早期表現的資料，以確認未來可能的趨勢；(2)學校所在社區的社會及經濟特性；(3)一些比較資料以提供督學將學校的資料至於全國的背景資料中。

圖 11-1　教育標準局之組織架構

資料來源：英國皇家督學（HMI）Matthew, P. 1997 年於 OFSTED 辦公室提供
　　　　給作者。

㈡校長的書面報告（The Headteacher's Form and Statement）：內容包括
學校的量化資料（如教師學經歷、學生數、班級數……）及校長對
學校的評述，包括學校的特色、學生及影響教學的因素。

㈢觀察紀錄表（The Observation Form）：內容包括教室中教學的觀察
紀錄，及其他視導活動的紀錄，包括檢視學生的作品、與學生討論、
分析評鑑及考試的資料。

㈣學科的輪廓（The Subject Profile）：內容包括每一項核心學科（語
文、數學、自然）、證據摘要以及督學對這些核心學科的評分。

㈤學校的輪廓（The School Profile）：團隊督學在視導期間所蒐集到學
校證據的資料經彙整而成的學校面貌，以及督學團隊學校所作的集
體判斷給予的分數。

㈥其他：其他任何註冊督學想要納入視導證據的工作紀錄（OFSTED,
1995b）。

　　第三類為團隊督學（team inspectors），計有 7,000 位，具這類資格的
督學不可擔任領隊督學，其地位次於註冊督學，如表現績優，經一定考評
程序，可以成為註冊督學；第四類為未具教育專業背景的督學（lay inspec-
tors），計有 1,350 位，這類督學具有工程、媒體或其他背景，教育標準局
設置之初，公開甄求登記，經資料審查錄取 1,350 位以後即不再受理登記，
亦不再晉用。

　　有關教育標準局之組織架構如圖 11-1 所示，茲就各組織業務扼要說明
如下：

㈠學校視導部門

1. 額外督學計畫組（Additional Inspector Project）：訓練一批的國小校
   長及主任擔任額外督學，育有需要遴選至教育標準局協助輔導國小
   教學，以補督學人力之不足，目前此組不再辦理遴選工作。

2. 行政支援及財產管理（Administrative Support & Estate management）：
   提供學校必要之行政支援及財產管理。

3. 簽約組（Contracts）：負責與授證合格之外部企業機構簽約等事宜。
   組內成員均為行政人員。

4.視導品質、監控及發展組（Inspection Quality, Monitoring & Development）：負責派遣一位皇家督學隨同註冊督學率領的小組督學到校監控，了解督學之視導過程及評鑑其績效等事宜。

5.人事管理組（Personal Management）：負責有關教育標準局內部之人事管理、待遇福利等事宜。

6.計畫及資源組（Planning & Resources）：負責財務之購置及資源之管理。

7.學校改進組（School Improvement）：學校經過視導後，如欲評定為欠佳者，由本組負責派員追蹤輔導改進，如未能依限改進，嚴重的話，可命令學校關門。

8.獨立督學之訓練及評鑑組（Training & Assessment of Independent Inspectors）：負責督學之甄選、委由授證合格之機構予以訓練，再由教育標準局之皇家督學做最後之評鑑。

(二)諮詢服務組

1.溝通、媒體及公關組（Communications, Media & PR）：負責與外部機構、媒體溝通及公關工作。

2.資訊系統組（Information Systems）：負責資訊之蒐集、整理、規劃及應用推廣等工作。

3.地方教育業務組（LEA Reviews & Reorganization Proposals）：負責輔導及視導地方教育局業務。

4.幼兒及小學教育組（Nursery & Primary）：負責輔導幼兒學校及小學教育等事宜。

5.特殊計畫組（Special Project）：負責幼兒教育之研究及發展等事宜。

6.後義務教育組（Post-Compulsory Education）：負責十六歲以上青年之教育事宜。

7.研究、分析及國際業務組（Research, Analysis & International）：負責出版 PANDA（Performance and Assessment）及 PICSI 等事宜。

8.中等學校、私立學校及國際學校組（Secondary, Independent & International School）：負責輔導中學、獨立學校及海外學校。

9.特殊教育需要組（Special Education Needs）：輔導特殊教育業務，
　了解學校對特教需求。

10.師範教育及訓練組（Teacher Education and Training）：視導師資訓
　練機構。

四、教育標準局的工作任務

　　教育標準局的主要工作任務是視導英格蘭境內所有的公立學校，然因
皇家督學數目減少，大部分的視導工作改由註冊督學（Registered Inspec-
tors）及獨立的督學（Independent Inspectors）負責。註冊督學為具有教育
專業背景，經訓練、評鑑後認可之專業視導人員（其背景見前述），而獨
立的督學亦接受教育標準局訓練、評鑑後，認可有能力視導學校，撰寫報
告，其背景與註冊督學類似。每學年開學前由教育標準局函邀至少兩位註
冊督學參加投標，談妥標金之後，雙方正式簽約，授權由簽約的多組獨立
的督學（teams of independent inspectors）負責視導工作，每組由一位註冊
督學率領一組獨立的督學到校視導，其中至少包括一位非具教育專業背景
（具工程或科學背景等）的督學（lay inspector）。有時某些視導工作則由
代表教育標準局的皇家督學負責，例如教育就業部長卻了解中學數學教育
之教學成效，則具函給皇家督學長請求協助，皇家督學長則指派中等教育
組進行視導、調查。有些小學之特殊項目視導工作則由被調至教育標準局
工作的額外督學（additional inspector）負責，這些新增加的督學主要是經
過教育標準局篩選、訓練合格的小學校長、副校長及資深優良的老師，以
補督學之不足。這些額外的督學視導相當時間後可回任教職，無論是由皇
家督學或由註冊督學進行視導工作，其主要的任務如下：其一為評估學校
教育的品質；其二為了解學生達成教育水準的程度；其三為評估學校經費
是否有效運用；其四為了解學生的精神、道德、社會及文化發展狀況。

　　為了達成以上四項工作任務，督學必須信守視導手冊（Framework for
Inspection）所揭示的六項督學行為守則（Code of Conduct for Inspectors）
及信條（OFSTED, 1995a），茲分述如下：

㈠督學應該運用專業、統整及合於禮儀的方式來執行工作

　　所有督學應該認清視導的目的是在促進學校的進步，而視導的過程對學校會產生某種程度的壓力。因此，視導的方式應該使學校的壓力降至最低，督學所表現的行為應是充滿信心，減低干擾（disruption）及焦慮，確使學校教職員及有關人員維持合作的關係，對於與學校有關的人員給予適度的尊重。

　　督學必須執行其法定的責任及維持其獨立性及客觀性。而註冊督學這名稱必須在教育標準局進行有關的視導時才可使用。在視導時，督學不可利用其職權徇私，表現不公正或妥協的行為，以獲得不當利益；在從事教育辯論或在其他專業領域工作時，督學必須不損害其為教育標準局執行視導的能力。

㈡督學應客觀地評鑑學校的工作

　　視導必須以對於學校毫無偏見或先入為主的觀念來進行。假使督學與被視導的學校曾有過度密切的關係，任何督學都不應參與視導，再者，督學在處理有關的人、事、物必須是絕對公正的，所做的判斷必須依照視導手冊的指標及基於多重資料經過審慎考量所得的正確的證據，因此，督學必須特別小心，避免不成熟的判斷。

㈢督學應該誠實及公正地報告

　　督學必須無所恐懼地報告其發現，報告學校的特色及優點，也必須報告待解決的困難問題。當督學下結論時，必須仔細地考慮問題，小的問題不應該過度的突出。督學所作的報告應該是公正的，盡可能將學校的全貌描述出來，所有的建議都有堅強的證據加以支持，對教職員及有關機構人員所作的口頭視導報告，必須與最後的報告一致。

㈣督學應該仔細及坦誠地溝通

　　督學必須坦誠地與學校有關的人員維持公開對話的管道，使父母、教師及其他教職員、學生及有關的人員充分了解視導的目的，以及他們（教

職員等）在視導過程中的角色及須配合的事情。

在與教職員及有關單位作口頭報告期間，良好的溝通是特別的重要，複雜的訊息及可能不受歡迎的判斷應該盡可能以簡單、可以接受的方式傳達。

㈤督學應該以學生最高利益來考量

督學以權威的身分進入學校，學生的安全及福祉必須列入最優先考慮。督學所作的任何一件事絕不可造成學生緊張或焦慮。例如督學與個別的學生單獨談話應避免引起被批評為督學與學生之間禮節關係的問題。

假使督學看到或聽到任何有關學生安全或福祉的問題，註冊督學必須告訴校長或向有關當局報告。假使為了學生的安全及福祉，註冊督學認為不適合告知校長或有關當局，那麼，他必須報告外在的適當機構，例如社會服務部門。假使當老師在場時，督學看到學生不良的行為，除非學生的安全或福祉受到威脅，否則督學不應干預。

㈥視導期間所獲得有關個人的資料，督學應該尊重其隱私

督學應嚴守視導期間所獲得個人資訊的秘密，對於個人批評的資料不應形成正式視導報告的任何部分，也不宜形成與適當機關討論的部分。因此，督學在視導期間，不應接近與教師評鑑（teacher appraisal）有關的資訊，避免受到誤導，而視導的發現在視導報告最後出爐前，對於學校及督學團都應該是秘密的。

五、視導的模式

視導的模式基於下列諸原則：

㈠法律規定視導人員需報告下列四項

1. 學校教育的品質。
2. 學生達成教育水準的程度。
3. 學校經費是否有效運用。
4. 學生的精神、道德、社會及文化發展狀況。

㈡皇家督學長界定這些項目包括三類

*1.*學生在學校達成的標準。

*2.*學校所提供教育的品質。

*3.*領導及管理。

其中第一類所列標準包括四項：⑴知識、技能及課程了解的水準；⑵知識進步的情形（與以前的成就相比較）；⑶學生態度、行為及人格的發展；⑷學校的出席率。

其中第二類教育的品質主要集中在教學，可是包括其他有助於學生學習的領域，如：⑴教學的品質？課程及評鑑；⑵精神、道德、社會及文化的教育；⑶學生的輔導；⑷家長及社區的聯繫。

第三類領導及管理包括：⑴領導及管理；⑵資源及設備；⑶金錢的效果及價值。以上三類品質及管理的績效是依提升學生成就的效能來判斷。有關視導的模式如圖 11-2。

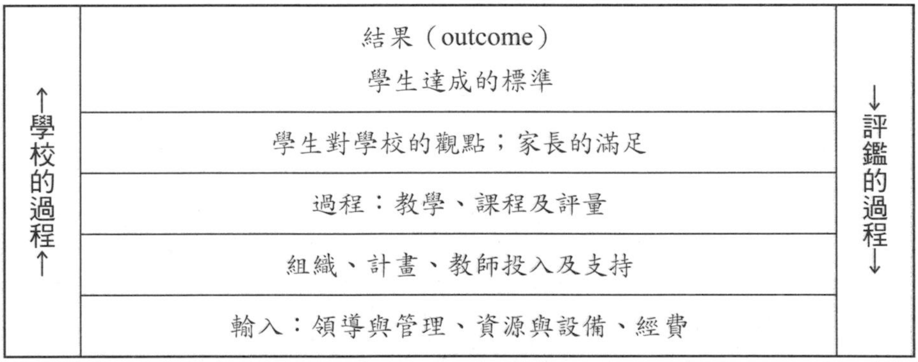

圖 11-2　視導的模式

資料來源：OFSTED（1998），p. 15.

六、視導的指標

視導的指標代表好的表現，例如評鑑教學，視導人員將觀察在教室中的教學及學習。視導人員觀察老師如何教學以及學生反應的方式。督學判

斷學生學習的狀況，根據發現學生知道些什麼，了解並且能夠做，並預估學生在學科進步的情形，從學生以前的表現及老師所作的評鑑來判斷學生的進步及反應，對於教學的影響給予好的建言。督學利用評鑑指標評鑑教學是強的或弱的。有關良好教學的指標（Matthews, p. 1995）列如表 11-1。

表 11-1　良好教學的指標

> ### 判斷必須基於老師達成以下指標的程度
>
> 1. 對於教學科目及領域有廣博的知識及理解
>
> 2. 對學生抱有高的期待，使學生接受挑戰，加深其知識及理解
>
> 3. 有效的計畫教學
>
> 4. 配合課程目標及學生需要，使用好的方法及組織的策略
>
> 5. 學生管教得法，行為良好
>
> 6. 有效地使用時間及資源
>
> 7. 徹底地評鑑學生的作業，根據評鑑來回饋教學
>
> 8. 有效地使用家庭作業，以增強在學校中所學習的知識

資料來源：OFSTED（1998），p. 15.

　　督學對於每科目的教學，評定四項整體分數：(1)教學；(2)學生反應（態度、行為、熱忱等）；(3)成就；及(4)進步。督學也根據教學的指標評定老師所有學科整體的分數。雖然這些分數不列於視導報告中，但蒐集到教育標準局。經由分析可以了解許多學校的事情，例如，教學最弱的部分是教室中形成性評量。

督學也根據下表 11-2 來判斷學校中的領導及管理。

表 11-2　學校領導及管理的評鑑

督學必須評鑑及報告有關校管會委員、校長及老師對校務管理的情形，教育品質及提升學生成就水準貢獻的程度。其判斷必須基於以下的指標

1. 強勢的領導，提供學校明確的教育方向

2. 監控，評鑑及支援教學及課程發展

3. 在學校所有工作中反應出有目標、價值及政策

4. 透過學校發展計畫，確認優先順序及目標，採取必要的行動，監控及評鑑優先順序及目標達成的狀況

5. 建立積極的氣氛，有效的學習環境，與社區家長建立良好的關係及提供所有學生機會均等的教育

6. 達成法定的需要（依法行事）

資料來源：OFSTED（1998a），p. 15.

七、視導的架構

視導的架構說明皇家督學長對督學行為的要求，提供一致性的視導方法，以視導學校。督學及簽約單位必須符合架構中簽約的義務。

架構的內容包括視導的原理及視導學校所使用的指標及程序。其一為：督學的行為準則；其二為蒐集證據及評鑑的特殊要求；其三為視導團隊組成的規則；其四為視導、回饋及報告的需求。

目前教育標準局將視導架構擴充成為三本視導手冊，分別為小學、中

學及特殊學校。這三本手冊提供有關視導項目詳細的說明。大部分學校買了視導手冊的影本，提供老師及學校管理有關的訊息。

八、選擇及訓練視導人員

1992 年教育標準局成立時，需選用及訓練大批的視導人員，在全國性報紙中刊登廣告徵求中學的視導人員，結果產生熱烈的迴響，退休的皇家督學及地方教育局的督學、輔導人員、大學院校老師及學校的校長等參加應徵，同時也有許多人申請擔任未受專業訓練的視導人員（lay inspectors）。

視導人員必須具備下列的經驗：(1)實際的教學經驗；(2)高階或中級的管理的經驗；(3)好的資格；及(4)好的著作。

這些申請者由教育標準局資助提供一週密集的訓練課程，他們使用材料及證據，接受一系列模擬真實視導狀況的訓練，並接受評鑑。這些評鑑包括：(1)專業的知識及判斷；(2)組織及管理等多項視導的能力；(3)口頭及撰寫報告、溝通的能力；(4)分析及評鑑證據的能力。

少部分欲申請擔任註冊督學（registered inspectors）者，必須顯示出對於視導專精的能力，例如對某學科及學校管理顯示出高標準能力者，可以申請擔任註冊督學。

目前教育標準局大約有 10,650 位經訓練合格的督學，其中 2,100 位為註冊督學，1,350 位為未受專業訓練的督學。督學的在職訓練許多是由教育標準局授權的單位來負責，其他的訓練由代表不同學科的組織或督學本身的組織來負責。老師及校長可以透過遠距教學訓練成為團隊的督學。

有些督學是全職的專業人員，有些是在地方教育局工作，有些在學校工作，遇有需要時協助執行視導工作。因此教育標準局有一群訓練良好的領隊，團隊及為受專業訓練的督學。有關教育標準局之類別列如表 11-3。

表 11-3　督學的類別

四類：皇家督學：200

　　　註冊督學：2100

　　　以上是法定負責視導及撰寫視導報告的人員

　　　團隊督學：7000

　　　未受專業訓練的督學：1350

資料來源：OFSTED（1998），p. 15.

　　目前教育標準局幾乎將所有督學訓練及在職訓練的課程發包給教育標準局認可的一群註冊督學負責，這群註冊督學設計新的課程、監控訓練的品質及了解評鑑的安排。

九、視導的簽約

　　教育標準局每年自全國的學校抽樣選取具有代表性的學校進行視導。在簽約前，教育標準局要求學校管理委員會提供有關於學校可靠的資料，例如包括學校的特色，視導時需特別加以留意的事項，諸如有不尋常課程的學校，或那些學校之學生，英文是第二外國語等。這些資料有助於那些競逐簽約的機構思考一旦得標後如何組成視導團隊。簽約係採公開競爭的方式進行，標金的多寡需考慮簽約者以前的績效，視導學校的數量及範圍，或者個別註冊督學等因素。

　　合約規定哪些學科將被視導，必須包括國定課程之英語、數學及科學等核心課程，以及設計與技術、電腦、體育、現代外語、歷史、音樂、藝術、地理等基礎學科。同時合約也規定視導的最低天數等條件。

　　剛開始教育標準局認為註冊督學可以申請簽約，可是很快地簽約的商業機構成立，負責與教育標準局簽約的工作。教育標準局與得標的機構一

經完成簽約的手續後，即由得標的機構找一位註冊督學籌組視導的團隊，提供督學名單及背景資料給學校。團隊督學組成的要件包括：(1)督學必須符合所要進行視導的特定工作的資格；(2)督學必須是學科的專家及其所欲視導領域（小學或中學）的專家；(3)每一視導團隊至少必須包括一位未具教育專業背景，但經教育標準局訓練合格的督學（lay inspector），假使校管會委員、學校或家長對於某一督學的專業能力質疑時，首先必須與註冊督學討論，如無法解決再提至教育標準局決定。

簽約的過程由教育標準局中的簽約組負責，從過去一年前通知學校將被視導，縮短為四個月前通知學校，至 1997 年止，已經簽約 7,800 次的視導。簽約依品質及費用付給經費。每一位簽約者須定期接受皇家督學品質評鑑（基於從所視導的學校中抽樣並監視其品質系統）。有關簽約的程序詳如表 11-4。

表 11-4　簽約的程序

皇家督學長決定哪些學校將接受視導
這些學校名單傳送到簽約的商業機構
校管會提供學校詳細的資訊
簽約的機構表示有興趣投標某些學校
寄發視導的須知、規範
接到簽約單並評鑑
簽署正式視導合約
開始視導學校

資料來源：OFSTED（1998），p. 15.

十、視導的程序

　　註冊督學一經獲得教育標準局授權，即與校長接觸，首要的工作就是由學校管理委員會（School Governing Body）與註冊督學協議，確定視導的時間，通常為期一週。視導的程序可分為三個步驟：其一為視導前的會議，其二為進行視導，其三為撰寫視導報告。茲簡述如下：

(一)視導前的會議

　　註冊督學在視導前須與校長舉行會議，向老師作簡報，以及和家長舉行會議（OFSTED, 1995b）。

　　1. 與校長舉行會議：討論視導時學校需提供那些資料，以及何時提供並安排視導時間。學校事先需提供的資料包括校長的基本資料，學校的發展計畫，學校管理委員會開會的紀錄，上一年度對家長的年度報告書，教職員手冊，課程政策、計畫及執行情形，以及其他政策的資料。校長如果對任何有關視導的問題有疑慮時，可與註冊督學討論。註冊督學將從教育標準局獲得一份視導前學校的背景及學校指標的報告（Pre-inspection Context and School Indicator, PICSI），內容包括學校的出席率、參加考試的結果、經費狀況，以及對學校所在地區普查的資料。校長應核對這份報告中資料的內容是否與學校的資料相符，並作適當的說明，以便視導時能順利進行。

　　2. 向老師及校管會委員作簡報：向老師報告視導的目的，視導的過程及預作教室觀察的安排。並保證任何與師生所作的討論絕不會干擾學校正常的運作，學校認為這種簡報有助於解除學校與督學間的焦慮，且建立良好的工作關係。

　　3. 與家長舉行會議：由校管會安排督學與家長舉行會議，所有的家長都在三週前接獲督學擬具參加會議的通知書。學校的老師及校管會的委員不得參加家長的會議，除非具有家長的身分。校長及校管會主席在會前列席介紹註冊督學。與家長舉行會議主要聽取他們對學校及學生學習成就的觀點，包括：(1)學生成就及進步情形，學生的行為及出席情形，學校為了建立學生正確學習態度及價值觀念所作

的努力；(2)學校對家長所提供的資訊，以及學校如何協助、引導學生；(3)家長在學校作息所扮演的角色，學校對家長建議、抱怨所作的反應，其他如家庭作業等。註冊督學回答視導的問題，提醒家長避免點名個別的教師，並且將家長的意見記錄下來，但暫不討論家長的觀點。與家長舉行會議前，註冊督學由校管會委員協助分發教育標準局所擬定的制式問卷如表 11-5，交給家長帶回家，不具名填寫並將問卷寄回給註冊督學，督學有義務為個別的問卷保密。督學將於適當的時機讓校長及校管會主席知道問卷及家長會議所提到的重要問題，並且利用視導時進一步追蹤了解。家長所提的意見如果有足夠的證據，將正式於視導報告中反映。視導報告將列表顯示問卷的反應情形。

表 11-5　致家長或監護人視導函

視察＿＿＿＿＿＿＿＿＿＿＿＿＿＿＿＿＿＿　　　　學校
家長會議通知——時間：＿＿＿＿＿　日期：＿＿＿＿＿
地點：＿＿＿＿＿＿＿＿＿＿＿＿＿

　　閣下可能知道，按照1992年教育（學校）法（Education (Schools) Act 1992）的條文規定，我們的學校將於短期內由皇家督學（Her Majesty's Chief Inspector）安排被視察，督學團將由＿＿＿＿＿＿＿＿＿＿（註冊督學）帶領。

　　程序中一重要的部分是在視察之前註冊督學可以與家長會面。會面的用意是聽取您對學校的觀點，了解該校運作的環境，和解釋督學要進行的程序。自然地，在視察之前督學不能就家長的觀點作出評論，但他們會在視察時加以考慮。

　　註冊督學懇請您閱讀附上的議程和填妥家長回條，不論您是否參加該會議，歡迎您就議程的項目，或在其他的事項，用書面在會議之前提出意見。意見應寄往：＿＿＿＿＿＿＿＿＿＿＿＿＿＿＿＿＿＿

　希望您能撥冗參加這個會議
　致意
作為負責這次視察的督學，本人懇請閣下以身為學童家長的體驗，評論這學校的工作。家長的觀點將被督學團取納。
1. 你有多少子女上這所學校？
2. 你上這所學校的子女中最大的一名幾歲？
3. 若你有超過一名子女上這所學校，最小的那名幾歲？

請在最能反映你對該意見的看法的空格內加上「✓」號。

	我同意		我不同意	
	強烈地	一般地	強烈地	一般地
1.我滿意這學校教導的價值觀和態度。				
2.這學校樹立良好的行為標準。				
3.這學校在確保出席率上做得好。				
4.這學校鼓勵家長積極地參予校園生活。				
5.我到學校覺得受歡迎。				
6.我滿意所教授的科目範圍。				
7.這學校給有特別需要之學生的照顧令人滿意。				
對於最年長的子女：				
8.我滿意我孩子在學校的學業表現。				
9.學校讓我充分地了解我孩子在學校的功課。				
10.我的孩子在學校得到適當的幫助和引導。				
11.我對學校給我孩子的家課感到滿意。				
12.我的孩子在學校感到快樂。				
對於最年幼的子女：				
13.我滿意我孩子在學校的學業表現。				
14.學校讓我充分地了解我孩子在學校的功課。				
15.我的孩子在學校得到適當的幫助和引導。				
16.我對學校給我孩子的家課感到滿意。				
17.我的孩子在學校感到快樂。				

若你希望在以上的任何一項回答加上進一步細節，或若你對學校的工作有其他的意見，不論是優點或弱點，請在本頁背面書寫。

家長簽名：＿＿＿＿＿＿＿＿＿＿＿＿＿＿ 日期：＿＿＿＿＿＿
請將此表格交回給註冊督學。多謝您的幫忙。
　　　　　　　　　註冊督學的姓名：＿＿＿＿＿＿＿＿＿＿

資料來源：英國皇家督學（HMI）Matthew. P 於 1997 年提供。

(二)進行視導

在進行視導之前，學校應儘可能將有關校內、外考試結果的資料，以及學校認為重要的事實資料提供給督學，俾作統計分析。視導時，督學也會要求了解其他特殊的資料，如學生的紀錄及報告、學生接受特殊教育的資料、老師的教學計畫及評量資料等。

督學到校視導時，主要視導教學的品質、教育的標準及學校的領導與管理等三項，蒐集資料最重要的方法是透過觀察、晤談等方法了解學校的運作及老師教學的品質。為了蒐集更廣泛及橫斷面的資料，督學幾乎到所有老師的班級作觀察，為了避免干擾教學，有時重點放在某一特殊的活動或觀察某一部分的教學，不一定觀察老師整堂課的教學，第一項教學品質，通常由兩位督學分別觀察每位老師三至四科目的教學，依良好教學的指標（Criteria for good teaching）所界定的標準，如有效地計畫教學，有效的使用時間及教學資源，對於任教的學科具有廣博的知識，使用合適的教學法，以配合課程的目標及學生的需要，對學生有高的期望等項。依七點量表（seven point scale）予以評定。此為第一項視導教學的品質。

有關第二項教育的標準，督學觀察學生上課、課外活動及休息時間的動態，檢視出缺席紀錄、學生的作品及考試的結果，並與學生晤談，以了解學生知識、行為發展進步的情形。

至於第三項學校的領導及管理，督學則與校長、老師及校管會委員晤談，及檢視經費運用紀錄等資料，以了解校長行政管理、校務管理的能力、校長的領導風格……等項，作為判斷學校領導及管理的效能。

總體而言，視導時主要運用觀察法、晤談法及文件分析等方法，以獲得有關學校在執行教育標準局所揭示四項工作任務，達成目標的程度。督學觀察老師教室的教學，了解老師的教學效能並參與老師的會議，檢視老師的評量紀錄，觀察學生課外的活動，與老師、學生晤談，了解學生正在學些什麼，評估進步的情形。最後督學再依據證據判斷教師教學的品質及學校辦學的成效。

㈢撰寫視導報告

視導後，由註冊督學召集同組獨立的督學就視導時所發現的資料，提供報告，相互討論，以期作「有信度、效度、安全、廣泛及合作」的專業判斷，視導的發現必須代表集體的觀點，考量學校是否合於教育標準局所設定的標準，是否需要特別的補救措施。在視導報告定稿前，先與校長討論所發現的事實及證據，聽取校長及老師的觀點，校長及老師如有異議，可提出說明並附資料加以澄清。只有在事實資料錯誤到足以直接影響視導判斷時，註冊督學及督導團才考慮修正他們的資料，原則上視導報告所作的判斷不輕易修正。視導報告的格式及內容分下列十一項（OFSED, 1995b, pp. 46-89）：

1. 主要的發現（Main findings）。

2. 付諸行動的主要問題（key issues for action）。

3. 前言（introduction）包括：(1)學校的特性（characteristic of the school）；(2)主要的指標（key indicators）。

4. 學生達到的教育標準（Educational standards achieved by pupil at the school）包括：(1)成就與進步；(2)態度、行為及人格的發展（attitudes, behavior and personal development）；(3)出席情形（attendance）。

5. 教育的品質（quality of education provided）包括：(1)教學（teaching）；(2)課程與評量（the curriculum and assessment）；(3)學生的精神、道德、社會及文化發展（pupil's spiritual, moral, social and cultural development）；(4)支援、輔導及學生的福利（support, guidance and pupil's welfare）；(5)與家長及社區的關係（partnership with parents and the community。）

6. 學校的管理及效率（the management and efficiency of the school）包括：(1)領導及管理（leadership and management）；(2)人事、設備及學習資源（Staffing, accommodation and learning resources）；(3)學校的效率（the efficiency of the school）。

7. 五歲以下學生學習的領域（Areas of learning for children under five）。

8. 英語、數學及科學（English, Mathematics and Science）。

9.其他學科或課程（Other subjects or courses）。

10.視導證據的摘要（Summary of inspection evidence）。

11.資料及指標（Data and indicators）。

　　上述第四項至第六項屬於報告學校的部分，第七項至第九項屬於報告課程及學科的部分。原則上，除非督學的資料錯誤到足以影響判斷時，原則上視導報告不輕易修正。督學所撰寫的報告必須送至教育標準局，再呈送皇家督學長核閱。再者，視導報告及需在視導結束五週內送至校長、校管會，以提供依限付諸改進行動的依據，同時也送至有關的教育局及教育就業部參閱，此外亦送至地方圖書館、新聞媒體等，並公諸於大眾。

　　有關視導的程序歸納如表 11-6。

表 11-6　視導的程序（sequence）

1.擬定視導學校及選定簽約單位
2.領隊督學拜訪學校，解釋視導的過程
3.學校提供視導之前的資訊
4.教育標準局提供 PICSI 報告給視導人員及學校
5.領隊督學籌組視導團隊
6.視導團視導學校
7.督學提供回饋給老師及學生
8.督學遞交報告
9.學校擬定行動計畫
10.學校向家長報告進步的情形
11.學校再接受視導

資料來源：OFSTED（1998），p. 17.

十一、視導後的追蹤

　　學校接到視導報告後，校長、校管會委員及老師集會商討擬具改進的行動計畫，內容包括：(1)針對問題，擬具改進的行動計畫；(2)確定優先順序，設立達成目標的期限；(3)確認實施行動計畫所需的資源；(4)如何監控改進的過程；(5)修訂學校發展計畫的優先順序。

　　行動計畫必須在收到視導報告四十天後完成，四十五天內將計畫送到教師、家長及教育標準局、教育就業部等相關的機構。在學期結束前將執行的結果，送到教育就業部長備查，同時由註冊督學或皇家督學進行追蹤確認。

十二、視導資料庫

　　全國性的視導制度提供教育標準局有關學校表現獨特的資料庫。這些資料庫除了有關有關學校視導的分數外，亦包括社會的、學術的及經費的資料，督學必須根據視導手冊（Framework）所揭櫫的指標對於每項以七點量表作判斷。這些分數連同視導報告及其他的證據送到教育標準局的電腦檔案中。

　　從這些檔案中的證據資料加以分析，提供皇家督學長向國會作年度報告的基礎。年度報告包括表現甚佳及進步中學校的一覽表。資料庫也提供強有力的研究資料，諸如教育研究者逐漸使用資料庫來探討班級大小與學生成就的影響的研究。自1997年教育標準局發給每所學校及地方教育局各一套CD-ROM的資料庫，而學校及地方教育局可用來監控其表現。有關視導的資料庫列如圖11-3。

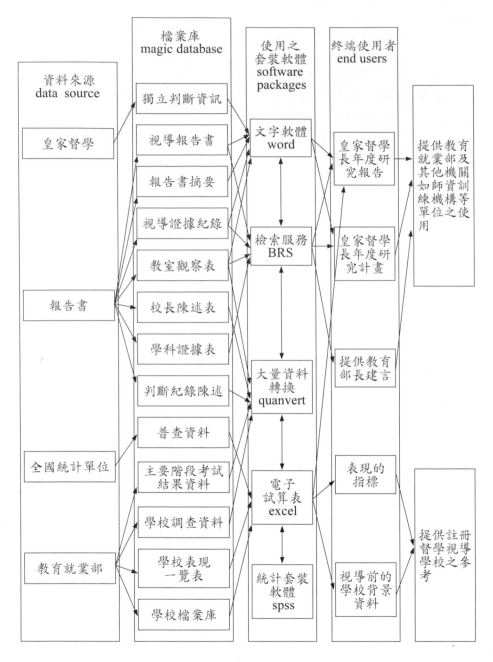

圖 11-3　視導的資料庫

資料來源：英國皇家督學（HMI）Peter Matthew 於 1998 年簡報時提供。

十三、品質保證

教育標準局被要求監控視導的品質，自視導手冊（Framework）中，提供品質的標準給所有的視導及簽約者遵行。教育標準局根據品質的標準以兩種方式評鑑督簽約者的表現。首先教育標準局拜訪每一位簽約者，驗明其有關品質管制系統，例如教育標準局期待簽約單位有建立一套系統，以檢核他們所雇用的督學的能力；教育標準局則提供行政的支援給督學團；再視導報告出爐前先加以過濾。皇家督學抽樣訪視一些被視導的學校，以評鑑視導的過程。

教育標準局也抽樣檢查一些視導報告，以評鑑報告的內容是否清晰、正確、一致性及有無對於學校優、缺點作清楚的判斷。有關品質保證措施的方法列如表 11-7。

表 11-7 品質保證措施

```
• 視導手冊提供品質的指標
• 抽樣訪視十分之一被視導的學校，以評鑑視導的品質
• 抽樣檢查十分之一的視導報告，了解其報告的內容
• 持續追蹤記錄領隊督學的表現
• 定期評鑑每一個被視導簽約單位的品質
```

資料來源：OFSTED（1998），p. 20.

教育標準局也關心校長、校管會及老師的觀點，每所學校在視導後，填寫教育標準局問卷，了解學校對視導團能力、視導的標準及報告的公正性的觀點。

結果顯示所有 94% 的學校對視導的過程及報告相當滿意，大約 94% 的學校對視導報告的品質標準也感到高興。

對於表現欠佳的視導團或簽約單位處以下列的處分：

❧警告領隊督學及簽約的單位。

❧解除督學的資格，不受理登記。

↋監控未來視導的表現。

↋減少未來的簽約或者再教育。

對於每一位領隊督學及簽約單位，教育標準局建立追蹤紀錄。

這是教育標準局品質評鑑的紀錄，包括學校滿意的指數及任何有關視導的抱怨的紀錄。任何一個特殊的視導簽約者，記錄在檔案中保存。

十四、學校自我評鑑

逐漸增加的證據顯示視導是促進學校改進的一種有效的手段。事實上，許多學校在準備接受視導時，做了相當的改進。視導手冊及分配到每一所學校，意味著學校確定知道教育標準局所謂好的表現。老師及管理者知道他們的工作根據哪些指標來判斷。

視導只是每隔四年、三年或六年在某一所學校實施一次，我們認為學校應建立監控及評鑑自己表現的制度。自我評鑑落實在教室是重要的。

教育標準局已做些研究，找出學校知道他們本身優點及弱點的程度。學校知道優點比知道缺點還要多。事實顯示視導可以告訴學校他們確定不知道的事情。視導及其發現也密切地與學校的表現有關。

教育標準局鼓勵學校使用相同的指標，根據視導的過程實施自我評鑑的過程。茲以學校自我檢視教師教學與學生學習品質的方法為例（如附錄四），說明學校如何就教學部分實施自我評鑑。

㈠學校的部分

學校老師整體教學的表現，依據視導指標評定整體教育標準的效果。茲就學校教師教學與學生學習可分成七級來說明。有關學校教師教學時評定列如表 11-8。

㈡學生反應的部分

學生的反應包括態度、行為及人格的發展。學生反應的優、缺點，依據視導的指標加以評定。同樣給予七級表示，有關學生反應評定的等級列如表 11-9。

表 11-8 學校教師整體教學的評定

教學宜被認為由描述者綜合學校整體表現的優、缺點的總分數
　　　第一級　　　　　　特　優
　　　第二級　　　　　　良　好　　　　　　達成很高的標準
　　　第三級　　　　　　　好
　　　第四級　　　　　　滿 ·意　　　　　　達成健全的教育標準
　　　第五級　　　　　不滿意
　　　第六級　　　　　　　差　　　　　　達成很低的教育標準
　　　第七級　　　　　非常差

資料來源：OFSTED（1998），p. 17.

表 11-9 學生反應的評定

反應評定為	反應的判斷由描述者加以綜合
第一級　特優	
第二級　很好（very good）　　學生表現積極的態度級行為	
第三級　好	
第四級　滿意（satisfactory） 　　　　學生表現良好，但學習態度狀況不自動也不消極	
第五級　不滿意	
第六級　差（poor）　　學生學習態度表現消極，有不良習性	
第七級　非常差	

資料來源：OFSTED（1998），p. 17.

參考文獻

一、中文部分

方德隆（1986）。國民中學組織結構與組織效能關係之研究。台北：國立台灣師範大學教育研究所碩士論文（未出版）。

毛連塭（1994）。國立台灣師範大學特教研究所博士班「教育視導專題研究」講授內容。

王文科（1990）。教育研究法。台北：五南。

王瑞輝（2003）。學校本位的生活課程發展之行動研究。國立中正大學教育研究所碩士論文（未出版）。

王賢文（2002）。教育哲學。台北：千華。

王銳添（1992）。人事管理與組織行為。台北：曉園。

申章政（1999）。國小校長管理溝通類型、衝突管理風格與學校效能之關係研究。台北：國立台北師範學院國民教育研究所碩士論文。

吳明清（1991）。教育研究——基本觀念與方法分析。台北：五南。

吳挽瀾（1988）。行政學新論。台北：幼獅。

吳培源（1995）。台灣省高級中學校長領導型態、學校氣氛與學校效能關係之研究。台北：國立台灣師範大學教育研究所博士論文（未出版）。

吳培源（1999）。英國教育視導制度。高雄：復文。

吳清山（1989）。國民小學管理模式與學校效能關係之研究。台北：國立政治大學教育研究所博士論文（未出版）。

吳清山（1990）。臨床視導在教育實習上的應用。輯於中華民國師範教育學會主編：師範教育政策與問題（頁185-200），台北：師大書苑。

吳清山（1996）。學校行政。台北。心理。

吳清山（2002）。學校效能研究。台北：五南。

吳清山、王湘栗（2004）。教育評鑑的概念與發展。教育資料輯刊，29，4-5。台北：國立教育資料館。

吳清山、林天祐（1998）。轉型領導、互易領導。教育資料與研究，24，

63-64。

吳清山、林天祐（1999）。教育名詞解釋：教育評鑑。教育資料與研究，29，66。

吳復新（1996）。應用「激勵保健理論」提高員工工作意願與績效之研究。行政管理論文選輯，10。台北：銓敘部。

吳煥烘（2004）。學校行政領導理論與實務。台北：五南。

吳璧如（1990）。國民小學組織文化與組織效能關係之研究。高雄：國立高雄師範學院教育研究所碩士論文（未出版）。

呂木琳（1977）。國中校長領導方式與學校氣氛之關係。台北：國立台灣師範大學教育研究所碩士論文（未出版）。

呂木琳（1995）。臨床視導與教師專業成長。輯於國立教育資料館主編：邁向二十一世紀的師範教育。台北：師大書苑。

呂木琳（1998）。教學視導──理論與實務。台北：五南。

呂廷和（1969）。教育研究法。台北：台灣書店。

余民寧（2002）。教育測驗與評量（第二版）。台北：心理。

李佳霓（1999）。國民中學組織學習、教師個人學習正學校效能關係之研究。高雄：國立高雄師範大學教育研究所碩士論文（未出版）。

李長貴（1975）。組織社會心理學。台北：中華。

李珀（2001）。教學視導。台北：五南。

李祖壽（1979）。教育教導與教育輔導。台北：黎明。

李皓光（1995）。國民小學學校效能評量指標之研究。台中：國立台中師範學院初等教育研究所碩士論文（未出版）。

李緒武（1993）。教育評鑑的意義與發展。載於伍振鷟主編：教育評鑑（頁1-12）。台北：南宏。

汪榮才（1977）。教師行為與兒童學習的關係。載於花蓮師專學報第九期。花蓮：花蓮師專。

汪榮才（1979）。教師行為、學生制據信念與學業成就。載於省立台南師專學報第十二期。台南：台南師專。

邢祖援（1984）。計畫理論與實務。台北：幼獅。

卓秀冬（1995）。高級中等學校組織文化與學校效能關係之研究。台北：

國立政治大學教育研究所博士論文（未出版）。

周文欽（1997）。台北縣國小開放教育師生互動語言行為之觀察研究。台北縣政府教育局專業研究報告。

周淑卿（1998）。課程。載於黃光雄主編：教育導論。台北：師大書苑。

林天祐（2004）。教育評鑑實施過程與方法的專業化。載於教育資料輯刊，29，30-31。台北：國立教育資料館。

林天祐、蔡菁芝（2001）。教育評鑑的理念分析。教育研究，91，36-44。

林世健譯（2003）。效能教師。台北：正中。

林泊佑（1994）。國民小學公共關係與組織效能之相關研究。台北：國立政治大學教育研究所碩士論文（未出版）。

林金福（1992）。國民中學校長領導型式與學校效能關係之研究。台北：國立政治大學教育研究所碩士論文（未出版）。

林純媛（2005）。雲嘉地區國民小學校長教學領導與學校效能關係之研究。嘉義：國立嘉義大學國民教育研究所碩士論文（未出版）。

林婉琪（2000）。國民小學教師士氣與學校效能關係之研究——以台灣北部地區三縣為例。台北：國立台北師範學院國民教育研究所碩士論文（未出版）。

林山太（1986）。高中校長行政決定運作方式與學校氣氛之關係。台北：國立台灣師範大學教育研究所碩士論文（未出版）。

林清江（1981）。教育社會學新論。台北：五南。

林清江（1994）。筆者博士論文口試時之勉勵語。

林新發（1990）。我國工業專科學校校長領導行為、組織氣氛與組織績效關係之研究。台北：國立台灣師範大學教育研究所博士論文（未出版）。

林瑞欽（1989）。師範生任教職志之理論與實徵研究。高雄：復文。

邱錦昌（1988）。台灣地區國民中學教學視導工作之研究。台北：立政治大學教育研究所博士論文（未出版）。

邱錦昌（1991）。教育視導之理論與實務。台北：五南。

邱錦昌（2003）。教育視導與學校效能。台北：元照。

柳敦仁（2005）。國民小學校長行政表現與學校效能關係之研究。嘉義：

國立嘉義大學國民教育研究所碩士論文（未出版）。

唐越等主編（1967）。教育大辭典。台北：台灣商務。

孫邦正（1954）。教育視導大綱。台北：商務。

徐秀菊（2003）。台灣地區國民中小學一般藝術教育現況普查及問題分析。
　　台北：國立台灣藝術教育館。

康自立等（1994）。職業訓練績效評估方法之研究。台北：行政院勞工委
　　員會職業訓練局。

張世平（1991）。行動研究法。載於黃光雄等主編：教育研究法（初版）。
　　台北：師大書苑

張明輝（2001）。改進中小學教育視導的相關課題──英國學校效能與學
　　校革新研究。取自：http://web.ed.ntnu.edu.tw/minfei/artical/artical(edu-
　　admin)-2.html

張芳杰主編（1984）。牛津高級現代英漢雙解辭典。台北：東華。

張春興（1989）。張氏心理學辭典。台北：東華。

張春興（1994）。教育心理學：三化取向的理論與實踐。台北：東華。

張清濱（1991）。從課程發展的觀點評析我國課程改革的動向。輯於教育
　　視導的現況與未來。台中：省教育廳。

張清濱（1992）。校務發展計畫──鉅觀、微觀與社會觀。輯於教育視導
　　實務彙編。台中：省教育廳。

張淑美（1995）。績效管理。載於蔡培村主編：學校經營與管理。高雄：
　　麗文。

張植珊（1979）。教育評鑑。台北：教育部教育計畫小組。

張德銳（1991）。教學視導的權變途徑。輯於國立編譯館館刊，20，（2）
　　249-273。

張德銳（1992）。國民小學校長行政表現、組織氣氛、組織效能調查研究。
　　新竹：先登。

張德銳（1996）。發展性教師評鑑系統。台北：五南。

張德銳（1999）。台灣省視導人員進修研習講授之臨床視導資料。霧峰：
　　省教育廳。

張慶勳（1995）。目標管理。載於蔡培村主編：學校經營與管理。高雄：

麗文。

張慶勳（1996）。國小校長轉化、互易領導影響學校組織文化特性與組織效能之研究。高雄：國立高雄師範大學教育研究所博士論文（未出版）。

張慶勳（2000）。國小校長轉化、交易領導影響學校組織文化特性與組織效能之研究。高雄：復文。

張潤書（1990）。行政學。台北：三民。

張錫輝（2003）。我國高級職業學校學校效能指標與其權重之建構研究。彰化：國立彰化師範大學工業教育學系博士論文。

教育部重編的國語辭典編輯委員會編（1981）。重編國語辭典。台北：台灣商務。

許意倩（1995）。公共政策。台南：志光。

郭生玉（1998）。心理與教育研究法。台北：精華。

郭生玉（1999）。心理與教育測驗。台北：精華。

陳玉琨（2004）。教育評鑑學。台北：五南。

陳玉琨（2004）。教育評鑑學。台北：五南。

陳佩正譯（2002）。教學視導。台北：遠流。

陳明璋（1979）組織效能研究途徑及評量。中國行政。台北：政大出版。

陳明璋（1982）組織效能及其決定因素關係之研究。國立政治大學學報，45，117-148。

陳迺臣（1990）。教育哲學。台北：心理。

陳慧芬（1989）。豪斯「途徑──目標理論」析論。臺中師院學報，3，253-88。

曾榮祥（1999）。「轉化領導」內涵與可行作法之探討。教育資料文摘，253，141-151。

曾榮祥（2000）。國民小學教師轉化、互易領導與教師效能之關係及其應用研究。嘉義：國立嘉義大學國民教育研究所碩士論文（未出版）。

曾燦燈（1979）。國中校長領導型態與教師服務精神的關係。台北：國立台灣師範大學教育研究所碩士論文（未出版）。

游進年（1990）。國民中學學校氣氛與學校效能關係之研究。台北：國立

臺灣師範大學教育研究所碩士論文（未出版）。

黃久芬（1996）。國民小學全面品質管理與學校組織效能關係之研究。台北：台北市立師範學院初等教育研究所碩士論文（未出版）。

黃天中（1996）。生涯規劃概論。台北：桂冠。

黃光雄（1989）。教育評鑑的模式。台北：師大書苑。

黃光雄、簡茂發等（1989）。教育研究法。台北：師大書苑。

黃昆輝（1972）。教育視導的基本原理。載於幼獅月刊三十八卷第四期。

黃昆輝（1988）。教育行政學。台北：東華。

黃政傑（1987）。課程評鑑。台北：師大書苑。

黃政傑（1990）。課程設計。台北：師大書苑。

黃政傑（1993）。高中教育基本調查教育機會均等大型計劃之子計劃。台北：國立台灣師範大學教育研究中心。

黃政傑等（1996）。中小學基本學力指標之綜合規劃研究。台北：國立台灣師範大學教育研究中心。

黃炳煌（1990）。課程理論之基礎。台北：文景。

黃英忠（1989）。現代人力資源管理。台北：華泰。

黃英忠、曹國雄、黃同圳、張火燦、王秉鈞（1997）。人力資源管理。台北：華泰。

黃振球（1992）。績優學校。台北：師大書苑。

黃淑苓（1997）。國內教師信念研究的現況與未來展望。載於興大人文社會學報，6。

黃光雄、楊龍立（2004）。課程發展與設計。台北：師大書苑。

楊百世（1989）。國民小學教學視導之研究。國立高雄師範大學教育研究所碩士論文（未出版）。

楊國賜（1979）。當代美進步主義與精粹主教育思想之比較研究。載於國立台灣師範大學教育研究編著：西洋教育思想（下）。高雄：復文。

葉天賞（2001）。國民中學校長行政溝通與學校效能之關係研究。高雄：國立高雄師範大學教育研究所碩士論文（未出版）。

葉重新（1991）。問卷的修定與編製。載於黃光雄、簡茂發（1991）主編：教育研究法，頁138。台北：師大書苑。

葉學志（1993）。教育哲學。台北：三民。

廖英昭（2005）。國小級任教師領導行為與班級經營效能關係之研究。嘉
　　義：國立嘉義大學國民教育研究所碩士論文（未出版）。

趙一葦（1998）。當代教育哲學大綱。台北：正中。

領先顧問師（2004）。超實務之企管職能特別訓練。取自：http://www.
　　aheadleader.com/goahead/epaper/e-paper1.htm

劉春榮（1993）。國民小學組織結構、組織承諾與學校效能關係之研究。
　　台北：國立政治大學教育研究所博士論文（未出版）。

劉慶中、沈慶楊（1991）。卓越學校行政領導理念研究——文化領導內容
　　初探。載於國立新竹師範學院主辦：臺灣省第二屆教育學術論文發表
　　會論文集（頁 710-756）。

歐用生（1990）。課程發展的基本原理。高雄：復文。

歐陽教（1973）。教育哲學導論。台北：文景。

蔡保田（1987）。調查研究法在教育上的應用。載於教育研究方法論。中
　　國教育學會主編。台北：師大書苑。

蔡進雄（2000）。轉型領導與學校效能。台北：師大書苑。

蔡夢群（2000）。教育行政——實務部分。台北：五南。

鄭友超（2002）。我國高級職業學校管理模式與學校效能相關之研究
　　（NSC90-2516-S018-009）。彰化：國立彰化師範大學工業教育學系。

鄭崇趁（1995）。教育計劃與評鑑。台北：心理。

鄭彩鳳（1991）。高級中等學校校長領導行為取向、教師角色衝突與學校
　　組織氣氛關係之研究。高雄：國立高雄師範大學教育研究所碩士論文
　　（未出版）。

鄭瑞菁（1998）。幼教教師教育信念之比較研究。屏東師院學報，11，
　　313-342。

戴振浩（2001）。國民小學男女校長領導特質與學校效能影響之研究。台
　　北：國立台北師範學院國民教育研究所碩士論文（未出版）。

濮世緯（1997）。國小校長轉型領導、教師制握信念與教師職業倦怠關係
　　之研究。台北：國立政治大學教育研究所碩士論文（未出版）。

謝文全（1989）。計畫評核術在教育行政上的應用。教育行政論文集。台

北：文景出版社。

謝文全（1998）。教育行政——理論與實務。台北：文景。

謝文全（2003）。教育行政學。台北：高等。

謝金青（1997）。國民小學學校效能評鑑指標與權重體系之建構。台北：國立政治大學教育研究所博士論文（未出版）。

謝寶梅（1997）。教師效能。載於黃政傑主編：教學原理。台北：師大書苑。

羅虞村（1986）。領導理論研究。台北：文景。

關永實（1992）。目標管理與績效評估。行政管理論文選輯第六輯。台北：銓敘部。

蘇永富（2000）。轉換型領導、組織承諾與組織公民行為關係之研究——以派外人員為例。高雄：國立中山大學人力資源管理研究所（未出版）。

蘇秀花（2002）。台北市國民小學校務評鑑實施成效及整合之研究。台北：台北市立師範學院國民教育研究所碩士論文（未出版）。

蘇錦麗（2004）。展望我國教育評鑑專業之發展。輯於國立台灣師範大學教育研究中心主辦，教育評鑑回顧與展望學術研討會論文集（頁 24-27）。台北：國立台灣師範大學。

二、外文部分

Ainscow, M. (1991). *Effective school for all*. Maryland: Paul H. Brookes Publishing Co., Inc.

Armor, D., Cox.M., King, N., et al. (1976), *Analysis of the school preferred reading in selected Los Angels minority schools*. Santa Monica, Calif. :Rand.

ASCD working group on supervisory practices (1976). Issues in supervisor roles-what do practioners say? *Educational Leadership, 34*, p. 217

Austin, G. R. (1979). Exemplary schools and the search for effectiveness. *Educational Leadership, 37*(1), 10-14.

Bailey, K. D. (1987) . *Methods of social research*. New York: The Free Press.

Baldwin, L., Coney III, F., & Thomas, R. (1993). *School effectiveness question-*

naire. New York: Harcourt Brace & Company.

Barnard C. I. (1971)., "*C. J. The Functions of the Executive*", Mass: Harvard University.

Barr, A. S. etal (1948). *The measurement and prediction of teaching efficiency: A summary of investigations*. Madison: Dembar Publications, Inc.

Bass, B. M. & Avolio, B. J. (1990). *Transformational leadership development: Manual for the multifactor leadership questionnaire*. California: Consulting Psychologists Press, Inc.

Bass, B. M. & Avolio, B. J. (1994). *Improvement organizational effectiveness through transformational leadership*. Thousand Oaks, California: Sage Publications, Ine.

Bass, B. M. & Avolio, B. J. (1997). *Full rang leadership development*. Palo, CA: Mind Garden, Inc.

Bass, B. M. & Paul, S. (1999). Ethics, character, and authentic transformational leadership behavior. *Leadership Quarterly, 10*, 2, 182-185.

Bass, B. M. (1985). Leadership and performance beyond expectation. New York: The free press.

Beach, D. M. & Reinhartz, J. (1989). *Supervision: Focus on instruction*. New York: Harper & Row.

Beauchamp, G. A. (1968). *Curriculum theory* (2nd ed.). Wilmette, Illinois: Kagg.

Bell, J. (1997). *Doing your research project*. Buckinghan: Open University.

Bennis, W. & Nanus, B. (1985). Leaders: *The strategies for taking charge*. Harper and Row Publishers, Ins.

Blase, J. R. (1997). *Handbook of instructional leadership*. Thousand Oaks, CA: Sage.

Borich, G. D. (1986). *Effective teaching methods*. New Jersey: Englewood Cliffs.

Bradley, H. (1991). *Staff development*. London: Falmer.

Briggs, T. H. & Justman, J. (1952). *Improving instruction through supervision*. New York: The Macmilam Co.

Brookouer, W. B., et al. (1978). Elementary school soical climate and school achievement. *American Educational Research Journal, 15*, 301-318.

Brookover, W. B. & Lezotte, L. (1979). *Changes in school characteristics coincident with changes in student achievement.* East Lansing: Michiganstate University, Institute for Research on Teaching. (ERIC Document Reproduction Service No. ED 181005).

Brown, S. & McIntyre, D. (1981). An action research approach to innovation in centralized educational systems, *European Journal of Science Education, 3* (3), 243.

Bryman, A. (1992). *Charisma and leadership in organizations.* London: Sange.

Burns, J. M. (1978). *Leadership.* New York: Harper & Row.

Cameron, K. S. (1984). The Effectiveness of Inffectiveness. *Research in Organizational Behavior, 6*, 235-85.

Campbell, J. P. (1977). On the Nature of Organizational Effectiveness. In P. S. Goodman and J. M. Pennings (Eds.), *New Perspectives on Organizational Effectiveness* (pp. 13-55). San Francisco: Jossey-Bass.

Carr, W. & Kemmis, S. (1986). *Becoming critical: Education, knowledge and action research.* Lewes: Falmer Press.

Cawelti, G. (1976). *Selecting appropriate leadership styles for instructuinal improvement.* Videotape. Alexandria, Va.: ASCD.

Chance, T. et al. (1991). *Creating an effective rural district.* A case study. (ERIC ED340532 RC018417)

Chapin, F. S. J. & Kaiser, E. (1979) . *Urban land use planning: Concepts and practices.* Belmont, California: A Division of Wadsworth.

Clark, D. L., Lotto, L. S., & Astuto, T. A. (1984). Effective schools and school improvement: A comparative analysis of two lines of inquiry. *Educational Administration Quarterly*, 20(3), 41-68.

Codianni, A. V. & Wilbur, G. (1983). *More effective schooling from research to practice.* New York: Clearing House & Urban Education.

Cogan, M. L. (1973). *Clinical supervision.* Boston: Houghton Mifflin.

Cohen, L. & Manion, L. (1989). *Research methods in education.* London: Routledge.

Coleman, J. S. (1966). *Equality of educational opportunity*. U.S.: Government Printing Office.

Coleman, P. & Collinge, J. (1991). In the web: Internal and external influences affecting school improvement. *School effectiveness and school improvement, 2*(4), 262-285.

Conger, J. A. & Kanungo, R. N. (1987). Towards a behavioral theory of charismatic leadership in organizational settings. *Academy of Management Review, 12*, 637-647.

Cook, W. J. (1990). *Bill Cook's strategic planning for America's schools* (rev. ed.). Arlington, VA: American Association of School Administrators.

Cooley, W. W. (1983). Improving the performance of educational system. *Educational Researcher, 12*(6), 4-12.

Cooper, J. M. (1982). Supervision of teachers. In H. E. Mitzel et al. (Eds.), *Encyclopedia of Educational Research* (5th ed.). New York: The Free Press

Cordianni, A. V. & Wilbur, G. (1987). *More effective schooling from research to practive*. N.Y.: Clearinghouse on urban education.

Corey, S. (1953) . *Action research to improve school practices*. New York: Columlia Uniersity.

Creemers, B. P. M. & Scheerens, J. (1994). Developments in the educational effectiveness research program. In: Bosker, R. J., Creemers, B. P. M. & Scheerens, J. (Eds.). Conceptual and methodological advances in educational effectiveness research. *International Journal of Educational Research*, 21, 125-138.

Davis, C. A. & Thomas, M. A. (1989). *Effective schools and effective teacher*. Boston: Allyn and Bacon.

Deen, T. (1992). *Inspecting and advising*. London: Routledge.

Delbacq, A. L. (1975). *Group techniques for program planning: A guide to nominal group and Delphi processes*. N. J.: Scott, Foresman and Company Routledge.

Dewey. J. (1916). *Democracy and education*. New York: The Free Press.

Cunningham, P. A. (1975). *A survey of selected research on the organizational climate description questionnaire*, Ph. D. Dissertation, Temple University.

Doll, R. C. (1983). *Supervision for staff development: Ideas and application*. Boston: Allyn and Bacon.

Dornbush, S. M. & Scott, W. R. (1975). *Evaluation and exercise of authority*. Sanfrancisco: Jossey-Bass.

Drucker, P. (1973). *Management*. New York: Harper & Row, pp. 232-245.

Dubin, R., Champoux, J. E. & Porter, L. W. (1956). *Central life interests and organizational commitment of bluecollar and clerical workers*. Administrative Science Quarterly, 20, 411-421.

Dull, L. W. (1981). *Supervision-School Leadership Handbook*. Columbus: Ohio-Bell & Howell Company.

Dunford, J. E. (1998). *Her Majesty's Inspectorate of schools since 1944*. London: Woburn Press.

Dunkin, M. J. & Biddle, B. J. (1974). *The study of teaching*. New York: Holt, Rinehert & Winston.

Ebutt, D. (1985). Educational action research: Some general concerns and specific quibbles. In Burgess, R. (Ed.), *Issues in educational research*. Lewes: Falmer Press.

Edmonds, R. R. (1979). Effective schools for the urban poor. *Educational Leadership*, 37, 15-27.

Eisner, E. W. (1985) *The edueational imagination: On the design and evaluation of school programs (2nd ed.)*. New york: Macmillan

Ellett, C. D. & Walberg, H. J. (1979). Principal cometency, environment, and outcomes. In H. J. Walberg (Ed.), *Educational environments and effects* (pp. 140-167). Berkely: McCutchan.

Elliott, J. (1991). *Action research for educational change*. Buckingham: Open University Press.

Epstein. A. S. (1988). A no frills approach to program evaluation. *High Scope Re-*

sources, 7(1), 1-12.

Eragg, E. C. (1993). *Primary teaching skills*. London: Routledge.

Eric, D. & Pamela, M. (1999). *Using questionnaires in small scale research*. London: The SCRE Center.

Eric, D. (1995). *Using semi-structured interview in small scale research*. London: The SCRE Center.

Erikson, E. H. (1963). *Childhood and society* (2nd ed.). New York: Norton.

Etzioni, A. (1964) Two Approaches to Organizational Analysis: A Critique and a Suggestion. *Administrative Science Quarterly, 5*, 157-178.

Evans, J. F. (2002). Effective teachers: *An investigation from the perspectives of elementary school students*. (ERIC Document Reproduction Service, No. EJ 676810).

Fiedler, F. E. (1967). *A theory of leadership effectiveness*. New York: McGraw-Hill.

Flanders, N. A. (1970). *Analysing teacher behavior*. Reading, Mass.: Addison Wesley.

Foster, P. (1996). *Observing schools*. London: Paul Chapman.

Fowler, Jr., F. J. (1985). *Survey research method*. California: SAGE Publications, Inc.

French, J. & Raven, B. (1968). The bases of Social Power. *In Group Dynamics*, Cartwright D. & Zander A. (Eds.) New York: Harper & Row, Pub.

Frymier, J., Cornbleth, C., Donmoyer, R., Gansneder, B. M., Jeter, J. T., Klein, M. F., Schwab, N., & Alexander, W. M. (1984). *One hundred good schools*. West Lafayette, In: Kappa Delta Pi.

Gable, R. K. (1986). *State & local collaborative efforts toward particicipatory evaluation: Connecticut's priority school district program*. Paper presented at the annual meeting of the American Educational Research Association, San Francisco, April.

Gardner, H. (1983). *Frames of mind*: The theory of multiple intelligences. New York: Basic Books.

Gardner, R. (1997). *Papers provided at advanced course in educational inspection and supervision*. London: Institute of Education University of London.

Ginkel, K. C. (1983). *An overview of a study which examined the relationship between elementary school teachers' preference for supervisory conferencing approach and conceptual level of development*. Paper presented at the annual meeting of the American Educational Research Association, Montreal, April.

Glatthorn, A. A. (1984). *Differentiated supervision*. Eric Document Reproduction Service No. ED 245401.

Glenn, B. C. (1981). *What works? An examination of effective schools for poor black children*. Cambridge, Mass.: Center for Law and Educatuion. Harvard University.

Glickman, C. D. (1981). *Developmental supervision: Alternatiue practices for helpie teacheus to improve instmction* (From Eric Documeut Reproduction Service. No. ED 206478)

Glickman, C. D. (1990). *Supervision of instruction*. London: Allyn and Bacon.

Glickman, C. D. (2002). *Leadership for learning: How to help teachers succeed*. Virginia: ASCD.

Glickman, C. D., Gordon, S. P. & Ross-Gordon, J. M. (1995) Supervision of instruction (3rd ed.). Boston: Allyn and Bacon.

Glickman, C. D., Gordon, S. P., & Ross-Gordon, J. M. (1998). *Supervision of instruction*. (4th ed.) Boston :Allyn and Bacon.

Goldhammer, R. (1969). *Clinical supervision: Special methods for the supervision of teachers*. New York: Holt, Rinehart, and Winston, Inc.

Goldhammer, R., Anderson, R. H. & Krajewski, R. J. (1980). *Clinical supervision* (2nd ed.). New York" Holt, Rinehart and Winston, Inc.

Good, C. V. (1973). *Dictionary of Education*. New York: McGraw-Hill.

Goodlad, J. I., et al. (1979). *Curriculm Inquiry*. New York: McGraw-Hill.

Goodman, P. S. & Pennings, J. M. (1977). Toward a Workable Framework. In P. S. Goodman and Pennings (Eds.), *New Perspectives on Organizational Effec-*

tiveness (pp. 147-84). San Francisco: Jossey-Bass.

Greiner, L. E. (1967). Patterns of organizational change. *Harvard Business Review*, 45, 119-130. See the "decisions from alternatives approach."

Hall, O. H. (1964). Professional preparation and teacher effectiveness. *Journal of Teacher Education*. 15, 72-76.

Haller, E. J. (1968). *Strategies for change*. Toronto: Ontario Jnstitute for Study in Education.

Hallinger, P. (1992). The evolving role of American principals: From managerial to instructional to transformational leaders. *Journal of Educational Administration*. *30*(3), 35-48.

Hargreaves, D. H. (1967). *Social relations in a secondary school*. London: Routedge & Kegan Paul.

Harris, B. M, (1985). *Supervisory behavior in education*. N.J.: Prentice-Hall.

Hater, J. J. & Bass, B. M. (1988). Superiors, evaluations and subordinates perceptions of transformational and transactional leadership. *Journal of Applied Psychology*, 73, 695-702.

Heideman, C. (1990). Introduction to staff development. In P. Burke, R. Heideman & C. Heideman (Eds.), *Programming for staff development: Fanning the flame*. London: The Falmer Press.

Hersey, P. & Blanchard, K. H. (1977). *Management of organizational behavior: Utilizing human resources* (3rd ed.). Englewood Cliffs, N.J.: Prentice-Hall.

Hersey, P. & Blanchard, K. H. (1988). *Management of organizational behavior: Utilizing human resources* (5th ed.). Englewood Cliffs, N.J.: Prentice-Hall.

Hit, M. A., Muddlemist, R. D., & Mathis, R. L. (1986) *Management: Conceps and Effective Practice*. Saint Paul: West Publishing Company.

Hollander, E. P. (1979). *Leadership and social exchange processes*. In K. Gergen, M. S. Greenberg, and R. H. Willis (eds). *Social exchange: Advances in theory and research*. New York: Winston-Wiley.

Hopkins, D. (1992). *A teacher's guide to classroom research*. London: Open University Press.

Houlhan, G. T. (1983). Using the right variables in measuring school effectiveness. *NASSP Bulletin, 67*(465), 20-25.

House, R. J. & Mitchell, T. R. (1975). Path-goal theory of leadership. *Journal of Contemporary Business, 3*, 81-97.

Hoy W. K., & Ferguson, J. (1989). *A theoretical framework and explanation of organizational effectiuemess of school.* In J. L. Burdn (ed.) School leadership (pp.259-274). Newbury Park, Ca.: Sage Pablications, Inc.

Hoy, W. K. & Clover, S. I. R. (1986). Elementary school climate: A revision of the OCDQ. *Educational Administrative Quarterly. 22* (1), 93-110.

Hoy, W. K., & Ferguson, J. (1989). A theoretical framework and explanation of organizational effectiveness of schools. In J. L. Burdin (Eds.). School leadership (pp. 259-274). Newbury Park, Ca. : Sage Publications, Inc.

Hoy, W. K. & Miskel, C. G. (1982). *Educational administration - Theory, research, and practice* (2ⁿᵈ ed.). New York: Random House.

Hoy, W. K. & Miskel, C. G. (1987). *Educational administration: Theory research and practice* (3ʳᵈ ed.). New York: Random House.

Hoy, W. K. & Miskel, C. G. (2001). *Educational Administration: Theory, Research, and Practice* (6th ed.). New York: McGraw-Hill.

Hughes, L. W. & Ubben, G. C. (1987). *The principal: creative leadership for effective schools.* (ERIC ED284338 EA019544)

Hunter, M. G. (1979). *Final Report of the Michigan Cost-Effectiveness Study.* East Lansing: Michigan Department of Education.

John, L. (1997). HMI and OFSTED: Evolution in school inspection. *British Journal Educational Studies*, 45, 1, 39-52.

Johnson, B. L. (1977). *An organizational analysis of multiple perspectives of effective teaching: Implications for teacher evaluation.* Journal of Personal Evaluation in Education, 11, 69-87.

Joint Committee on Standard for Educational Evaluation. (1994). *Program evaluation standard* (2ⁿᵈ ed.). Thousand Oaks, CA.: Sage.

Joint Dissemination Review Panel (1986). Criteria & guidelines for the JDRP.,

Washington, D. C., U. S. Department of Education.

Jones, K., Clark, J., Figg, G., Howarth, S., & Reid, K. (1989). *Staff development in primary schools*. Cornmall,Great Britain: T. J. Press.

Joce, B. R., & Showers, B. (1990). *Jmprouing in-seruice training: The message of research*. Educational Leadership 37: 379-385.

Kaufman, R. (1992). *Mapping educational success: Strategic thinking and planning for school administrators*. Newbury Park, CA: Corwin.

Klein, M. F. (1985). Curriculum design. In A. Lewy, (Ed.), *The international encyclopedia of curriculum*. New York.: McGraw-Hill.

Knowles, M. S. (1978). *The modern practice of adult education*. New York: Associated Press.

Kohlberg, L. & Turiel, E. (1971). Moral development and moral education. In G. Lessor (Ed), *Psychology and educational practice*. Chicago: Scott, Foresman.

Kottkamp, R. B. (1984). The principal as cultural leader. *Planning and Changing, 15*(3), 152-160.

Lacey, C. (1970). *Hightown grammar: The school as a social system*. Manchester University Press.

Lambart, A. (1976). *The sisterhood, in M. Hammersley and P. Woods* (eds.) The process of schooling. London: Routledge & Kegan Paul.

Lawton, D. & Gordon, P. (1987). *HMI*. London: Routledge & Kegan Paul.

Lemer, F. (1997). *Teacher appraisal*. London: Greenwich Education Service.

Levine, D. C. & Lezotte, L. W. (1990). *Unusually effectiveness schools*. Madison: National Center for Effective School Research and Development. Lewes: Falmer Press.

Levine, D. C. & Stark, J. (1981). *Extended summary and conclusions: Institutional and Organizational Arrangements and Processes for Improving Academic Achievement at Inner City Elementary Schools*. Kansas City: Center for the Study of Metropolitan Problems in Education. University of Missouri.

Lewin, K. (1948). *Resolving social conflicts*. London: Harper & Row.

Lezotte, L. W. & Bancroft, B. A. (1985). *School improvement based on effective schools research: A promising approach for economically disadvantaged and minority students*, (ERIC, ED274046).

Lightfoot, S. L. (1983). *The good high schools: Portraits of culture and character*. New York: Basic Books, Inc.

Lipsitz, J. (1983). *Successful schools for young adolescents*. New Brunswick, N. J.: Transaction press.

Long, H. B. & Mizra M.S. (1980). Some qualitative performance characteristics of adults at the formal operational stage. *Journal of Research and Development in Education 13*(3), 21-24.

Luft, J. (1970). *Group processes: An introduction to group dynamics*. New York: National Press Books.

Lumby, J. (1998). Strategic planning in further education. In Middlewood, D. & Lumby, J. (Eds.). *Strategic management in schools and colleges*. London: Paul Chapman.

Lunenburg, F. C. & Ornstein, A. C. (1991). *Educational administration*. Madison, WI: The National Center for Effective Schools Research & Development.

Madaus, G. F., Airasian, P. W., & Kellaghan, T. (1980). *School effectiveness: A reassessment of the evidence*, New York: McGraw-Hill.

Maehr, M. L. & Fyans, L. J., Jr. (1990). *School culture, motivation, and achievement*. Michigan: MetriTech. (ERIC Document Reproduction Service No. ED327948)

Martin, P. H. (1982). *Meta-analysis, meta-evaluation and secondary analysis*. (ERIC Document Reproduction Service, No.228280) meeting of the American Educational Research Association, Montreal, April.

Maslow, A. H. (1987). *Motivation and personality* (rev.ed.). New York: Harper & Row.

Matthew, P. (1997). *The organizational structure of OFSTED*. London: OFSTED.

McCormack-Larkin, M., & Kritek, W. (1983). *Milwaukees' project RISE. Educa-*

tional Leadership, 40, 16-21.

McNiff, J. (1997). *Action research: Principle and practice*. London: Routledge.

Mears, N. M., Shannon, J. W., & Pepinsky, H. B. (1979). Comparison of the stylistic complexity of the language of counselor and client across three theoretical orientations. Journal of Counseling Psychology 26(3): 181-189.

Middlewood, D. & Lumby, J. (1998). *Strategic management in schools and colleges*. London: Paul Chapman.

Miskel, C. G., Fevurly, R. & Steward, J. (1979) Organizational structures and process, perceived school effectiveness, loyalty, and job satisfaction. *Educational Administration Quarterly, 5*(3).

Miskel, C. G., Glasnapp, D., &Hatley, R. (1975). A test of the inequality theory for job satisfaction using educator's attitudes toward work motivation and work incentives. *Educational administrative quarterly, 11*, 38-54.

Mondy, R. M., Sharplin, A., Holmes, R. E., & Flippo, D. (1986). *Management: Concepts and practices*. Boston: Alleyn and Bacon, Inc.

Morris, V. C., Robert, L., Crowson, Porter-Gehrie, C., & Hurwitz, E., Jr. (1984). *Principals in action*. A Bell and Howell Company.

Morris, W. (Ed.) (1970). *The American Heritage Dictionary of the English Language*. Mei Ya Taiwan Edition.

Mott, P. E. (1972). *The Characteristics of Effective Organizations*. New York: Harper & Row.

Murphy, J., Weil, M., Hallinger, P., & Mitman, A. (1985). School effectiveness: A coneptual framework. *The Educational Forum, 49*(3), 361-374.

Nanus, B. (1992). *Visionary leadership*. San Francisco, California: Jossey-Bass.

Natriello, G. (1982). The impact of the evaluation of teaching on teacher effect and effectiveness. *Paper presented at the annual meeting of the American Educational Research Association*, New York.

Nevo, D. (1995). School-based evaluation: *A dialogue for school improvement*. NewYork: Pergamon.

Nisbet, J. D. (1977). *Small-scale research: guidelines and suggestions for deve-*

lopment. Scottish Educational Studies, 9, p15.

Nischan, T. P. (1997). *Transformational leadership as a predictor of effectiveness extra effort. Satisfaction in A Community College Classroom Environment.* (Dissertation Abstracts Ondisc AAC 9735927)

Novak, J. D. & Gowin, D. B. (1984). *Learning how to learn.* Cambridge: Cambridge Universoty Press.

OFSTED (1995a). *Framework for the inspection of schools.* London: HMSO Print Services.

OFSTED (1995b). *The OFSTED handbook for guidance on the inspection of nursery and primary school.* London:The Stationary Office. OFSTED (1995).

OFSTED (1996). *Making the most of inspection.* London: OFSTED.

OFSTED (1997). *HM Inspectors of schools in England.* London: OFSTED.

OFSTED (1998). *The independent inspection of schools in England report from HMI.* Matthew P. London: OFSTED.

Ogilvie, D. & Sadler, D. R. (1979). *Perceptions of school effectiveness and its relationship to organizationl climate.* The Journal of Educational Administration, 7(2).

Oliva, P. F. (1976). *Supervision for today's school.* New York: Harper & Row.

Oliver, P. F. (1984). *Developing the curriculum* (2nd ed.). New york: Longman.

Orlich, D. C. (1989). *Staff development: Enhancing human potential.* Boston: Allyn and Bacon.

Ornstein, A. C. & Hunkins, F. P. (1993). *Curriculum foundations, principles and issues* (2nd ed). Boston: Allyn & Bacon.

Ornstein, A. C. (1986). *Teacher effectiveness research: Some ideas and issues.* Education and Urban Society, 18, 168-175.

Ornstein, A. C. (1990). A look at teacher effectiveness research: Theory and practice. *NAASP Bulletin*, October, 78-88.

Ouston, J., et al. (1996). *OFSTED inspections: The early experience.* London: Fulton.

Parsons, T. (1960). *Structure and Process in Modern Societies*. New York: Free Press.

Peart N. A. & Campbell, F. A. (1999). *At-risk stndents' perceptions of teacher effectiveness, Journal for a Just and Caring Education, 5*(3). 269-284.

Peter, A. (1999). *Assessing in the classroom*. London: Mc Graw-Hill.

Pfeiffer, I. L. & Dunlap, J. B. (1982). *Supervision of teachers: A guide to improving instruction*. Canada: Oryx Press.

Phi Delta kapper (1980). *Why Do some Urban School Succeed?* Bloomington, IN: Phi Delta Kapper.

Popham, W. J. (1975). *Educational evaluation*. N.J.: Prentice-Hall.

Posner, G. J. & Rudnitsky, A. N. (1982). *Course design: A guide to curriculum development for teachers* (2nd ed.). New York: Longman.

Poster, C. & Poster, D. (1993). *Teacher appraisal: training and implementation*. London: Routledge.

Pratt, D. (1980). *Curriculum: design & Development*. New York: Harcourt Brace Jovancvich.

Pratte, R. (1971). *Contemporary theories of education*. Scranton, Pa.: T, Y. Cro-well.

Purkey, S. C. & Smith, M. S. (1983). Effective schools: A review. *Elementary School Journal*, 83, 427-452.

Rapoport, R. (1970). Three dillemas in action research. *Human Relations, 23*, 1-11.

Reid, K., Hopkins, D., & Holly, P. (1987). *Towards the effective school: The problems and some solutions*. Oxford: Basil Blackwell.

Rhodes, G. (1981). Inspectorate in British Government. London: Allyn and Unwin.

Robbins, S. P. (1998). *Organization behavior: Concepts, controversies, and application* (8th ed.). Upper Saddle River, N.J.: Prentice-Hall.

Rogers, C. R. (1951). *Client-centered therapy: its current practice, implication, Selb theory*. Boston: Houghton Mifflin.

Rolfe, J. F. (1945). The measurement of teaehing ability: study number two. *Journal of Experimental Psychology.*, 14, 52-74.

Rostker, L. E. (1945). The measurement of teaching alility: study number one. *Journal of Experimental Psyhology.*

Rowan, B. (1985). The assessment of school effectiveness. In M. J. Regina. (Ed.), *Reaching for excellence: an effective school sourcebook.* Washington, D.C.: US, Government Printing Office.

Ryans, D. G. (1960). *Characteristics of teachers.* Washington, DC: American Council on Education.

Sammons, P., Hillman, J., & Mortimore, P. (1995). *Key characteristics of effective schools: A review of school effectiveness research.* London, Office for Standards in Education, Institute of Education.

Saylor, J. G., Alexander, W. M., & Lewis, A. (1981). *Curriculum planning for better teaching and learning* (4th ed.). New York: Holt, Rinehart and Winston.

Scheerens, J. & Bosker, R. J. (1997). *The Foundations of Educational Effectiveness.* Printed and bound in Great Britian by Redwood Books Ltd.

Scheerens, J. (1997). School effectiveness and the development of process indicators of school functioning. *In School effectiveness and school improvement*, 61-80.

Scheerens, J. (2001). School Effectiveness in Developing Countries. *School Effectiveness and School Improvement, 12*(4), 353-358.

Schein, E. H. (1985). *Organizational culture and leadership.* San Francisco, Calif.: Jossey-Bass.

Schmoker, M. (1999). *Results: The key of continuous school improvement* (2nd ed.). Alexandria: Virginia: Association for Supervision and Curriculum Development.

Scott, D. & Sealey, A. (1995). *Action research for teachers.* The University of Warwick: Center for Educational Development, Appraisal, and Research.

Scott, W. R. (1992). *Organization: Rational, Natural, and Open Systems* (3th ed.). Englewood Cliffs, NJ: Prentice Hall.

Seashore, S. E. (1983). A framework for an integrated model of organizational effectiveness. In K. S. Camerson & D. A. Whetton. (ed.), Organizational effectiveness: A comparison of multiple model. New York: Academis Press.

Sergiovanni, T. J. & Starratt, R. J. (1988). *Supervision: Human perspectives* (4th ed.). New York: McGraw-Hill.

Sergiovanni, T. J. (1987). The principalship: A reflective practice perspective. boston: Allyn and Bacon.

Sergiovanni, T. J. (1990). *Value-added leadership: How to get extraordinary performance in schools*. New York: Harcourt Brace Jovanovich.

Simon, A. & Royer, E. G. (1970) Mirrors for behavior II: An anthology of observational instrument. Classroom, Interaction Newsletter, special editions.

Simon, S. A. (1957) Administrative behavior: *A study of decision-making process in administrational organization* (3rd ed.), N.Y.: The Free Press.

Spradley, J. P. (1980). *Participant observation*. New York: Holt, Rinehart & Winston.

Steers, R. M. (1977). *Organizational effectiveness: A behavioral view*. Santa Monica, CA: Goodyear.

Stenhouse, L. (1975). *An introduction to curriculum research and development*. London: Heinemann.

Stenhouse, L. (1983). *Authority, education and emancipation*. London: Heinemann.

Stoll, L. & Fink, D. (1992). Effective school change: The Halton approach. *School Effectiveness and School Improvement, 3*(1), 19-41.

Street, M. S. & Licata, J. W. (1989). *Supervisor expertise: resolving the dilemma between bureaucratic control and teacher autonomy* (ERIC EJ403762 EA524082)

Stronge, J. H. & Tucker, P. D. (2001). *Teacher evaluation and student achievement*. National Education Association.

Stufflebeam, D. (1981). *Standards for evaluations of educational programs, projects, and materials*. New York: Mc Graw-Hill.

Stufflebeam, D. L. & Shinkfield, A. J. (1985). *Systematic evaluation*. Boston: Kluwer-Nijhoff.

Stufflebeam, D. L. & Webster, W. J. (1983). An analysis of alternative approaches to evaluation. In G. FMaddus, M. S. Scriven, & D. L. Stufflebean (Eds.), *Evaluation models: Viewpoints on educational and human services evaluations* (pp. 23-43). Hingham, MA: Kluwer Academic.

Stufflebeam, D. L. (1971). The relevance of the CIPP evaluation model for educational accountability. *Journal of Research and Development*, Fall, 1971.

Stufflebeam, D. L. (1973). An introduction to the PDK book: Educational evaluation and decision-making. In B. R. Worthen & J. R. Sanders (Eds.), *Educational Evaluation: theory and practice*. CA: Wadsworth.

Stufflebeam, D. L. (2000). Foundational models for 21st century program evaluation. In D. L. Stufflebeam, A. J. Shinkfield, & T. Kellaghan (Eds.), Evaluation models: *Viewpoints on educational and human services evaluation* (2nd ed.) (pp. 33-83). Boston: Kluwer Academic.

Stufflebeam, D. L. (2003). The CIPP model for evaluation. In T. Kellaghan & D. L. Stufflebeam (Eds.), *International handbook of educational evaluation* (pp. 31-62). Dordrecht: Kluwer Academic.

Stufflebeam, D. L., Foley, W. J., Gephart, W. J., Guba, E. G., Hammond, R. L., Merriman, H. O., & Provus, M. M. (1971). *Educational evaluation and decision-making*. Itasca, Illinois: F. E. Peacock Publishers, Inc.

Sturges, A. ed., *Certificating the curriculum leader and instructional supervisor* (Washington, D. C. : Association for Supervision and Curriculum, 1978)

Tanner, D. & Tanner, L. W. (1980). *Curriculm development: Theory into practice* (2nd ed.). New York: Macmillan.

Teddlie, C. & Reynolds, D. (2000). *The international handbook of school effectiveness researeh*. London: Falmer Press.

Tenbrink, T. D. (1974). *Evaluation: A practical guide for teachers*. New York: McGrew-Hill.

Trisman, D. A., Waller, M. I., & Wilder, C. (1976). A descriptive and analytic study of compensatory reading programs: *Final Report*. Vol 2 CPR 75-26. Princeton. N.J.: Educational Testing Service.

U.S. Department of Health, Education, and Welfare (1978). *Violent Schools—Safe Schools: The Safe School Study Report to the U.S. Congress*. Vol. 1. Washington D.C.: Government Printing Office.

U.S. Department of Education. (1987). *What works: Research about teaching and learning*. Washington, DC: Author.

Ubben, G. C. & Hughes, L. W. (1987). *The principal: Creative leadership for effective schools*. Newton, MA: Allyn & Bacon.

Weber, G. (1971). *Inner-city children can be taught to read: Four successful schools*. Washington, DC: Council for Basic Education.

Webster's new collegiate dictionary (2nd ed.). 1974. Springfield, Mass.: Merriam.

Westbrook, J. D. (1982). *Considering the research: What makes an effective school*. Austin: Southwest Educational Development Laboratory.

Wideen, M. F. (1987). Perspectives on staff development. In M. F. Wideen and I. Andrems (Eds.), *Staff development for school improvement*. New York: Falmer.

Wiles, J. & Bondi, J. (1986). *Supervision: A guide to practice* (2nd ed.). Columbus, Ohio: Charles E. Merrill.

Wiles, J. & Bondi, J. (1991). *Supervision: A guide to practice*. (3rd ed.). New York: Macmillan.

Wolfe, R. (1969). A model for curriculum evaluation. Psychology in the Schools.

Woods, D. & Orlik, S. (1994). *School review and inspection*. London: Routledge.

Woolfolk, A. E. (1990). *Educational psychology* (4th ed.). Englewood Cliff, NJ: Prentice Hall.

Worthen, B. R. & Sanders, J. R. (1987). *Educational evaluation: alternative approaches and practical guidelines*. New York: Longman.

Worthen, B. R. (1994). Is evaluation a mature profession that warrants the preparation of evaluation professionals? *New Directions for Program Evaluation, 62*, 3-15.

Worthen, B. R., Sanders, J. R., & Fitzpatrick, J. L. (1997). *Program evaluation: Alternative approaches and practical guidelines* (2nd ed.). New York: Longman.

Wragg, E. C. (1993). *Primary teaching skills*. London: Routledge.

Yang, W. (1991). *Learing from HMI: The structure and functions of school inspectorate in China and proposal for its future development*. (Ph. D. dissertation). London: Institute of Education, University of London.

Yuchtman, E. & Seashore, S. E. (1967). *A system resource approach to organizational effectiveness. American Sociological Review*, 32, 891-903.

Yukl, G. A. (1994). *Leadership in organizations* (3rd ed). New Jersey: Prentice-Hall Inc.

Zepeda , S. J. (2003). *Instructional supervision. Larchmont*, New York: Eye On Education.

附錄一　高級中學校長領導行為描述問卷

	總是這樣 5	時常這樣 4	有時這樣 3	很少這樣 2	從未這樣 1

我認為我們的學校校長

1. 態度明確，敢於要求教師 ……………………………… □ □ □ □ □
2. 喜歡在學校中試行他（她）的新觀念 ………………… □ □ □ □ □
3. 體諒教師，使每位教師樂於成為學校的一員 ………… □ □ □ □ □
4. 信任教師所做的事情 …………………………………… □ □ □ □ □
5. 指責教師的工作不夠完善 ……………………………… □ □ □ □ □
6. 抽空聽取教師的意見 …………………………………… □ □ □ □ □
7. 要求教師在課餘繼續從事教學研究 …………………… □ □ □ □ □
8. 不與教師來往 …………………………………………… □ □ □ □ □
9. 重視教師的福利 ………………………………………… □ □ □ □ □
10. 將要做的事情，排定工作程序和進度 ………………… □ □ □ □ □
11. 要求教師的工作保持一定的水準 ……………………… □ □ □ □ □
12. 強調工作要如期完成 …………………………………… □ □ □ □ □
13. 不與教師們研商作法 …………………………………… □ □ □ □ □
14. 表現支持教師的行動 …………………………………… □ □ □ □ □
15. 鼓勵教師採取一致的步驟 ……………………………… □ □ □ □ □
16. 讓教師們了解他（她）在學校中的職責與立場 ……… □ □ □ □ □
17. 將所有教師視為「同仁」 ……………………………… □ □ □ □ □
18. 要求教師遵守教育法令和規章 ………………………… □ □ □ □ □
19. 依多數教師的意見改變現況 …………………………… □ □ □ □ □
20. 待人和氣，平易近人 …………………………………… □ □ □ □ □
21. 設法使教師了解別人或外界對教師的期望 …………… □ □ □ □ □
22. 使教師竭盡所能地工作 ………………………………… □ □ □ □ □
23. 與教師交談時，令教師感覺輕鬆自然 ………………… □ □ □ □ □

24.留意教師之間的工作協調 ……………………………………… □□□□□

25.採納教師的意見並且付諸實施 ………………………………… □□□□□

26.實施重要事項之前，徵求教師們的同意 ……………………… □□□□□

27.作風保守，不願意改變現況 …………………………………… □□□□□

28.為教師爭取較好的待遇與福利 ………………………………… □□□□□

29.致力於發展學校的特色 ………………………………………… □□□□□

30.鼓勵教師研究進修 ……………………………………………… □□□□□

31.對教師的工作，有功必賞，有過必罰 ………………………… □□□□□

32.設法滿足教師的工作需求 ……………………………………… □□□□□

33.重視會議中提出的校務興革意見 ……………………………… □□□□□

34.關懷教師們工作的辛勞 ………………………………………… □□□□□

35.鼓勵教師發揮專長 ……………………………………………… □□□□□

36.開會時轉達上級指示事項 ……………………………………… □□□□□

附錄二　高級中學學校氣氛描述問卷

<table>
<tr><td></td><td>總是這樣
5</td><td>時常這樣
4</td><td>有時這樣
3</td><td>很少這樣
2</td><td>從未這樣
1</td></tr>
</table>

1. 本校有些教師的行為會令人感到厭惡…………　□□□□□
2. 本校教師必須花很多時間參加校內的會議 …………　□□□□□
3. 本校教師以在本校任教為榮 …………………………　□□□□□
4. 本校校長能以身作則，堅守工作崗位……………………　□□□□□
5. 本校校長會讚美教師優良的表現 ………………………　□□□□□
6. 本校開會時，校長指示，講話的時間占大部分 …………　□□□□□
7. 本校例行的事務和活動會干擾教師教學 …………………　□□□□□
8. 本校教師會彼此打斷會議中的發言 ………………………　□□□□□
9. 本校教師對學生很友善 ……………………………………　□□□□□
10. 本校校長以鐵腕作風治校 …………………………………　□□□□□
11. 本校校長監視教師在校所做的每一件事 …………………　□□□□□
12. 本校教師支援行政工作會增加額外的負擔 ………………　□□□□□
13. 本校校長處理事情常依據法令規章較缺乏彈性 …………　□□□□□
14. 本校校長經常堅持己見，不願採納別人的建議，表現
　專制獨斷的行為 …………………………………………　□□□□□
15. 本校教師工作情緒高昂 ……………………………………　□□□□□
16. 本校教師的非教學性工作太多 ……………………………　□□□□□
17. 本校校長樂於幫助教師解決問題……………………………　□□□□□
18. 本校校長說明他批評教師的理由……………………………　□□□□□
19. 本校教師放學後有事，要找校長幫忙並不難 ……………　□□□□□
20. 本校教師在這個學校任教很愉快……………………………　□□□□□
21. 本校校長重視教師個人的權益與福利………………………　□□□□□
22. 本校校長會嚴密的督導教師的教學………………………　□□□□□

23.本校校長說的多，聽的少 …………………………………… □□□□□

24.本校教師尊重其他同事的專業能力 ………………………… □□□□□

25.本校教師樂意參與學校的各項工作 ………………………… □□□□□

26.本校教師會聚在一起研究如何解決問題，互相幫忙與支持 □□□□□

27.本校教師充滿活力地完成工作 ……………………………… □□□□□

28.本校教師肯在課餘時間為學生解答問題或個別輔導 ……… □□□□□

29.本校教師肯以虛心求進步的態度檢討工作成效 ………… □□□□□

30.本校校長聽取並接受教師建設性之建議………………… □□□□□

31.本校校長對待教師一視同仁 ………………………………… □□□□□

32.本校校長給予教師充分表達意見的機會…………………… □□□□□

33.本校大小工作均由校長指派 ……………………………… □□□□□

附錄三　高級中學學校效能問卷

總是這樣　5
時常這樣　4
有時這樣　3
很少這樣　2
從未這樣　1

1. 本校校務計畫具有特色 …………………………………………… □ □ □ □ □
2. 本校所訂的校務發展計畫，能夠達成既定目標 ………… □ □ □ □ □
3. 本校組織權責明確且能靈活運作 …………………………… □ □ □ □ □
4. 本校教師對高級中學教育目標具有共識 ………… □ □ □ □ □
5. 本校訂有校務發展計畫並能按計畫執行 ………… □ □ □ □ □
6. 本校各處室所訂的發展計畫目標明確清楚 ………… □ □ □ □ □
7. 本校教職員都能奉獻心力來達成學校的目標 ……… □ □ □ □ □
8. 本校能按教師專長排課 ……………………………………… □ □ □ □ □
9. 本校教師所用的教材內容能夠適合學生的能力 ………… □ □ □ □ □
10. 本校課程安排以教師為主，很少顧及學生需要 ………… □ □ □ □ □
11. 本校定期召開各科教學研討會 …………………………… □ □ □ □ □
12. 本校定期對學生實施學習評量 …………………………… □ □ □ □ □
13. 本校各年級的課程都能依據課程標準安排 ………… □ □ □ □ □
14. 本校老師會善用教學評量的結果，來關心督促學生 …… □ □ □ □ □
15. 本校教師能視需要實施補救教學 ………………………… □ □ □ □ □
16. 本校教師能應用教學媒體及設備，以增進教學效果 …… □ □ □ □ □
17. 本校教師閒暇時互相討論一些改進教學的方法 ……… □ □ □ □ □
18. 本校教師能充分發揮個人專長從事教學 …………………… □ □ □ □ □
19. 本校教師平時能夠吸收新知，以增進教學能力 ………… □ □ □ □ □
20. 本校教師在教學中善用各種方法 ……………………………… □ □ □ □ □
21. 本校教師經常利用教學研究會討論各單元的教材與教法 □ □ □ □ □
22. 本校建築空間及校園規畫具有前瞻性 …………………… □ □ □ □ □
23. 本校圖書館規劃良好，學生很喜歡去利用 …………… □ □ □ □ □

24.本校環境的規劃能夠考慮未來發展的需要……………………… □ □ □ □ □

25.本校教學所需各項設備，均能作有系統的管理 ………… □ □ □ □ □

26.本校校舍的配置，以便利教學活動為原則………………… □ □ □ □ □

27.本校校園規劃能夠與整個學校校舍相配合………………… □ □ □ □ □

28.本校能充分供應教師教學時所需媒體及設備 …………… □ □ □ □ □

29.本校家長常與教師聯繫討論學生行為或教育問題 ……… □ □ □ □ □

30.本校有建立良好的社區及家長聯絡管道與方式 ………… □ □ □ □ □

31.本校學生家長閒暇時到校擔任義工，協助推展學校活動 □ □ □ □ □

32.本校學生家長會盡力協助學校各項革新措施 …………… □ □ □ □ □

33.本校教師常就個別學生問題與家長約見面談 …………… □ □ □ □ □

34.本校鼓勵家長及社區人士對校務提供興革意見 ………… □ □ □ □ □

35.本校透過各種不同的形式與方法，提供家長諮詢服務 … □ □ □ □ □

36.本校教師平時對於校務常有怨言 ………………………… □ □ □ □ □

37.本校教師對學校的工作環境感到滿意 …………………… □ □ □ □ □

38.我對目前的教學工作與待遇感到滿足 …………………… □ □ □ □ □

39.我覺得我目前的工作能發揮我的抱負 …………………… □ □ □ □ □

40.我大部分的精力，投入在我的工作上 …………………… □ □ □ □ □

41.我能從教學工作中獲得成就感 …………………………… □ □ □ □ □

42.對於校長及行政人員處理校務的方式我覺得滿意 ……… □ □ □ □ □

43.本校學生對老師都很有禮貌 ……………………………… □ □ □ □ □

44.本校學生常被外界人士批評風紀欠佳……………………… □ □ □ □ □

45.本校學生經常有打架的事情發生 ………………………… □ □ □ □ □

46.本校學生之間相處融洽 …………………………………… □ □ □ □ □

47.本校班級常規很難維持 …………………………………… □ □ □ □ □

48.本校常因學生紀律欠佳而影響班及上課……………………… □ □ □ □ □

49.本校學生有涉足賭博性電動玩具，或沈迷網咖的現象 … □ □ □ □ □

50.本校學生在藝術活動方面的表現良好……………………… □ □ □ □ □

51.本校學生參與校際各項競賽均有良好成績表現 ………… □ □ □ □ □

52.本校學生很關心自己的學業成績 ………………………… □ □ □ □ □

53.本校學生在課業上有強烈的學習動機……………………… □ □ □ □ □

54.本校學生很喜歡參加校內舉辦的教育活動 …………… ☐☐☐☐☐

55.本校學生在運動方面的表現良好 ………………………… ☐☐☐☐☐

56.本校學生升學率良好 ……………………………………… ☐☐☐☐☐

57.本校學生有困難時，會找老師商談 …………………… ☐☐☐☐☐

58.本校師生之間相處融洽 ………………………………… ☐☐☐☐☐

59.本校學生有困難時，老師會設法與以協助 …………… ☐☐☐☐☐

60.本校學生都很尊敬老師 ………………………………… ☐☐☐☐☐

61.本校老師會尊重學生的意見 …………………………… ☐☐☐☐☐

62.本校老師除了教學，能關心學生的日常生活 ………… ☐☐☐☐☐

63.本校老師會善用教學評量的結果，來關心督促學生 …… ☐☐☐☐☐

64.本校各處室之間能發揮互助合作的精神 ……………… ☐☐☐☐☐

65.本校校務會議時，報告教育政策、措施及學校重點工作 ☐☐☐☐☐

66.本校各處室之間很少進行溝通協調 …………………… ☐☐☐☐☐

67.本校各處室處理事情都以本位為出發點 ……………… ☐☐☐☐☐

68.本校校務工作分配有勞役不均的現象 ………………… ☐☐☐☐☐

69.本校編印校務簡訊，定期分送教職員、學生及有關人士 ☐☐☐☐☐

70.本校校長決定事情時，很少徵詢部屬的意見 ………… ☐☐☐☐☐

附錄四　學校自我檢視教師教學與學生學習品質的方法

　　教學與學習是學校的核心工作，一所好的學校經常要檢視老師教學及學生學習的品質，以促進學校不斷地進步。然而，老師教學品質的提升並非一蹴可及，教師一方面必須成為觀察者，觀察其他好老師的教學，汲取經驗，同時，另一方面成為被觀察者，接受其他老師的觀察，了解自己教學的優缺點，爾後一旦面臨督學的教學觀察，才不會緊張，不知所措。因此教學與學習品質的檢視一直是提升學校教育品質的良方。依據 Woods D. & Orlik S.（1994）在其所著的《學校檢視與視導》（*School Review & Inspection*）一書中指出學校內部檢視教學品質的方法有三種（methods of internal review）：其一為教室的觀察（classroom observation），其二為抽樣學童的作品（sampling children's work），其三為精細檢視（transect），茲分述如後：

一、教室的觀察

　　教學工作不是簡單的事，同樣地，教學的觀察也是一件很不容易的事，假使能應用一些基本的原則從事教室的觀察，將會更有效果。

　　首先，觀察者與被觀察者必須先行協商，哪一個班級將被觀察，觀察的目的及重點，教室觀察前的準備必須包括彼此雙方均了解觀察的目的，觀察的方式可能是：(1)一些老師觀察同一班級的教學，以便觀察及判斷教室行為的管理。觀察的方式也可能是：(2)觀察不同班級在同一科目教學的品質。觀察者與被觀察者一經達成觀察方式的協議，則進一步討論觀察的焦點。例如，第一項的焦點可以置於觀察教師自上課起至結束時，整堂課活動的進行及變化，從聆聽老師的講授到寫作，整堂課的連貫性如何影響學生的行為及管理。第二項的焦點可以置於學生學習時精神集中的情形，對教師指定工作的態度，傾聽老師教誨及指示的能力。通常，教室觀察的目的決定觀察的模式，觀察有許多種的模式，依據其目的而決定觀察的模式，較常見的為以下三種模式（如附圖 4-1）：

(一)

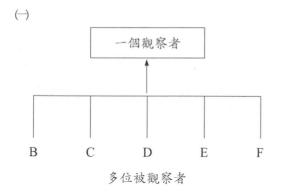

(二)配對觀察

(三)三角形

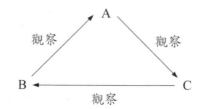

附圖 4-1　觀察的模式

二、抽樣學童的作品

　　抽樣閱讀兒童的作品一直是皇家督學及教育標準局視導時主要的工作項目之一，大部分的學校也使用這種方法作為內部評鑑的方法。

　　皇家督學抽樣的方法是抽取每一年級六位學童所有的作品加以檢視，在每一年級抽取的六位學童中，二位學童代表能力較佳，二位中等，二位稍差，最好包括三位男生及三位女生。教育標準局的視導督學團將仔細閱讀六位學童所有的作品並判斷作品的品質，以及了解老師評定分數的方式。

有些學校已經以下列方式來監控及評鑑學生學習的品質，包括寫作的技巧，表達的方式，句型的型式，應用所學的知識在作品，知識及理解進步的情形。

　　至於評鑑教師教學的品質，包括：教師的期待，適宜的家庭作業，提供資優學生挑戰其能力的工作，再者，也可評鑑老師評分的一致性，正確性，評分的重點。

三、精細檢視

　　本項方法可以檢視某一學科整學期的內容，首先閱讀某學科整學期的課程計畫、課程內容、教學筆記等，其次檢視學童某一學科整個學期的作品，了解老師評分及評量的情形，再次為與老師晤談，討論經由檢視作品所產生的問題，並要求老師允許與學生討論其作品及整學期進步的情形。

　　至於檢視學生學習品質，學生在知識，理解及技能進步的方式，可以透過觀察、訪談學生學習的過程及檢視學生的作業，以評鑑學生在以下各方面能力增進的情形：

　㈠讀、寫、算、口語、提出問題、解決問題、做決定、訊息的獲得，清晰的了解工作的目的。

　㈡觀察教學以評鑑學生在不同工作背景下工作及資源統整的能力。

　㈢觀察教學以評鑑學生喜愛工作，對工作的承諾、合作、充分準備工作、注意力集中，對困難工作的挑戰等特質。

　㈣訪談學生以評鑑其喜愛工作，對工作的承諾、合作、充分準備工作、注意力集中，對困難工作的挑戰等特質。

　㈤訪談老師以評鑑學生喜愛工作，對工作的承諾、合作、充分準備工作、注意力集中，對困難工作的挑戰等特質。

　㈥抽取學生的作品，以檢視其對工作的承諾、喜愛工作及作為獨立的學習者等證據。

　㈦抽取學生的作品，以找出學習者在寫作、數學、尋找資訊等方面的能力。

　㈧檢查考試結果，以及評鑑學生在理解、技能等方面進步的情形。

　㈨檢查書寫的作品，以建立學生在理解、技能等方面進步的情形。

㈩與老師討論，聽取有關影響特殊教育需要學生學習的特殊因素的觀點。

而就教學的品質而言，學校有關人員需要檢視下列的證據：

㈠查看課程計畫有無明確的目標，課程內容是否符合國定課程，單元教材計畫是否符合邏輯次序。

㈡查看課程文件及計畫，了解是否使用教學技術、投入適當的資源及評量是否得宜。

㈢觀察教學，以評鑑教師對教材內容精熟的程度，時間的分配等。

㈣觀察教學，以評鑑教學內容是否顧及高學習能力及低學習能力學生的需要。

㈤觀察教學，以評鑑是否分組教學，顧及特殊教育需要及語言需求，資源的組織及使用等。

㈥觀察教學，以檢視師生關係、教室管理、口頭讚許、學生參與等情形。

㈦訪談學生，以了解是否分組教學，顧及特殊教育需要及語言需求，資源的組織及使用等。

㈧訪談老師，以了解師生關係、教室管理、口頭讚許、學生參與等情形。

㈨抽取學生的作品，以評鑑家庭作業是否合適，評分是否有助於學生學習等。

㈩訪談老師以了解老師對學生能力的觀點。

(十一)訪談老師以了解是否安排教師在職進修，以期改進教學的品質。

名詞索引

一、漢英對照

說明：*1.*按名詞之第一個字的比劃數大小次序加以排列

　　　*2.*每一名詞後面出現之數字為本書頁數

二劃

三劃

四劃

五劃

六劃

七劃

十二劃

十三劃

十四劃

十五劃

十六劃

十七劃

十八劃

十九劃

二十劃

二十二劃

二十五劃

二、英漢對照

說明：1.以英文字母之第一字從 a、b、c….順序排列

2.英文字後面附加中文，每一名詞後面出現之數字為本書頁數

E

F

G

國家圖書館出版品預行編目資料

教學視導——觀念、知能與實務／吳培源著.-- 初版. --
臺北市：心理, 2005（民 94）
面；公分. --（教育行政：4）
參考書目：面
ISBN 957-702-856-X（平裝）

1.教育—視導

526.7   94024574

教育行政 4　　**教學視導——觀念、知能與實務**

作　　　者：吳培源
執 行 編 輯：高碧嶸
總 編 輯：林敬堯
出 版 者：心理出版社股份有限公司
社　　　址：台北市和平東路一段 180 號 7 樓
總　　　機：(02) 23671490　　傳　　真：(02) 23671457
郵　　　撥：19293172　心理出版社股份有限公司
電子信箱：psychoco@ms15.hinet.net
網　　　址：www.psy.com.tw
駐美代表：Lisa Wu　Tel：973 546-5845　Fax：973 546-7651
登 記 證：局版北市業字第 1372 號
電腦排版：臻圓打字印刷有限公司
印 刷 者：翔盛印刷有限公司
初版一刷：2005 年 12 月

讀者意見回函卡

No._____ 填寫日期： 年 月 日

感謝您購買本公司出版品。為提升我們的服務品質，請惠填以下資料寄回本社【或傳真(02)2367-1457】提供我們出書、修訂及辦活動之參考。您將不定期收到本公司最新出版及活動訊息。謝謝您！

姓名：_____ 性別：1□男　2□女

職業：1□教師 2□學生 3□上班族 4□家庭主婦 5□自由業 6□其他____

學歷：1□博士 2□碩士 3□大學 4□專科 5□高中 6□國中 7□國中以下

服務單位：_____ 部門：_____ 職稱：_____

服務地址：_____ 電話：_____ 傳真：_____

住家地址：_____ 電話：_____ 傳真：_____

電子郵件地址：_____

書名：_____

一、您認為本書的優點：（可複選）

　❶□內容 ❷□文筆 ❸□校對 ❹□編排 ❺□封面 ❻□其他____

二、您認為本書需再加強的地方：（可複選）

　❶□內容 ❷□文筆 ❸□校對 ❹□編排 ❺□封面 ❻□其他____

三、您購買本書的消息來源：（請單選）

　❶□本公司 ❷□逛書局⇒_____書局 ❸□老師或親友介紹

　❹□書展⇒____書展 ❺□心理心雜誌 ❻□書評 ❼其他_____

四、您希望我們舉辦何種活動：（可複選）

　❶□作者演講 ❷□研習會 ❸□研討會 ❹□書展 ❺□其他____

五、您購買本書的原因：（可複選）

　❶□對主題感興趣 ❷□上課教材⇒課程名稱_____

　❸□舉辦活動 ❹□其他_____ （請翻頁繼續）

 心理出版社 股份有限公司

台北市 106 和平東路一段 180 號 7 樓

TEL: (02) 2367-1490
FAX: (02) 2367-1457
EMAIL:psychoco@ms15.hinet.net

沿線對折訂好後寄回

六、您希望我們多出版何種類型的書籍

❶□心理 ❷□輔導 ❸□教育 ❹□社工 ❺□測驗 ❻□其他

七、如果您是老師，是否有撰寫教科書的計劃：□有□無

　　書名／課程：＿＿＿＿＿＿＿＿＿＿＿＿＿＿＿＿＿＿

八、您教授／修習的課程：

上學期：＿＿＿＿＿＿＿＿＿＿＿＿＿＿＿＿＿＿＿＿

下學期：＿＿＿＿＿＿＿＿＿＿＿＿＿＿＿＿＿＿＿＿

進修班：＿＿＿＿＿＿＿＿＿＿＿＿＿＿＿＿＿＿＿＿

暑　假：＿＿＿＿＿＿＿＿＿＿＿＿＿＿＿＿＿＿＿＿

寒　假：＿＿＿＿＿＿＿＿＿＿＿＿＿＿＿＿＿＿＿＿

學分班：＿＿＿＿＿＿＿＿＿＿＿＿＿＿＿＿＿＿＿＿

九、您的其他意見

謝謝您的指教！　　　　　　　　　　　　41404